मैं घुमक्कड़ वनों का

मैं घुमक्कड़ वनों का

शेरजंग

अनुवाद

निर्मला शेरजंग

राधाकृष्ण प्रकाशन

ISBN : 978-81-7119-868-9

मैं घुमक्कड़ वनों का

पहला संस्करण : 2009
दूसरा संस्करण : 2021

मूल्य : ₹395

प्रकाशक
राधाकृष्ण प्रकाशन प्राइवेट लिमिटेड
जी-17, जगतपुरी, दिल्ली-110 051

शाखाएँ : अशोक राजपथ, साइंस कॉलेज के सामने, पटना-800 006
पहली मंजिल, दरबारी बिल्डिंग, महात्मा गांधी मार्ग, प्रयागराज-211 001
1, अनमोल सोराबजी संतुक लेन, धोबी तलाव, मरीन लाइंस, मुम्बई-400 002
वेबसाइट : www.radhakrishnaprakashan.com
ई-मेल : info@radhakrishnaprakashan.com

मुद्रक
राजकमल प्रेस
नई दिल्ली-110 002

MEIN GHUMAKKAR VANON KA
by Sherjung
Translated by Nirmla Sherjung

लैंडा शेर : मेरा पसन्दीदा स्वीमिंग पूल

बहुत गर्मी है

साम्भर अपने आश्रयस्थल में

शिवालिक के जंगल

हिमालय का काला भालू

केनियन के जंगल

हत्यारा भालू : सफर का अन्त

संकर जाति की रजो को :
उत्तम शिकारी कुत्ता, कुलीन मित्र जिसने
जख्मी बघेरे से मेरी जान बचाने में अपनी जान दे दी।

विषय-सूची

प्रस्तावना *IX*

लैंडा : एक हत्यारा शेर 13

काकड़ और बघेरों की रति-क्रीड़ा 89

मनुष्य-हत्यारा भालू : सोनारीपुर का 110

प्रस्तावना

किसी भी शिकारी के लिए वनों में भ्रमण करना, वनप्राणियों को देखना और उनका पीछा करना विशेष आनन्ददायक और उत्तेजनाप्रद होता है, किन्तु इसके अतिरिक्त वनों का अपना भी आकर्षण है जिसका सम्बन्ध किसी अन्य वस्तु या घटना से नहीं है। वनों में भ्रमण करने का अनुभव अपने आपमें अत्यन्त रोमांचकारी और मन को उत्कर्ष करनेवाला है।

जंगल में प्रभात की प्रथम किरण का अनुभव ऐसा सुन्दर, मनमोदक होता है जैसे किसी कुमारी कन्या के मन में अति सुकुमार और सुहावनी सम्भावनाओं से सुसज्जित प्रथम प्रेम का अनुभव। और, वनों में रात्रि की शोभा निराली है जो अपने आपमें असंख्य सम्भावनाओं को सँजोए रहती है। प्रकाश और छाया, तरह-तरह की ध्वनियाँ व स्वर, भाँति-भाँति की सुगन्धियाँ और अनेक प्रकार के वन-प्राणी अपनी-अपनी विशेषताओं से वन को इतना सौन्दर्य-समृद्ध बना देते हैं कि वैसी सुन्दरता संसार में और कहीं देखने को नहीं मिलती।

शिकार की कहानियाँ वनप्राणियों के जीवन को ही नहीं, बल्कि वनों के परिवेश और उनकी भिन्न-भिन्न स्थितियों को भी प्रदर्शित करती हैं। मनुष्य और जानवर, समय और स्थान तथा अन्य सब घटनाएँ जो शिकारी को वन-जीवन के निकट ले जाती हैं और उससे उसका प्यार का नाता जोड़ती हैं, शिकार की कहानी का अभिन्न अंग हैं। इनमें से किसी भी एक पक्ष को छोड़ देने से शिकार की कहानी में न सच्चाई रहती है और न ईमानदारी ही, और यह कमजोरी किसी भी अच्छे पाठक की नजर से बच नहीं सकती।

जानवर का पीछा करने का आनन्द अपना ही है जिसके विचारमात्र से शिकारी की आँखों के सामने जंगल के अत्यन्त सुन्दर दृश्य नाचने लगते हैं, जैसे घने वृक्षों के नीचे धरती पर पड़ी उनकी गहरी और ठंडी छाया, प्रभात के शान्तमय वातावरण में तूफानी सागर की मतवाली लहरों की भाँति चारों ओर गूँजी हुई शेरों की ऊँची एवं गहरी गर्जनें, हाथियों की तुरही-की-सी आवाजें, शोरगुल मचाते हुए जंगली साँड, मस्त चाल से चलता हुआ भालू, चोरों की तरह बिना कोई ध्वनि किए छिप-छिपकर

चलता हुआ बघेरा, द्रुत गति से भागते हुए साम्बर, शान से गर्दन उठाकर चलते हुए चीतल, एक-दूसरे के पीछे से अस्पष्ट दिखाई देती हुई पहाड़ियों के ऊपर इधर-उधर बिखरे हुए घास के मैदान और उन पहाड़ियों के पीछे बर्फ से ढके पहाड़ जिनमें यह सबकुछ मानो खो जाता है।

हाथ में बन्दूक लेकर जानवर का पीछा करना भी अत्यन्त रोमांचकारी है, ठीक वैसा ही आनन्ददायक जैसा शरद ऋतु में आलस्य से भरे छितरे बादलों की पृष्ठभूमि में तरह-तरह के रंगों से सुसज्जित तीतरों की तेज उड़ान। वन और वन-जीवन के अनुभव निराले हैं–उस जीवन से बिल्कुल अलग जो मनुष्य ईंट और पत्थरों से बने मकानों में, दिन-रात व तिथियों से बँधे समय और स्थानों में अनुभव करता है।

जानवरों का पीछा करने का सुख निःसन्देह अनूठा है, किन्तु केवल पीछा करने का ही। शिकार करने की अन्तिम क्रिया अर्थात् बन्दूक की लिबलिबी को दबाने और गोली चलाने की क्रिया का महत्त्व सबसे कम है, और यह क्रिया भी सबसे कम रोचक है। सही शब्दों में यह जानवर का पीछा करने के आनन्द और सुख के उत्कर्ष से बिल्कुल विपरीत है। संक्षेप में वह रोमांच से रिक्त शिकार की कहानी की इति है।

शिकार की इन कहानियों में मैंने अपने अनुभवों को यथासम्भव सही-सही वर्णन करने का प्रयास किया है। इनमें अपने साथियों और जंगल में घटी घटनाओं का उल्लेख करते समय, मेरे मन में उनसे प्राप्त सुख व दुख, प्यार और सहानुभूति के अनुभव एक बार फिर से ताजा हो उठे हैं।

इस पुस्तक में बन्दूक चलाने या बारूद की गन्ध का विशेष वर्णन नहीं किया गया। वास्तव में इन कहानियों से मुझे अपने बहुत प्रिय दिनों के अनुभवों की फूलों की-सी मीठी और अलसाई-सी गन्ध आती है। जिन कहानियों का उल्लेख इस पुस्तक में किया गया है उनकी काल-अवधि लम्बी है, और स्थान की दृष्टि से सब कहानियाँ उत्तरी भारत के जंगलों में ही सीमाबद्ध हैं।

इन कहानियों में जिन व्यक्तियों व स्थानों का उल्लेख किया गया है वे उतने ही वास्तविक हैं जितना कि मेरे हाथ की कलम। वे सब सत्य और वास्तविक हैं यहाँ तक कि उनके नाम और अन्य विशेषताएँ भी। उनमें से कुछ व्यक्ति अभी भी हैं और कुछ इस संसार से बिदा लेकर परलोक सिधार चुके हैं। जिन स्थानों का वर्णन किया गया है वे अब भी हैं किन्तु उनका वन-रूपी चेहरा बदल चुका है और साथ-साथ वे स्थान व गाँव अब आधुनिक जीवन का शिकार हो चुके हैं–उन क्षेत्रों के निवासी अब लाभ-हानि के प्रति बहुत सचेत हो चुके हैं।

मुझे यह स्वीकार करना होगा कि इन कहानियों में से एक कहानी में मैंने सच्चाई से हटकर कल्पना का सहारा लिया है। मैंने भालू के बचपन को दोहराना चाहा और उसके व्यवहार के स्पष्टीकरण में मनुष्य की अभिप्रेरणाओं आदि का आरोपन कर डाला। यह मेरी भूल थी किन्तु यह भूल केवल अभिप्रेरणाओं के विषय में है, व्यवहार के सम्बन्ध में नहीं। इस कहानी को छोड़कर अन्य सब कहानियाँ सत्य हैं, सत्य के अतिरिक्त और कुछ नहीं।

इससे पूर्व कि मैं कहानियाँ कहना आरम्भ करूँ, मैं पूरी ईमानदारी के साथ अपने मित्र, महोदय बैनर्जी, दिल्ली, का उल्लेख करना चाहूँगा। इस पुस्तक में वन-जीवन के जो चित्र हैं, उनमें से अधिकांश चित्र उनकी ही देन हैं, जिन्होंने वे चित्र मेरे लिए अपने कैमरे से लिए थे। बन्दूक चलाने में भी यद्यपि वे बहुत कुशल हैं, तथापि उन्हें अपने कैमरे से वन-प्राणियों के चित्र लेना अधिक पसन्द है। उनके प्रति मेरे मन में जो स्नेह है, वह मुझे औपचारिक रूप से उनका धन्यवाद कहने की अनुमति नहीं देता।

लैंडा : एक हत्यारा शेर

लैंडा : शेर के लिए यह नाम प्रशंसासूचक तो था नहीं, तथापि उस क्षेत्र में उसके लिए यही नाम प्रचलित था, क्योंकि किसी अनाड़ी और बुद्धिहीन शिकारी ने अपने भद्दे अथवा बेकार निशाने से उसकी दुम काट दी थी। उसकी दुम का बहुत छोटा-सा अंश, लगभग दस इंच का ठूठ शेष रह गया था। वह बहुत दिनों तक, सबका उपहास करते हुए, उसका धृष्टतापूर्वक प्रदर्शन करता रहा।

वह बहुत बड़ा शेर था, मोटा और भारी था। उसका यौवन बहुत पहले बीत चुका था। उसके बड़े डीलडौल और भारी वजन ने उसे आलसी बना दिया था और उसकी गति भी मन्द पड़ चुकी थी। द्रुतगति के जानवरों पर निर्वाह करना उसके लिए कठिन हो गया था, इसलिए वह अपने भोजन की आवश्यकता को पूरा करने के लिए पालतू जानवरों को मारने लगा था।

उस क्षेत्र के लोगों की आर्थिक और सामाजिक दशा बहुत शोचनीय थी। वर्षा ने उस पहाड़ी क्षेत्र की धरती काटकर ऊसर बना दी थी। वहाँ के निवासियों को दरिद्रता ने जकड़ रखा था। धन-सम्पत्ति के नाम से उनके पास पथरीली पहाड़ी जमीन का एक छोटा-सा अनुपयोगी टुकड़ा, एक जोड़ी सूखे, पतले बैल, एक कमजोर-सी गाय या भैंस के अतिरिक्त और कुछ नहीं था। शेर के भय से उन्होंने अपने दरिद्रता पीड़ित घरों को पहाड़ों व पहाड़ियों के आश्रय में बना रखा था जिनमें खुशी और खुशहाली के नाम से कुछ नहीं था, उनमें ढेरों भटकते हुए नंगे और भूखे बच्चे अवश्य थे।

वहाँ के लोगों का जीवन अत्यन्त मलिन और कष्टकारी था। जिस प्रकार धरती, जिस पर उनका जन्म हुआ था, अगम्य नक्षत्रों की अनवरत और अनन्त गति पर निर्भर करती है वे भी अपनी सांत्वना के लिए अर्थहीन भाग्य की निर्दयी उदासीनता पर भरोसा किए हुए थे। उनका जीवन एक विशाल रूखे-सूखे रेगिस्तान के समान था जिसमें भूख और अभावों का चक्र अनवरत चलता रहता था।

उनके लिए इतने कष्ट मानो काफी नहीं थे, लैंडा के शाप ने उन्हें और आ घेरा। निर्दयी प्रकृति के साथ मिलकर उसने उनके जीवन-निर्वाह की समस्या को और अधिक जटिल बना दिया और गहन निराशा में झोंक दिया। जिस प्रकार अस्तित्ववाद में निष्ठा और विवेक का कोई स्थान नहीं है उसी प्रकार उनकी आशा भी बिल्कुल मुर्झा गई थी। उनके जीवन में शान्ति का अभाव ठीक वैसा ही था जैसे नीश्चे की शिक्षा में दया का।

ऐसा कोई सप्ताह नहीं बीतता था जिसमें आसपास के निवास स्थानों से एक-दो पशुओं की हत्या की सूचना न मिलती हो, कभी गाय मारी जाती थी तो कभी भैंस, गरीब किसान को सबसे बड़ा धक्का उस समय लगता जब वह उसकी बैलों की जोड़ी में से किसी एक बैल को मार डालता।

लोग गुस्से में थे और साथ ही डरे हुए भी। पशुओं के मारे जाने का यह सिलसिला चूँकि कई वर्षों से चला आ रहा था, पशुओं की कमी हो जाना स्वाभाविक था। पशुओं की कमी ने वहाँ की ऊसर भूमि को और भी अधिक अनु-उपजाऊ बना दिया। जैसे-जैसे पशुओं की संख्या कम होती गई, उस शेर की ढिठाई और आक्रमणकारिता बढ़ती गई, वह दिन दिहाड़े गुर्राह और धमकाकर लोगों के सामने से पशु खींचकर ले जाने लगा। विवश हो वे सब मिलकर अपने पशुओं को इकट्ठा एक बाड़े में रखने लगे, किन्तु इससे भी उन्हें शान्ति मिली। वह शेर इतना निर्भीक हो गया था कि बाड़ों पर भी आक्रमण करने लगा था, इतना ही नहीं, कभी-कभी तो वह किसानों के सामने से उनके हल के नीचे से व गाड़ी में जाते हुए बैल को भी खींचकर ले जाता था।

उनके कष्ट को दूर कर सकना बहुत कठिन था क्योंकि उस रियासत में शेर का शिकार करने का अधिकार केवल राजा को था या विशेष बड़े अंग्रेज अफसरों को जैसे वाइसराय या गवर्नर जिन्हें छोटे लोगों की छोटी-छोटी समस्याओं की कोई चिन्ता नहीं थी। इन महापुरुषों के अतिरिक्त अन्य छोटे लोगों को शेर का शिकार करने की अनुमति नहीं थी। वे शेर मारने का साहस भी नहीं कर सकते थे क्योंकि ऐसा करना गैर-कानूनी था, अपराध था जिसकी सजा लम्बी कैद और कड़ा जुर्माना था। वे छिप-छिपकर चोरी से ही शेर का शिकार कर सकते थे, और बहुत कम लोग थे जो इस जोखिम को मोल ले सकते थे क्योंकि पता लगने पर उन्हें क्रोधित राजा के सामने पेश किया जाता था।

जलती आग में केवल मूर्ख ही कूदा करते हैं, भद्र जन नहीं। मैं कोई देवता तो था नहीं, अतः मैं मूर्ख की भूमिका निभाने के लिए तैयार हो गया। परन्तु इससे पहले कि मैं कुछ करता, एक अन्य व्यक्ति मुझ पर बाजी मार गया। वह बहुत निर्धन था, सिरमौर (हिमाचल प्रदेश का एक जिला) के आम दरिद्रता पीड़ित लोगों से भी अधिक निर्धन। वह वनजाति का मेहर नामक अर्धशिष्ट युवक था। वे लोग वनों की उपज पर अपना जीवन-निर्वाह करते थे; जंगल में ऐसा कुछ नहीं था जिसे वे नहीं जानते थे। मांसाहारी जीवों को छोड़कर कोई ऐसा वन-प्राणी नहीं था जिसे वे पकड़ते और खाते नहीं थे। वह मेहर सिंह के इस काम को करने के लिए मुझसे पहले आगे बढ़ा था और उसे करने में अपनी मूर्खता का परिचय दिया था, अपनी जाति का एक सही प्रतिनिधि था।

वह छः फुट का पतला-दुबला युवक था। उसकी मांसपेशियाँ सुदृढ़ और लचीली थीं, अच्छी बटी हुई रस्सी के समान। उसके टखने घोड़े की टाँगों की मांसपेशियों के समान पतले और पुष्ट थे, उसके पैर छोटे थे और तलवे उठे हुए। उसका सिर सुडौल था और माथा चौड़ा; उसके बाल पीछे की ओर मुड़े हुए थे। उसके होंठ पतले थे और

उनमें मुस्कान की हल्की-सी झलक दिखाई देती थी। उसके नैन-नक्श तीखे और संवेदनशील थे, किन्तु सब मिलाकर उसका चेहरा कठोर दिखाई पड़ता था। उसमें ईसा की शान्ति या योगी की उदासीनता जैसी कोई चीज नहीं थी। उसकी आँखें बड़ी-बड़ी थीं जिनमें पर्याप्त दूरी थी; उनसे ऐसा लगता था कि उसके व्यक्तित्व में कुछ छिपा हुआ नहीं था। उसके हाथ कलाकार के हाथों जैसे थे और वह जानवरों को फँसाने और पकड़ने के लिए फन्दा बनाने में निःसन्देह एक कलाकार था।

मैं उसे अपना गुरु मानता था, उसके साथ मैंने महीनों बिताए थे; बचपन में मैंने कई बार उसके साथ जंगल में कई-कई दिन बिताए थे। उसके साथ मैंने वनों में घूम-घूमकर वनों और पहाड़ों से प्रेम करना और उनके साथ मित्रता का नाता जोड़ना सीखा था। उसी ने मुझे जंगल की पगडंडियों की छोटी-बड़ी विशेषताओं से परिचित कराया था। उसी ने मुझे जानवरों के पदचिह्नों से उनकी जाति, लिंग, आयु और आकार एवं उनके वहाँ पर आने और जाने का समय आदि का अनुमान लगाना सिखाया था। उसने मुझे भिन्न-भिन्न प्रकार की घास भी दिखाई थी जिससे अलग-अलग क्षेत्रों में एवं अलग-अलग ऋतुओं में अलग-अलग प्रकार के पक्षियों और जानवरों को पकड़ने के लिए जाल व फन्दे बनाए जाते हैं। उसने मुझे वे पेड़ और झाड़ियाँ भी दिखाई थीं जिनके नशीले फलों और छाल को तालाब में डाल देने से मछलियाँ बेहोश हो जाती हैं और तब उन्हें हाथ से पकड़ा जा सकता है, और वे तरीके भी बताए थे जिनसे यह ज्ञात कर लिया जा सकता था कि क्या वह फल खाने योग्य है या विषैला है। इस प्रकार उसने मुझे वन और वन-जीवन के विषय में ऐसी अनेक बातें बताई थीं जिनकी जानकारी जंगल में घूमने, शिकार करने और वन में अपने आपको सुरक्षित रखने के लिए नितान्त आवश्यक हैं।

मेरे इस मित्र की दो अभिलाषाएँ थीं, पहली यह जो उस जाति के सभी लोगों की थी, अपने लिए एक जोड़ी बैलों को जुटा पाना जिससे वह किसी भूमिदार किसान के साथ साझे में काम कर सके; और दूसरी अभिलाषा थी अपने लिए एक टोपीदार अथवा भरवाँ बन्दूक को उपलब्ध कर पाना। यह दूसरी अभिलाषा सर्वदा उसकी अपनी थी। अनेक वर्षों के कठिन परिश्रम से उसने अपनी दोनों अभिलाषाओं को पूरा कर लिया था। वह अपनी मेहनत और मजदूरी से जो कुछ कमाता था, उसे स्वयं सब प्रकार के अभाव सहते हुए बचाकर रखता था और अन्त में उसने एक पुरानी एक-नली टोपीदार बन्दूक खरीद ली। दो वर्षों तक और कठिन परिश्रम करने के बाद उसने एक जोड़ी बछड़े भी खरीद लिए, ममता-भरी माँ की भाँति उसने उन्हें पाला-पोसा, अपना सारा प्यार उन पर निछावर किया। समय पाकर वे बहुत सुन्दर बैल बने जो उसकी जाति के सभी लोगों के लिए ईर्ष्या का विषय था।

सरल स्वभाव के किसानों की भाँति वह अपनी इस साधारण-सी उपलब्धि से बहुत सन्तुष्ट और खुश था। उसकी खुशी ने उसे सभी जीव और निर्जीव पदार्थों के प्रति नम्र और संवेदनशील बना दिया था। किन्तु उसकी वह खुशी बहुत दिनों तक बनी नहीं रही,

भगवान को भी मानो उससे जलन होने लगी थी। कुछ ही दिनों में उसने अपने-आपको जिस स्थिति में पाया वह ऐसी थी जैसी थॉमस हार्डी अपने उपन्यासों में अपने अच्छे पात्रों के लिए रचा करता था।

एक दिन वह सुबह का नाश्ता करने के बाद अपने बैलों को पानी पिलाने के लिए एक नाले पर ले गया; उन्हें मन भरकर पानी पीने के लिए वहीं छोड़कर स्वयं उस नाले के मोड़ से उसके पार चला गया जहाँ उसने भोजन के लिए मछलियों को पकड़ने का जाल डाल रखा था। लगभग एक घंटे के बाद वह बैलों को घर ले जाने के लिए वापस आया, किन्तु बैल वहाँ नहीं थे। उसने उन्हें नाम से बार-बार पुकारा, परन्तु कोई उत्तर नहीं मिला। उसकी आवाजें पहाड़ों से टकराईं और उसे उनकी प्रतिध्वनि ही सुनाई पड़ती रही। उस अशुभ लक्षण ने उसे गहरी चिन्ता में डाल दिया। वह घबरा गया।

उसने बैलों को आसपास, इधर-उधर खोजना शुरू किया, किन्तु शीघ्र ही उसे पता चल गया कि वे डरकर वहाँ से भाग गए थे। बैलों का प्रत्येक पदचिह्न उसके लिए एक प्रश्नचिह्न बन गया। उन बैलों के पदचिह्नों के आसपास शेर के पदचिह्न उनका उत्तर था। उत्तर स्पष्ट था किन्तु उसका मन उसे स्वीकार करना नहीं चाहता था—उसमें उस उत्तर को स्वीकार करने का साहस नहीं था। वह निष्ठुर असाध्य उत्तर उसके मन में बार-बार आता था किन्तु मन के भीतर छिपी हुई आशा उसे अंगीकार नहीं करती थी। वह उस स्पष्ट उत्तर को सही प्रकार से देखने और समझने का साहस भी नहीं जुटा पाया।

वह बुझे मन से उसी रास्ते पर चल पड़ा जिस पर उनके पदचिह्न थे, उसके पास से एक डरा हुआ बैल झाड़ियों में से कूदा और झोंपड़ी की ओर भाग गया और दूसरा बैल नाले के पार दलदल से भरी घाटी में कूद गया। दूसरे बैल की तलाश में वह आगे बढ़ा, और थोड़ा-सा आगे जाने पर उसे वह बैल मरा पड़ा दिखाई दिया। उसकी गर्दन में गहरा घाव था जहाँ शेर ने अपने दाँत गाड़े थे।

उस पर सहसा कहर टूट पड़ा, उस पर जो बीती थी वह शब्दों में व्यक्त नहीं की जा सकती, और यह भी नहीं कहा जा सकता था कि वह बर्बाद हो गया था। उसके साथ जो हुआ था वह इन सबसे बहुत अधिक था, वह दुख इतना गहरा था कि किसी भी भाषा व शब्दों में व्यक्त नहीं किया जा सकता—केवल शब्दविहीन चीख और आदि-पुरुष का मौन रुदन उसे व्यक्त कर सकता था, परन्तु अशिक्षित गँवार और असभ्य होने पर भी उसमें इतनी कुलीनता और स्वाभिमान अवश्य था कि वह न अपने दुख पर रोया-पीटा और न जोर-जोर से चीखा-चिल्लाया। उसने अपने दुख को धीरता से सहन किया और अपनी पूरी शक्ति काम करने में लगा दी।

उसके हृदय का घाव अभी ताजा ही था जब दुःख का एक और पहाड़ उस पर टूट पड़ा; और उसे बुरी तरह से झँझोड़कर उन्मत्त बना दिया। उसके पहले बैल को मरे महीना-भर भी नहीं हुआ था कि उसी शेर ने उसके दूसरे बैल को भी मार डाला। इस बार उसका दुःख और मन की कटुता चरम सीमा को पहुँच गई और उसने उसको पागल कर डाला। वह बदला लेने के लिए अधीर हो उठा। उसके शरीर का अंग-अंग बदला

लेने के लिए बेचैन हो गया। बदला लेने की इच्छा उसमें इतनी प्रबल थी कि उसे न कानून का डर रहा और न अधिकारियों का भय, यहाँ तक कि उसे अपने प्राणों की भी परवाह न रही। उसके जीवन का बस एक ही लक्ष्य था, और वह था उस धारीदार लुटेरे को खत्म करना।

उसने अपनी टोपीदार बन्दूक निकाली; उस पुरानी बन्दूक पर जंग लगा हुआ था। उसने उसे ध्यानपूर्वक साफ किया और उसके कुन्दे पर हल्का-सा तेल लगाया, फिर बारूद को सुखाया और गोलियों की कुछ टोपियाँ भी उपलब्ध कर लीं। परन्तु उसे असीम निराशा उस समय हुई जब वह किसी भी कीमत पर गोलियाँ उपलब्ध न कर पाया—न रुपए-पैसे से और न प्यार व मित्रता के नाते से। यह स्थिति किसी भी सामान्य और कम युक्तिशील व्यक्ति को अपना मन मारकर चुपचाप बिठा देने के लिए काफी थी किन्तु मेहर सिंह की बात कुछ और ही थी। उसने ताँबे के कुछ मोटे और चौकोर सिक्के लिए जो अंग्रेजी राज्य के समय से भी पहले के थे, उस समय उन्हें मनसूरी पैसा कहा जाता था। उनके अतिरिक्त उसने कुछ पीतल के बटन और कुछ पक्के पत्थर यानी ग्रेनाइट के कंकड़ भी इकट्ठे किए। इन भिन्न-भिन्न पदार्थों से उसने गोलियों का वह पदार्थ तैयार किया जिसे यारापनेल कहते हैं और जो किसी चीज के साथ टकराने से छितर जाता है।

उसने अपनी बन्दूक में तीन उँगली तक शोरे, गन्धक और कोयले के मिश्रण का बारूद अर्थात् ब्लैक पाउडर डाला जिसकी कार्यक्षमता अनिश्चित थी। उसके ऊपर कपड़े की एक डाट कसकर लगाई, और उस डाट के ऊपर बनाई हुई गोलियाँ डाल दीं, उनके ऊपर फिर कपड़े की डाट को कसकर ठोक दिया।

यह सब करने के पश्चात् मेहर सिंह उस शेर की तलाश में निकल पड़ा, दिन ढलने से बहुत पहले वह जंगल में उस स्थान पर पहुँच गया जहाँ शेर ने उसके बैल को मारा था। बैल का शव जंगल के किनारे एक साल-वृक्ष के पास पड़ा था। उसकी गर्दन के दोनों ओर शेर के दाँतों के गहरे घाव थे और उसके शरीर के पिछले भाग का कुछ हिस्सा खाया हुआ था। मेहर सिंह उस साल-वृक्ष के ऊपर चढ़ गया और दो डालों की जड़ में छिपकर बैठ गया तथा शेर के आने की प्रतीक्षा करने लगा। प्रतीक्षा-काल की अवधि उसे बहुत लम्बी लगी, उसके अनुमान से कहीं अधिक लम्बी। दिन ढलने ही वाला था, सूर्य पश्चिम में क्षितिज के पास पहुँच गया था, और उसके साथ-साथ मेहर सिंह की आशा भी गोधूलि के प्रकाश की भाँति मन्द पड़ती जा रही थी। पेड़ के नीचे छाया गहरी होती जा रही थी और कुछ ही क्षणों में उस छायाचित्र में सब कुछ सिमटकर आँखों से ओझल होने ही वाला था कि शेर बिना किसी पूर्व संकेत के उस छितरी छाया में आ पहुँचा।

मेहर सिंह बहुत उत्तेजित था और दुखी भी, वह कुछ घबराया हुआ भी था और शेष सारी गड़बड़ मन्द प्रकाश ने कर डाली। न तो उसने शेर को इतना समय दिया कि वह आराम से अपना भोजन करने लगता और न इतना इन्तजार किया कि वह कुछ मुड़ता और उसका चौड़ा पार्श्वभाग उसके सामने आ जाता। जैसे ही वह शेर एक छोटी

झाड़ी से बाहर निकला और उसका पिछला भाग ही उसकी ओर था, उसने उस पर गोली चला दी। शेर गरजा, उसकी गर्जन में बन्दूक चलने की आवाज खो गई। इससे पहले कि बारूद का धुआँ तितर-बितर होता, शेर वहाँ से भाग निकला।

उसकी गोली का शेर पर कोई विशेष प्रभाव नहीं पड़ा। उसने उसके शरीर पर केवल कुछ स्तरीय घाव किए थे और उसकी दुम का एक लम्बा भाग, जड़ से केवल थोड़ी-सी दूरी से, काटकर अलग कर दिया था। समय पाकर वे घाव भर गए किन्तु उसकी दुम जीवन-भर के लिए एक भद्दा ठूँठ बनकर रह गई। लोगों के लिए यही उसकी पहचान बन गई और उस क्षेत्र में वह लैंडा शेर के नाम से जाना जाने लगा।

उस दुर्भाग्यपूर्ण अनुभव के बाद वह शेर, सही शब्दों में, एक पिशाच बन गया। उसके मन में मनुष्य का नाममात्र भय भी शेष न रहा। उसकी आक्रमणकारिता बहुत बढ़ गई और प्रत्येक हत्या करने के साथ-साथ उसकी ढिठाई और चातुरी बढ़ती गई। वह पशुओं को केवल अपनी आवश्यकता पूर्ति के लिए, अर्थात भूख मिटाने के लिए ही नहीं मारता था, वह उन्हें मारने के लिए ही मारने लगा था। पशुओं को मारना उसका विलासी खेल बन गया था। वह पशुओं के झुंड पर आक्रमण करता था, उनमें से जितने मार सकता था मारता था। (एक बार मैंने उसके एक ही स्थान पर, एक ही समय में मारे हुए पशु गिने थे और वे पाँच थे—दो भैंसें, दो बैल और एक गाय)। उनमें से वह एक समय में जितना खा सकता था, खाता था और शेष गीदड़ों और गिद्धों के खाने के लिए छोड़कर वहाँ से चला जाता था। फिर दो-तीन दिनों बाद उसकी इसी प्रकार की आमोद-प्रमोद की सूचना पाँच-छः मील की दूरी से मिलती थी।

यह सब अति शोचनीय था, कुछ समय के बाद उसके व्यवहार ने और भी घृणित रूप ले लिया : वह मनुष्यों पर भी आक्रमण करने लगा; पहले उसने गूजरों पर गुर्राना और उन्हें डराना शुरू किया, जंगल में उसे जो भी स्त्री या पुरुष दिखाई पड़ता, वह उसका पीछा करता और उसे डराकर भगा देता। अन्त में उसने दो गूजर बालकों को मार डाला जो अपने पशुओं को जंगल में घास चराने के लिए ले गए थे, और शेर को अपने पशुओं पर आक्रमण करते देखकर उसे भगाने के लिए चिल्लाए थे।

उसने यद्यपि वे दो बालक मारे थे, तथापि उनके मांस का आहार नहीं किया था, लेकिन कुछ समय बाद, सम्भवतः जल्दी ही, उसके नरभक्षक हो जाने की सम्भावना थी। मनुष्य को जिस आसानी से मारा जा सकता है वह स्वतः ही मनुष्य को मारने की लालसा उत्पन्न करने के लिए पर्याप्त है—एक बार यह जान लेने पर कि मनुष्य के मांस का आहार किया जा सकता है, वह सदा आसान शिकार करना अधिक पसन्द करने लगेगा।

यह थी वह स्थिति—उसके आदमखोर हो जाने की स्थिति—जब मैं उस स्थान पर पहुँचा था।

2

मैं तभी-तभी विद्यालय की पठनक्रिया को छोड़कर अपनी स्वतन्त्रता का आनन्द उठाने के लिए अपनी कृषि-भूमि पर आया था। उन दिनों वहाँ बहुत कम खेती की जाती थी। वह स्थान शिवालिक की तराई में था और तराई में होने के कारण उस भूमि में बड़े-बड़े और घने पेड़ थे जिसने उस कृषि-भूमि को जंगल बना रखा था। उसमें तरह-तरह के वन-प्राणी, पशु और पक्षी दोनों थे। अतएव वह भूमि अच्छी-खासी शिकारगाह थी, जहाँ हम आखेट किया करते थे।

मैं अपने शहर के निवास-स्थान से जिस दिन वहाँ पहुँचा, मंगता, हमारे अस्तबल की देख-रेख करनेवाला सेवक, मुझे मिलने के लिए आया। वह मेरा बचपन के खेल का साथी था। उसने मुझे लैंडा के बारे में वे सब बातें बतलाईं जो उसने औरों से सुन रखी थीं; उन्हें और भी रोचक और उत्तेजनावर्द्धक बनाने के लिए उसने बहुत-सी बातें मन से भी जोड़ दीं। उसने कहा :

''भाईजी ! वह शेर बहुत बड़ा है, उससे भी बड़ा जो आपने पहले मारा था। लोग कहते हैं कि वह बैल जितना बड़ा है।''

''बस इतना ही, यह तो कुछ भी नहीं, मैंने तो सुना था कि वह ऊँट जितना बड़ा है। क्या उन्होंने तुम्हें ऐसा नहीं बताया।''

''आप तो मजाक कर रहे हैं, पर मैं नहीं। मैं जो कुछ भी कह रहा हूँ, पूरी गम्भीरता से कह रहा हूँ। सम्भवतः इन गँवार किसानों को उसके आकार की सही जानकारी नहीं है। विश्वास कीजिए, भाई जी, वह बड़े-से-बड़े गधे के बराबर अवश्य है। इसमें मुझे कोई सन्देह नहीं।''

''हाँ, हाँ, मैं भी बहुत गम्भीरता से कह रहा हूँ कि जिस अक्ल का तुमने इजहार किया है, मुझे उससे पूरा विश्वास हो गया है कि वह शेर नहीं, बल्कि तुम अवश्य सबसे बड़े गधे हो।''

''अच्छा, आप यदि मेरा विश्वास नहीं करना चाहते तो मत करें। आप खुद जाकर क्यों नहीं इसे निश्चित कर लेते ? मैं आपके साथ चलूँगा।''

''निश्चय ही तुम मेरे साथ चलोगे। यही तो तुम चाहते हो, पर अपने बापू, चाचा, भूरा के बारे में क्या कहते हो ! अपने काम को यूँ ही छोड़कर चले जाने पर क्या वह तुम्हारी खाल नहीं उधेड़ देगा ? इसे जानते हो या नहीं ?''

''तो क्या ? अगर उसने ऐसा किया तो मैं आपके पास सहायता माँगने नहीं आऊँगा। आप अब अपनी बात करें, क्या आपके पिताजी आपको जाने देंगे ?''

''मुझे ?...मेरे लिए ऐसी कोई समस्या नहीं।...मुझे तो बस उनसे लैंडा कहना है और वह मुझे खुशी से जाने की इजाजत दे देंगे। तुमने कैसे सोच लिया कि वे इस बार ऐसा नहीं करेंगे ?''

''आप कुछ-कुछ पागल हैं। आपके पिताजी यदि लैंडा को मारना चाहते तो खुद

उसका शिकार न करते ? वे कानून का उल्लंघन नहीं करना चाहते, और न आपको करने देंगे। इसीलिए तो मैंने आपसे यह पूछा है।''

''तो फिर हम क्या करें ? अच्छा हम लैंडा का नाम ही नहीं लेंगे। हम हिरण का शिकार करने जाएँगे। इस बारे में तुम्हारी क्या राय है ?''

''यह हुई न बात। मैं खुश हूँ। शहर ने आपको बहुत शुद्धमति और कमजोर नहीं बना दिया। आपमें अभी भी जीवन का उत्साह है, और कुछ समझदारी भी। अपने पिताजी से आप बस यही कहें कि हम कानियन वन में शिकार करने जा रहे हैं। आज्ञा मिली-मिलाई। वह ज़मींदारी जंगल है और वहाँ शिकार करने के लिए सरकार की अनुमति नहीं चाहिए।''

''ठीक, मेरा खयाल है कि इससे काम बन जाएगा। मैं आज रात को ही इसकी कोशिश करूँगा।''

''पर बात करते समय जयमल का जिक्र करना न भूलना। वह हमारा घना मित्र है और वहीं रहता है। हम उसके पास ठहरेंगे। वह बहुत चाहता है लैंडा को मारना, और वैसे भी कौन यह नहीं चाहता। वह शेर के बारे में आपको सारी जानकारी दे देगा।''

''तो यह सब तय हो गया। तुम अब अपने बारे में बताओ; घर से कैसे निकल पाओगे ?''

''क्यों ? आपने नहीं कहा था न कि मैं चुपके से भागकर आपके साथ हो लूँगा।...क्यों, यही कहा था न आपने ?...मेरी चिन्ता मत करें। मैं प्रबन्ध कर लूँगा। बहुत मुमकिन है कि इसकी जरूरत ही न पड़े—मेरा मतलब है बिना इजाजत लिए भागने की। आप अपनी सवारी के लिए घोड़ा ले चलना; मुझे विश्वास है कि घोड़े की देखभाल के लिए वे मुझे आपके साथ भेज देंगे।...ऐसा करके देखिए तो। अगर इससे काम न बना तो कोई और उपाय सोचेंगे।''

मंगता आयु में मुझसे कुछ बड़ा था। उसमें वह सब चालाकी और चतुराई थी जो उन युवकों में होती है जिनका पालन 'यह करो और यह न करो, और प्रायः यह न करो' के कड़े नियन्त्रण में होता है।

हमने अपना बचपन इकट्ठे खेल-कूदकर बिताया था। आरम्भ से ही उसने मेरे प्रति एक विश्वसनीय सलाहकार की भूमिका अपना रखी थी। मैं बता नहीं सकता कि उसकी सलाह-सम्मति से हम दोनों ने मिलकर कौन-कौन से उत्पात नहीं किए। हम तालाब में नहाती बालिकाओं के वस्त्र छिपा दिया करते थे, झरने से पानी लाती हुई युवतियों के घड़ों को गुलेल चलाकर फोड़ देते थे; लोगों की मुर्गियों और बत्तखों को अपने तेज तीरों से निशाना बनाते थे इत्यादि। इन उत्पातों के कारण रोज घर पर शिकायतें आती थीं और हमारे माता-पिता उनसे तंग आकर हमारी धुनाई करते थे।

''देखो,'' मैंने कहा, ''तुम उस शेर के बारे में मुझे बेवकूफ तो नहीं बना रहे ?...अगर तुमने ऐसा किया तो मैं तुझसे बहुत नाराज हो जाऊँगा।''

''आप क्यों सोच रहे हैं कि मैं झूठ बोल रहा हूँ ?''

''मैं नहीं जानता, किन्तु मैं विश्वसनीय रूप से सही बात जानना चाहता हूँ।''

''विश्वसनीय रूप से ? आप लोगों के लिए जो शहरों में रहते हैं और किताबों के पन्नों को बकरियों की भाँति चबाते हैं, किसी पर विश्वास करना कठिन है। ये घृणित किताबें व्यक्ति के विश्वास को जड़ से उखाड़कर उसे धूर्त अभिमानी बना देती हैं; वे सोचने लगते हैं कि संसार में केवल वे ही सबसे अच्छे हैं, और अन्य सब मूर्ख हैं या झूठे, अथवा दोनों ही। उस दुष्ट पटवारी या धूर्त हवलदार को ही देखो। यहाँ पर पढ़े-लिखे यही दो व्यक्ति हैं न ? एक आपको ऐसा महसूस कराता है कि आप धोखेबाज हैं, और दूसरा यह कि आप पक्के अपराधी हैं। आप कुछ भी कहो, जो चाहो करो, वे आप पर कभी विश्वास नहीं करेंगे। उन्होंने अपनी खोपड़ी में कागज भर रखे हैं। उसमें सद्भाव और विश्वास के लिए कोई स्थान है ही नहीं। ये कागज और किताबें ! इनसे आप एक अच्छी उड़ने योग्य पतंग भी नहीं बना सकते। आप भी तो उन्हीं जैसे होते जा रहे हो—अविश्वासी, घमंडी और अहंकारी।'' यह कहकर उसने तिरस्कारपूर्ण धरती पर थूक दिया।

मंगता के उस आवेशी और रोषभरे व्यवहार पर मुझे हँसी आ गई थी। उसने अपनी अनूठी बुद्धिमत्ता में उसे पढ़ा-लिखा विद्वान सोच लिया था। मैं सचमुच कितना प्रसन्न हो जाता यदि मेरे अध्यापकों के मन में भी मेरे प्रति यही धारणा होती। किन्तु, किताबों से भरे उनके मस्तिष्क में इतनी अपूर्व समझदारी के लिए स्थान कहाँ था !

''क्रोध में मत आ, मेरे दोस्त।'' मैंने उसे शान्त करने के भाव से कहा। ''हम कल जयमल के घर जाएँगे।''

उसका चेहरा खिल उठा, उसकी आँखें भी आशा और विश्वास से उसी प्रकार चमक उठीं जैसे जलाशय में उसके ऊपर आच्छादित पेड़ की ओसभरी शाखाओं से प्रभात की किरणें झिलमिलाया करती हैं।

''लेकिन आपकी माता को आपत्ति हो सकती है, सम्भवतः वह कुछ दिनों के लिए इसे टालना चाहें,'' यह कहते ही उसका चेहरा एकदम उदास हो गया।

''हो सकता है वह एतराज करें, किन्तु तुम तो उन्हें जानते हो, वह ऐसी नहीं जो मेरे या किसी की भी राह में बाधक बनें। मैं उनकी भावनाओं को ठेस पहुँचाए बिना उनकी अनुमति प्राप्त कर लूँगा।''

''मुझे उनकी भावनाओं की चिन्ता नहीं, चिन्ता है तो आपके बारे में।'' उसने बहुत रूखी आवाज में कहा। ''वह अनुमति तो तभी देंगी जब आप आग्रह करेंगे। मैं नहीं जानता आप उनकी न को हाँ में बदलने के लिए कितना जोर लगाएँगे।''

''तुम वाकई बहुत दुष्ट हो। मैं जब कह रहा हूँ कि मैं कल चलूँगा, तो चलूँगा ही। अभी तक तो तुम पागलों की भाँति पढ़ने-लिखनेवालों को अविश्वासी कह रहे थे, और अब तुम खुद बताओ तुम किस प्रकार उनसे भिन्न हो। तुम्हारे लिए काला अक्षर काली भैंस बराबर है, तब भी तुमने पढ़ने-लिखनेवालों की भाँति सन्देह करने का गुण बखूबी

अपना रखा है–उस घृणित सन्देही थामस की तरह।''

''यह थामस कौन है ?...कोई विशेष विद्वान।''

''अरे मूर्ख, उसे भूल जा और सुन मेरी बात, हम कल किस समय चलें ?''

''किसी भी समय; जितनी जल्दी उतना ही अच्छा। मैं आपको विश्वास दिलाता हूँ कि हम उस लैंडे को बिना किसी कठिनाई के प्राप्त कर लेंगे। हम वहाँ गए नहीं कि वह हमारा निशाना बना नहीं। बस, हमारे वहाँ जाने की देर है, उसे पा लेना निश्चित है। लोग कहते हैं कि वह पागल हो गया है–इतना निर्भीक और बेपरवाह कि दिन-दहाड़े गाँवों के आसपास घूमता है, यहाँ तक कि गाँव के घरों के आसपास सो भी जाता है।''

''उनके बिस्तरों में तो नहीं ! इसका तो तुझे विश्वास है न ?'' मैंने बीच में टोककर कहा। ''मैं जानता हूँ कि उन गाँवों में बहुत-सी युवतियाँ हैं–सुन्दर और प्रफुल्ल बदन। मैं सोचता हूँ कि तुम्हारा लैंडा उनके आकर्षण से आसक्त होकर उनके बिस्तर में घुस जाता होगा। ठीक कह रहा हूँ न ?''

''बेकार ऊटपटाँग बोल रहे हैं आप। वहाँ पहुँचने का इन्तजार करें। उस मूर्ख को मनुष्य का कोई भय नहीं रहा। वह मनुष्यों को तिरस्कार की दृष्टि से देखता है। हम उसे बहुत जल्दी पा लेंगे। जैसे ही हम वहाँ पहुँचेंगे, वह निश्चय ही हमें निशाना लगाने का अवसर दे देगा, इतना बड़ा निशाना देगा जितना कि कोई खलिहान और वह भी इतना सुगम जितनी कि मुस्कान।''

'मूर्ख, विदूषकों जैसी बातें करना बन्द करो। शेर क्या होते हैं, मैं जानता हूँ, और तुम भी इसे जानते हो। फिर बक-बक क्यों कर रहे हो ? बातें बनाकर मुझे वहाँ ले जाने के लिए ललचाने की जरूरत नहीं। अपनी इस शक्ति को तुम अपने बापू को मनाने में लगाओ। मैंने निश्चय कर लिया है और मेरा इरादा पक्का है इसलिए उलटी-सीधी बातें करने में अपनी शक्ति मत गँवाओ। अब भागो यहाँ से; मुझे अकेला छोड़ दो।''

हमारी युक्ति काम कर गई। हिरण का शिकार करने के लिए जयमल के स्थान पर जाने में मेरे पिता को कोई आपत्ति नहीं थी; माँ को मैंने प्यार से वहाँ जाने की स्वीकृति देने के लिए विवश कर दिया। मुझे अस्तबल से घोड़ा ले जाने की अनुमति भी मिल गई, और जैसे हमने सोचा था, अस्तबल के रखवाले मंगता को भी घोड़े की देख-रेख के लिए मेरे साथ जाने का आदेश मिल गया।

यहाँ तक सब ठीक रहा, किन्तु जब मैंने अपनी मनपसन्द 7 एम.एम. मॉउजर के स्थान पर भारी दोनली .470 रिगबए राइफल निकाली, मैंने अपने पिता को अपनी ओर घूरकर देखते हुए देखा। मैं समझ गया कि उन्होंने हमारे छल को भाँप लिया था। हमारी सारी पोल खुल गई थी। कुछ समय तक वह उसी तरह चुपचाप खड़े रहे। मैं बहुत घबरा गया और एक आलसी अजगर की तरह व्याकुलता ने धीरे-धीरे बढ़कर मुझे बुरी तरह से घेर लिया। मेरे हृदय की गति रुक-सी गई, मैंने अपनी आँखें नीची कर लीं।

''ठीक है, किन्तु सावधान रहना।''

मैंने उनके यह शब्द सुने और ऐसा लगा कि मैं उन शब्दों को अर्ध-स्वप्नावस्था

में सुन रहा था। मैंने अपने पिता की ओर देखा। उनकी निष्कपट और गम्भीर आँखों में उनकी स्नेहमयी और उदार आत्मा झलक रही थी। वे कुछ घबराए हुए अवश्य थे; तथापि उनकी बड़ी-बड़ी मूँछों के नीचे उनके होंठों पर मोनालिसा जैसी दबी हुई मुस्कान की झलक दिखाई पड़ रही थी। मैं बता नहीं सकता कि मैंने उस समय उन्हें मन-ही-मन कितना प्यार किया था। मैं कैसे बताऊँ कि वह सारा प्यार और कृतज्ञता जो कभी से मेरे मन में दबी पड़ी थी, कैसे एक तूफान की तरह सहसा मेरे हृदय में उमड़ आई थी।

''अपने साथ पुराने कारतूस मत ले जाना। वे विश्वसनीय नहीं हैं। बन्दूक की अलमारी से नई गोलियाँ लेकर जाना। और देखो, उन्हीं कारतूसों को लेकर जाना जिनमें सोफ्ट नोज गोलियाँ हैं। नरम खाल के जानवरों के लिए सोलिड गोलियाँ ठीक नहीं। वे बिना गहरी चोट पहुँचाए खाल में से पार चली जाती हैं। अच्छा, अब मैं जाता हूँ। मुझे अपने गुलाब के पौधों को देखना है।''

यह कहकर वह कमरे से बाहर चले गए, किन्तु झाड़ियों के पीछे जाने से पहले वह मुड़े और बोले, ''मंगता के लिए दूसरी बन्दूक ले जाना। उसे पैराडॉक्स दे दो, समझ गए न ? जो मैं कह रहा हूँ, यानी उसे शॉट-व-बॉल बन्दूक दे दो, वह उसे चलाना जानता है। और, भगवान के लिए घोड़े की देखभाल में बेपरवाही मत करना। तुमने उसके साथ यदि ठीक सावधानी नहीं बरती तो मैं नाराज हो जाऊँगा।'' और फिर पलक मारते हुए बोले, ''हमारे लिए हिरण का मांस लेते आना जिसका शिकार करने के लिए तुम वहाँ जा रहे हो। यहाँ सब लोगों को वह बहुत पसन्द है।–अच्छा, अब मेरी शुभकामनाएँ, भगवान करे, शिकार में तुम सफल रहो।''

3

कानियन वन हमारे घर से लगभग आठ मील दूर था और रास्ते में अनेक छोटी-छोटी पहाड़ियाँ, ढलवें टीले, बड़े-छोटे नाले और चार घाटियाँ थीं। ये चारों घाटियाँ लम्बे, कुटिल और थका देनेवाले मार्गों से तराई के बड़े जंगल से जा मिलती थीं। जहाँ पुरानी पहाड़ियों में अनेक दरारें थीं; वहाँ बहुत-सी कन्दरे, नदी-नाले तथा दलदल से भरे स्थल थे। ये सभी बड़ी-बड़ी फैली हुई झाड़ियों व ऊँचे पेड़ों से ढके हुए थे। इसी उलझे हुए क्षेत्र का एक भाग चौथी घाटी से लगा हुआ था और इसी को कानियन वन के नाम से जाना जाता था।

यहीं एक टूटती हुई पहाड़ी की आखिरी सिकुड़न में एक कच्चा, मिट्टी-गारे का बना हुआ घर था जिसमें हमारा मित्र जयमल रहता था। उसके पास जीविका-उपार्जन के लिए वन के कटाव से बनी हुई थोड़ी-सी कृषि-भूमि थी। दिन ढलने से पहले ही हम वहाँ पहुँच गए थे और आम के एक बड़े वृक्ष के नीचे बैठ गए। वह पेड़ जयमल के घर के बहुत निकट था।

उसने बहुत स्नेह के साथ मेरा स्वागत किया। दिन-रात की मेहनत से पक्के और

चेचक के चिह्नों से भरे हुए उसके सारे चेहरे पर मैत्री-भाव की मीठी मुस्कान फैल गई। इधर-उधर की निरर्थक बातों पर समय नष्ट किए बिना उसने लैंडा की बात छेड़ दी जो उसके दिल और दिमाग पर छाई हुई थी। उसके सम्बन्ध में उसने मुझे वह सब बता दिया जो वह जानता था।

"यह तो भगवान का शाप है जो लैंडा के रूप में हम पर आ पड़ा है," उसने कहा। "इस सारे क्षेत्र में ऐसा कोई घर नहीं बचा जो उसके कारण शोक-ग्रस्त न हो,—उसने किसी घर का पशु मार डाला है तो किसी घर का सदस्य। एक-दो रोज पहले ही उसने मेरी भैंस भी मार दी है।"

"कैसे ?...भैंस कहाँ थी ?"

"यहीं, बिल्कुल यहीं, इन्हीं झाड़ियों के पीछे; मेरे घर से लगभग पचास गज दूर।...मैं उसे पानी पिलाने के लिए चश्में पर ले गया था। अभी दिन था, शाम होने को काफी समय बाकी था। करौंधे की झाड़ियों के पीछे से वह उठा, और उस पर आक्रमण कर दिया। कैसी भयानक गति से आया था वह !...वह थोड़ी-सी दूर से ऐसी भयंकर गति से आया था कि उस समय तक कोई उस पर विश्वास नहीं कर सकता जब तक उसने उसे अपनी आँखों से आते न देखा हो। एक क्षण मैंने उसे भैंस की गर्दन को टटोलते हुए देखा और दूसरे ही क्षण वह धरती पर पड़ा था, भैंस उसके नीचे इधर-से-उधर हिल-डुल रही थी, उसके दाँत उसकी गर्दन में धँसे हुए थे और वह स्वयं उस पर आड़ा पड़ा था। मैं चिल्लाया, और वह अपनी दाँतों की पकड़ को ढीला किए बिना, कंठ-ध्वनि से मुझ पर गुर्राया। मैं झट से पेड़ पर चढ़ गया और सहायता के लिए चिल्लाया। इससे उस पाजी को क्रोध आ गया। उसने भैंस छोड़ी और मुझ पर आक्रमण करने के लिए पेड़ की ओर आया। यह मेरी खुशकिस्मती थी जो मैं उसकी पहुँच से बाहर था; तब भी वह क्रोध से भरा उस पेड़ पर पंजे मारता रहा और उस पर चढ़ने के लिए उसके तने से लगकर खड़ा हो गया। थोड़े समय के बाद वह फिर भैंस के पास चला गया जो उस समय भी जीवित थी। उसने उसे उसी हालत में खाना शुरू कर दिया और साथ ही मेरे ऊपर भी लगातार नजर रखे रहा।"

"यह तो निःसन्देह बहुत संकट की बात है; पर क्या उस राक्षस से छुटकारा पाने के लिए तुम लोगों ने कुछ नहीं किया ? जंगलात के अफसरों को यदि यह सारी जानकारी हासिल हो जाती तो वे अवश्य तुम्हारी सहायता करते। और तुमने यदि किसी शिकारी से ही कहा होता तो वह भी तुम्हारी सहायता के लिए आ जाता।"

"नहीं, नहीं, हमारी किसी को चिन्ता नहीं, अफसरों के पास इन छोटी-छोटी बातों के लिए फुर्सत नहीं और शिकारियों में कानून का उल्लंघन करने का साहस नहीं। अब तुम अपनी बताओ, क्या तुम भी कहीं उन कानून-पालकों के या डरपोक शिकारियों के साथी तो नहीं बन गए ?"

"नहीं, नहीं, मैं नहीं। मेरे लिए वे लोग बहुत ऊँचे हैं, और बहुत होशियार भी।"

"सुनकर मुझे खुशी हुई। तुमसे मुझे यही उम्मीद थी। वैसे उस दैत्य को खत्म करने

के लिए हमने कुछ प्रयास भी किए थे। उसे विष दिया था।''

''तो फिर क्या हुआ ?''

''विशेष कुछ नहीं। हमने अनेक बार उसे संखिया भी दिया, पर सदा निष्फल रहा। बहुत बार उसने उसे खाया ही नहीं, और जब कभी खाया भी तो उस पर उसका कोई असर ही नहीं हुआ।''

''यह कैसे हो सकता है ?...मेरा मन तो नहीं मानता; क्या तुम्हें विश्वास है कि वह संखिया असली था, नकली नहीं ?''

''इसके बारे में तो मैं कुछ नहीं कह सकता, किन्तु जब हमने उसकी जाँच करने के लिए उसे एक कुत्ते को दिया था, तो वह अवश्य मर गया था। परन्तु शेर पर उसका असर बस इतना हुआ था कि उसे कुछ उलटियाँ आई थीं और वह भी केवल एक बार। हमने उसके मारे हुए पशु के पिछले भाग में विष डाला था और उसने उसे खाया भी था, फिर थोड़े से समय के बाद वह चश्में पर गया और रात-भर वहीं रहा। वह पानी पीता गया और उलटियाँ करता गया। उसकी हिचकियों की और गुर्राने की आवाजें रात-भर सुनाई देती रहीं, हम सुबह चश्में पर गए, हमें पूरी आशा थी कि वहाँ पर हमें उसका मृत शरीर मिलेगा, किन्तु वह वहाँ नहीं था। वहाँ पर उसके वमन का ढेर सारा मटमैला और चिपचिपा पदार्थ पड़ा था। लगभग पूरा एक महीना वह यहाँ से गायब रहा। हमने सोचा कि वह मर गया होगा, किन्तु नहीं। शायद ऐसे दुष्ट और कुकर्मी जीवों को मौत भी पसन्द नहीं करती। वह हरामी धूर्त फिर लौट आया और पहले से भी अधिक छल-कपटी और खून का प्यासा बनकर। अब तो वह अपने मारे हुए पशु को दोबारा खाने भी नहीं आता, कहीं दूर चला जाता है।''

''इस समस्या का फिर समाधान क्या है ?...उसे घेरा कैसे जाए ?''

''इस समस्या को तो तुम्हें ही हल करना होगा। मुझे पूरी उम्मीद है कि तुम इसे हल कर लोगे। मैं केवल इतना जानता हूँ कि वह तुम्हें अपने मारे हुए शिकार पर कभी नहीं मिलेगा क्योंकि वह बहुत समय तक एक स्थान पर टिकता ही नहीं, और अगर ऐसा हो भी तो उसे जंगल से निकालने के लिए हँकारे कहाँ से मिलेंगे ? डर के मारे उसके नाम से हँकारों के प्राण निकलते हैं। यह जानते हुए भी कि वह जंगल में कहाँ है, वे किसी कीमत पर हाँका लगाने नहीं जाएँगे।''

''फिर तुम ही बताओ, हम क्या करें ?...तुम्हारा अपना सुझाव क्या है ?...तुम खुद ही कह रहे हो कि न तो उसे उसके मारे हुए पशु पर घेरा जा सकता है और न उसके लिए हाँके का ही प्रबन्ध किया जा सकता है।...केवल एक तरीका और है–उसका पीछा करने का।...किन्तु सौ वर्ग मील के इस पर्वतीय क्षेत्र की टेढ़ी-मेढ़ी घाटियों, कन्दरों, कुटिल मार्गों और बड़ी-बड़ी झाड़ियों आदि में उसका पीछा करना कठिन ही नहीं, असम्भव है। यह तो घास-फूस के बड़े से ढेर में से सूई तलाश करने के बराबर है।...ठीक कह रहा हूँ न ?''

''हाँ, लगभग,'' उसने कहा, ''लेकिन हम एक और बात कर सकते हैं–उसका पीछा

करने के स्थान पर, किसी गाँव में पड़ाव डाल लें और वहीं पर उसके आने की प्रतीक्षा करें।''

''फिजूल की बात।'' मैंने कहा, ''मैंने लोगों को चालू औरतों और बसों के पीछे भागने की सलाह देते तो सुना है, उनका कहना है कि यदि उनके पीछे भागोगे तो उन्हें कभी पकड़ नहीं पाओगे। वहीं खड़े रहो, एक न मिली तो दूसरी मिल जाएगी। परन्तु तुम्हारा लैंडा न औरत है और न बस। वह लोगों से मिलने-जुलने का शौकीन भी नहीं है। फिर तुम क्यों सोचते हो कि वह तुम्हारे पास चला आएगा ?...तुम्हें नमस्कार करने के लिए या...।''

''चालू औरतों, तीव्र गति से भागनेवाली बसों या सामाजिक शिष्टाचार की बातें भूल जाइए। यह शहरों तक ही सीमित हैं, गाँवों के लिए नहीं हैं।...अगर आप वास्तव में ही उसे मारना चाहते हैं तो आपको एक ही स्थान पर कुछ दिनों के लिए रुकना होगा। इस क्षेत्र के दो दर्जन गाँवों में से किसी भी एक गाँव में।''

''पर क्यों ?...किस कारण से ?''

''कारण सीधा और स्पष्ट है। जैसा कि आपने स्वयं कहा है, इस जटिल क्षेत्र में उस धारीदार का पीछा किया नहीं जा सकता। उसमें एक स्थान से दूसरे स्थान पर जाने की आदत है, वह पार्लियामेंट के उम्मीदवारों की तरह नियमित क्रम से, थोड़े-थोड़े समय के बाद उन सब स्थानों पर जाता है जहाँ-जहाँ पशु मारकर उसने भोजन पाया है। किन्तु वह उन उम्मीदवारों की तरह नहीं है जो सफल हो जाने के बाद अपने क्षेत्र के इलाकों के प्रति उदासीन हो जाते हैं। यह उन्हें दुःख-दर्द देने के लिए नियमित क्रम से वहाँ बार-बार जाता ही रहता है। इसीलिए मैं कहता हूँ कि यदि आप 10-15 दिन एक ही स्थान पर रहेंगे, और कटरा बाँधकर रात-रात-भर उसका इन्तजार करेंगे तो वह आपको आसान निशाना दे ही देगा।''

जयमल का सुझाव वजनदार था, अनुभवी वन-वासी जो ठहरा। किन्तु इसे कार्य रूप देने के लिए बहुत धीरता चाहिए थी, और यह गुण मेरे में नहीं है—डींग हाँकने के लिए भी नहीं। मेरे मन में यह धारणा एक विशेष प्रकार के चौपाहों के सम्बन्ध में बनी हुई है।

उस रात मैं जयमल के साथ बहुत देर तक बात करता रहा और लैंडा के विषय में, उसकी व्यवहार-विलक्षणताओं, इधर-उधर आने-जाने की आदतों के बारे में जानकारी प्राप्त करता रहा। मैंने उस सारे क्षेत्र का एक रेखाचित्र भी बनवाया और उस पर जयमल के कहे अनुसार उन सब स्थानों को क्रमबद्ध ढंग से अंकित किया जहाँ-जहाँ उसने पशुओं की हत्या की थी। यह देखकर मैं चकित रह गया कि एक-दो दिन की या एक-आध स्थान में थोड़ी-सी अदल-बदल हो जाने के अतिरिक्त वह शेर अपनी गतिविधियों के क्रम में सदा स्थिर रहा है, उसका इधर-उधर जाने का रास्ता एवं स्थान, सब निश्चित क्रम के अनुसार थे। इससे मेरे लिए उसके अगले आक्रमण का दिन और स्थान का पूर्व अनुमान लगाना आसान हो गया।

इसी रेखाचित्र के आधार पर मैंने उसे उसके अगले आक्रमण-क्षेत्र के रास्ते में घेरने का निश्चय किया। किसी एक स्थान पर रुके रहने की अपेक्षा मुझे यह प्लान अधिक अच्छा लगा, क्योंकि मैं यदि उसे एक स्थान पर न घेर सका तो उसके अगले आक्रमण-क्षेत्र का पूर्वानुमान लगा सकता था। सबसे अच्छी बात तो यह थी कि यह प्लान मुझे उस शारीरिक और मानसिक थकान से बचा सकती थी जो हर रात कटरा बाँधकर मुझे उसकी प्रतीक्षा में जागकर बितानी पड़ती।

4

मेरे दो दिन आसपास के गाँववालों से लैंडा के बारे में जानकारी प्राप्त करने में बीत गए। इस बीच जयमल ने भी इधर-उधर घूमकर ऐसा प्रबन्ध कर लिया जिससे हमें उस धारीदार हत्यारे की गतिविधियों का नियमित रूप से समाचार मिलता रहे। जयमल का प्रबन्ध बहुत सफल रहा; दूसरे ही दिन हमें लगभग दस मील दूर के एक गाँव से उसके भैंस को मारने का समाचार मिला।

जहाँ उसने भैंस मारी थी वह स्थान पर्वत के ऊपर था; उसकी ऊँचाई तीन हजार फुट थी। उस पर चढ़ने का रास्ता बहुत कठिन था, चढ़ाई तीखी थी और पगडंडी पतली और पर्वत के उभार के साथ लगी हुई थी। मुझे उस पर्वत पर चढ़ने के लिए बहुत परिश्रम करना पड़ा। घोड़े पर सवार होकर उस पर चढ़ना कठिन ही नहीं, असम्भव था। मंगला और जयमल मेरे साथ थे। हम पैर घसीट-घसीटकर, रेंगते हुए उस पर चढ़ रहे थे; धूप तेज थी और गर्म हवा हमारे चेहरों को झुलसा रही थी। जब तक हम पर्वत के ऊपर चढ़ नहीं गए, हमें कहीं छाया नहीं मिली।

मैं जानता था कि जिस स्थान पर शेर ने भैंस मारी थी, हमारा वहाँ जाना निरर्थक सिद्ध होगा, हमें वहाँ जाने के बजाय उस स्थान पर जाना चाहिए जहाँ उसके अगले आक्रमण करने की आशंका थी। परन्तु वह स्थान बहुत दूर था और हमारे चलने की गति अत्यन्त धीमी थी। हम मानो रेंग-रेंगकर चल रहे थे, भरसक प्रयत्न करने पर भी हम बहुत रात हो जाने से पहले वहाँ पहुँच नहीं सकते थे। इसलिए मैंने अगला सफर अगले दिन पर टालकर, उसी गाँव में जाने का निर्णय लिया जहाँ उसने भैंस मार रखी थी।

और, यह अच्छा ही हुआ जो हम उस गाँव में रुक गए। वहाँ जाकर मुझे पता चला कि उसने वह भैंस प्रभात होने से कुछ ही समय पहले मारी थी और वह अनखाए ही वहाँ पड़ी थी। गाँववालों ने मुझे बताया कि प्रभात होने से कुछ समय पहले वह बाड़े के पास आया था और उसने बाड़े के आसपास चक्कर काटे और बाघ गरजा, डर के मारे पशुओं में भगदड़ मच गई और वे बाड़ा छोड़कर बाहर खुले में निकल गए।...मेरा विचार है कि उस दुष्ट लुटेरे ने यह सब जान-बूझकर किया था जिससे मनुष्य डरकर घरों के अन्दर ही बन्द रहें और पशु बाड़ा तोड़कर खुले में निकल आएँ।

भैंस को मारने के बाद वह उसके शव को खींचकर पास की झाड़ियों में ले गया, उसने उसका एक ग्रास भी नहीं खाया, उसे झाड़ियों में सुरक्षित रखकर चला गया था।

चूँकि वह उसे खाए बिना छोड़ गया था, और स्वयं पाँच-छः दिन का भूखा था, मुझे लगा कि बहुत सम्भव है कि वह अपनी सामान्य रीति के विरुद्ध इस बार उसे खाने के लिए वहाँ आएगा। इसलिए मैंने उसकी ताक में वहीं बैठने का निश्चय किया।

शेर ने उस शव को झाड़ियों में बहुत आगे जाकर रखा था। मैंने उसके पास के एक वृक्ष पर अपने बैठने के लिए एक मचान बनाई और सन्ध्या होने से पूर्व ही उसमें जा बैठा।

पर्वत के ऊपर से सूर्य अपनी नशीली और लाल आँखों से तिरछी नजरें फेंक रहा था, और तरुण एवं निर्दोष सन्ध्या को उसके हावभावों पर सन्देह होने लगा था और लज्जा से उसका चेहरा लाल हो गया था। मेरी मचान के नीचे की चट्टानें–राजपूतों के किलों के परकोटों की भाँति लाल दिखने लगी थीं; तथा दर्रे और घाटियाँ अस्पष्ट और मूक हो गई थीं।

अदलते-बदलते रंगों के वे सुन्दर और विचित्र दृश्य मीलों तक फैले हुए थे। तभी क्षण-भर के लिए पश्चिमी क्षितिज पर सूर्य की अन्तिम किरण से आकाश जगमगा उठा और फिर सन्ध्या हो गई, पक्षियों ने अपनी मधुर आवाज में बोलना शुरू किया, कीड़े-मकोड़ों ने अपनी सुरीली तान छेड़ दी और जंगल ने अच्छे सधे हुए कपटी की भाँति अत्युक्त नम्रता का आवरण धारण कर लिया, और पुराने बूढ़े पहाड़ के झुर्रियोंदार चेहरे पर भी रात्रि का अँधेरा छा गया। धीरे-धीरे सब ओर अँधेरा छा गया, सबकुछ मौन हो गया।

मेरी मचान चिल्ला-वृक्ष पर धरती से लगभग बारह फुट ऊँची थी और पेड़ की दो बड़ी-बड़ी शाखाओं की जड़ में बनी हुई थी। वह मचान बहुत आरामदेह थी और पेड़ की टहनियों व पत्तों से ढकी हुई थी। मैं उसमें सुरक्षित बैठा था; बन्दूक के लिए इतना रास्ता खुला था कि मैं उसे 140^0 तक आसानी से घुमा सकता था। रात चाँदनी थी और रोशनी इतनी स्पष्ट और साफ थी कि झाड़ियों में से किसी के दबे पैर, छिप-छिपकर भैंस के शव के निकट आने की गतिविधियों को आसानी से साफ-साफ देखा जा सकता था।

मेरी वह मचान बहुत सन्तोषजनक थी, टहनियों और पत्तों से अच्छी तरह से ढकी हुई, आरामदेह और भैंस के शव से केवल पन्द्रह गज दूर। किन्तु उसमें एक कमजोरी थी : शेर यदि पीछे से आया तो पेड़ का तना, जिस पर मैं पीठ टिकाकर बैठा था, मेरी दृष्टि में बाधा डाल सकता था, उसे मेरी आँखों से ओझल रख सकता था। उस तने की छाया के कारण, शेर के काफी आगे आ जाने पर भी, मैं उसे उस समय तक नहीं देख सकता था जब तक वह शव के पास ही न पहुँच जाए। परन्तु इस सम्बन्ध में यह आशा करने के अतिरिक्त कि शेर पीछे से न आए, हम कुछ और कर भी तो नहीं सकते थे।

घाटी में अँधेरा छा चुका था। न जाने क्यों उसने मुझे एक बड़े मन्दिर की याद दिला दी जिसे मैंने बहुत पहले एक प्राचीन नगर के खँडहर में उलटा पड़े देखा था। मुझे लगा कि उस घंटी की भाँति घाटी के अँधेरे ने भी प्रभात को भेंट करने के लिए, वहाँ की सारी गौरवमयी ध्वनियों और शान्ति को अपने में समेट रखा है। परन्तु प्रभात कहीं आस-पास नहीं थी। वह उस घाटी से दूर, बहुत दूर थी जहाँ मैं अकेला बैठा, शेर की प्रतीक्षा में रात्रि-जागरण कर रहा था।

रात्रि का पहला तीन-चौथाई भाग चाँदनी का पूरा आनन्द उठा चुका था, और अन्तिम का भाग, जब चाँद छिपनेवाला था, कष्टकारी अन्धकार के अतिरिक्त और कुछ नहीं था। मैं रात्रि के चाँदनीवाले भाग में वहाँ बैठा रहा, एक बड़े साम्बर को छोड़कर वहाँ अन्य कोई जानवर नहीं आया। वह साम्बर बहुत सुन्दर था, उसके सिर पर बड़े-बड़े सींग थे, उसकी त्वचा की लम्बी, पतली और चिकनी धारियों की शोभा देखते ही बनती थी। संक्षेप में वह बहुत रमणीक था—देवताओं के मन को लुभानेवाला।

साम्बर धीरे-धीरे सावधानी से चलता हुआ झाड़ियों के भीतर के झाड़ीविहीन रिक्त स्थान पर आया। आकाश में चाँदनी छिटक रही थी, चाँद के आस-पास सितारों की झिलमिलाहट उसके प्रकाश में घुलमिल गई थी। वह दृश्य आदिकाल की अशोधनीय पवित्रता को प्रस्तुत कर रहा था।

साम्बर घबराया हुआ नहीं था, बिल्कुल शान्त था। यह इस बात का संकेत था कि वहाँ कोई हिंसक पशु आस-पास नहीं था; यदि कोई होता तो उसने उसे बहुत दूर से सूँघ लिया होता। (साम्बर की घ्राण-क्षमता बहुत सूक्ष्मग्राही और विश्वसनीय है)। साम्बर के व्यवहार से मुझे विश्वास हो गया था कि शेर आस-पास नहीं था। इसके अतिरिक्त, शेर यदि भूखा होता, जैसा कि मैंने सोच रखा था, तो वह भोजन खाने के लिए वहाँ बहुत पहले आ गया होता। चूँकि वह आया नहीं था और रात बहुत बीत चुकी थी, मैंने सोच लिया कि वह नहीं आएगा। मैंने अपनी चौकसी में ढील छोड़ दी।

अपने ऐंठे हुए शरीर को आराम देने के लिए मैं थोड़ा-सा हिला। वाह्य रूप से लापरवाह दिखाई देनेवाले साम्बर आन्तरिक रूप से बहुत सावधान होते हैं। उसने अपना अगला खुर धरती पर पटका और अपनी 'ढाक' से संकट की सूचना प्रसारित कर दी। उसकी ढाक यानी भय-ध्वनि, घंटी की आवाज की भाँति एक-अक्षरी ठन-ठन के समान थी जो पहाड़ों से टकराकर चारों ओर गूँज उठी और नीचे घाटी तक जा पहुँची। साम्बर को मेरी उपस्थिति का सन्देह था, विश्वास नहीं। सदियों से चलते आए संकटों ने उसमें संकटों के प्रति संवेदनशीलता पैदा कर दी थी। वह वहाँ से तेजी से भागा और क्षण-भर में झाड़ियों में ओझल हो गया। रात्रि फिर शान्त हो गई, केवल बीच-बीच में पीछे को हटती हुई उसकी संकट-ध्वनि वन के मौन को यदा-कदा भंग कर देती थी।

रात का एक-चौथाई से थोड़ा-सा अधिक भाग अभी भी शेष था। चाँद छिपनेवाला था। तभी पहाड़ की ढलान से एक बाज ने बोलना शुरू किया। वह एक ही सुर में, एक ही लय में पाँच-छः बार बोलता था और प्रत्येक बार अपनी आवाज की तीव्रता को

बढ़ाता जाता था। जब वह अपनी उच्चतम सीमा को पहुँच जाती थी, तो वह सहसा बोलना बन्द कर देता था, और फिर थोड़ा रुककर पुनः उसी प्रकार बोलने लगता था।

बाज अपनी दर्दभरी आवाज में उस समय तक बोलता गया जब चाँद का केवल एक बहुत छोटा-सा किनारा ही शेष रह गया था। थोड़ी-सी रोशनी अब भी बाकी थी। मैंने थोड़ी-सी देर के लिए झपकी लेने की सोची। तभी मुझे अपने पीछे से हल्की-सी ध्वनि सुनाई दी—वह किसी के बहुत सावधानी के साथ, मेरे पेड़ के पीछे से आगे की ओर आने की आवाज थी। वह जीव भारी था और हाँफ रहा था, मैंने उसके पाँव से एक टहनी के चटकने की आवाज भी सुनी। वह जोर-जोर से साँस ले रहा था। मैंने हल्की-सी चरचराहट भी सुनी—हड्डियों के चरचराने की आवाज। शायद वह जीव बूढ़ा था—या क्या ?

मेरी जिह्वा मेरे मुँह में मानो सूज गई; मेरी साँस तेज-तेज चलने लगी; मेरा दिल जोर-जोर से धड़कने लगा। मुझे ऐसा लग रहा था जैसे मेरे हृदय के धड़कने की आवाज पसलियों से टकराकर चारों ओर गूँज रही थी। मेरे हाथ धीरे-से बन्दूक की ओर बढ़े और मैंने उसे कसकर पकड़ लिया।

ओह भगवान ! इस धूर्त कपटी ने यहाँ आने के लिए वही समय चुना जब मैंने सोचा था कि वह नहीं आएगा, और उसी रास्ते से आया जिधर से मैं नहीं चाहता था कि वह आए। दस-पन्द्रह मिनट के लिए अभी रोशनी बाकी है, और उसके पश्चात् सब ओर अँधेरा-ही-अँधेरा हो जाएगा और मुझे अपनी बन्दूक की साइट भी दिखाई नहीं देगी। थोड़ी-सी चाँदनी अभी है यद्यपि वह बहुत मन्द और धुँधली है, तो कामचलाऊ तो है ही। परन्तु इस दुष्ट को आगे कैसे लाया जाए ?

उसके आने की आवाज काफी निकट आ गई; वह मेरे पेड़ के नीचे आ गया था किन्तु अभी भी मेरे पीछे था। मैं पीछे मुड़कर उस पर गोली चला नहीं सकता था, पेड़ के तने ने मेरी गतिविधियों में बाधा डाल रखी थी। मैंने अपनी गर्दन को जितना अधिक खींच सकता था खींचा और नीचे देखा। वहाँ कुछ दिखाई नहीं पड़ा। केवल प्रतिछाइयाँ थीं, मोटी और सघन और वे भी अँधेरे में अपना अस्तित्व खो रही थीं।

आवाज मेरी मचान के नीचे आ गई और वहाँ आकर सहसा रुक गई। उसके साथ मेरे दिल की धड़कन भी रुकी। रात्रि ने अपने पाँव नीचे धरती में गाड़ दिए और सिर को ऊपर आकाश के सितारों में छिपा दिया, क्षण-भर के लिए समय भी रुक गया। नप्तृका नामक चिड़िया ने जानवरों के आने-जानेवाले पथ के दूर किनारे से चक-चकाचक-र-र-र की तान छेड़ दी और उसके सामनेवाली झाड़ियों से दूसरा नप्तृका बोला और दोनों युगल गान गाने लगे। उससे अन्धकार भरी रात्रि में कुछ रौनक आ गई किन्तु रुका हुआ क्षण रुका ही रहा, वह गतिशील नहीं हुआ। अब केवल कुछ मिनटों का प्रश्न था—पाँच-छः मिनट से अधिक का नहीं। यही मेरे लिए निर्णय कर देंगे। इतने समय में यदि वह मेरे पेड़ के नीचे आ गया तो मैं तेजी से मन्द पड़ते हुए प्रकाश में भी अपनी बन्दूक की साइट देखकर उस पर निशाना ले लूँगा अन्यथा वह साफ बच

निकलेगा, उसे नया जीवन मिल जाएगा।

परन्तु नहीं, वह अपने सुरक्षित स्थान को छोड़कर मुझे प्रसन्न करने की जल्दी में नहीं था। वह मेरी मचान के नीचे स्थिर खड़ा रहा। उसके हाँफने की आवाज और शरीर की गन्ध मुझे इतने पास से आ रही थी कि बेसब्री से मेरा सिर चकराने लगा था। नौकरशाही के हाकिमों की तरह नीचे का अँधेरा इतना गहरा और स्थिर था कि उसने मुझे उस छोटे-से स्थान में बन्दी बना रखा था। वह मानो मेरे ही भाग्य का मुझे पराजित करने का षड्यन्त्र था। तभी मुझे अपनी मचान के नीचे से ऊँची और कर्कश ध्वनि सुनाई दी, वह रूखे धुरे के चलने जैसी ध्वनि थी। मुझे लगा कि उसने सम्भवतः अपने भोजन पर आने का निश्चय कर लिया है...पर क्या वह वहीं कहीं पैर तो नहीं हिला रहा ? चरचराहट की ध्वनि कुछ आगे बढ़ी। प्रकाश की उस छोटी-सी पट्टी को अँध ेरे ने घेरे रखा था। मैंने उस अँधेरे को अपनी आँखों से चीरते हुए नीचे देखा; मुझे वहाँ एक आकृति का रेखाचित्र दिखाई दिया, वह बहुत अस्पष्ट था।

उस रेखाचित्र के अनुसार, उस जानवर का अगला भाग भारी था। अँधेरे ने उस रेखाचित्र को काला ही नहीं बना रखा था, उसके आकार को भी प्रभावित कर रखा था। मैंने उसकी ऊँचाई और लम्बाई के सम्बन्ध में जो अनुमान लगा रखा था, वह उससे छोटा दिखाई दिया। उसका भारीपन निराशाजनक था। 'जल्दी-जल्दी मन्द होते हुए प्रकाश में यह कैसा दृष्टिभ्रम'! मैं विस्मय में पड़ गया।

वह उस रोशनी की पट्टी के पास था, और अपने शरीर के चौड़े भाग को मेरी ओर किए खड़ा था। प्रकाश की वह पट्टी विश्वसनीय नहीं थी। मैंने अपनी राइफल को उसके वक्षस्थल की सीध में लाने की कोशिश की, परन्तु अँधेरे के कारण मैं यह कर नहीं सका। राइफल की फोरसाइट से आगे मुझे कुछ दिखाई नहीं दे रहा था, यहाँ तक कि जिस सफेद पत्थर को मैंने अपने लिए एक निशान-चिह्न बना रखा था, वह भी दिखाई नहीं दे रहा था। मैं जब भी एक आँख बन्द करके देखने लगता था, मुझे अपनी राइफल की फोर-साइट के आगे कुछ भी दिखाई नहीं पड़ता था, उस अँधेरे की भूलभुलैयों में मेरी दृष्टि भटक जाती थी। निराश होकर मैंने दूसरी आँख खोल ली। वह मुझे वहीं खड़ा दिखाई दिया, उसकी रूपरेखा ने शकल पकड़ ली थी। वह सिर से पैर तक मन्द प्रकाश की पट्टी में था। मुझे सफेद पत्थर भी दिखाई पड़ा। वह पत्थर उसकी अगली टाँग के पास, उसके हृदयस्थली की सीध में था।

मैं अपनी बन्दूक की साइट को सफेद पत्थर की सीध में ले गया फिर धीरे-धीरे राइफल की नली को ऊपर उठाकर उसकी देह की सीध में ले गया। मैं जानता था कि मन्द प्रकाश में गोली निशाने से ऊपर लगती है। इसलिए मैंने अपनी राइफल की साइट को उसके हृदय की सीध में न रखकर उसके उदर से लगभग दो इंच ऊपर उठाई। हाथ के स्थिर हो जाने पर मैंने राइफल की लिबलिबी दबाई। .475 कारबाइट गोली के प्रकाश ने क्षण-भर के लिए मुझे चौंधिया दिया, मुझे कुछ दिखाई नहीं दिया। बन्दूक चलने की ऊँची आवाज पहाड़ों से टकराई, उसकी प्रतिध्वनि वन के मौन को भंग करती हुई चारों ओर गूँज उठी।

पास की झाड़ी से हाथ-पाँव पीटने की ध्वनि सुनाई दी जो बहुत ऊँची नहीं थी, तथापि ऐसी अवश्य थी जिससे यह अनुमान लगाया जा सके कि गोली ठिकाने पर लगी है, जानवर नीचे गिरा है—सम्भवतः सदा के लिए। उसी समय मुझे उसके कंठ से गल-गल करने की आवाज सुनाई दी—एक दर्दभरी आवाज। फिर सब मौन हो गया।

रात्रि का शेष भाग मैंने अपनी मचान में ही बिताया और प्रभात की प्रथम किरण के साथ मैं बहुत उत्सुकता से नीचे उतरा और उस झाड़ी के पास गया जहाँ वह मरा पड़ा था। वह लैंडा नहीं था, एक लकड़बग्घा था। यह कैसी विडम्बना !

5

मुझे बहुत निराशा हुई। अपनी मनःस्थिति को बदलने के लिए मैं गाँव में न जाकर इधर-उधर घूमने लगा और टहलते-टहलते मुझे सहसा लैंडा के पदचिह्न दिखाई पड़े।

वह पहली बार थी जब मुझे उसके पदचिह्न देखने को मिले थे। वे चिह्न बहुत बड़े थे, सचमुच बहुत बड़े, उस समय के अच्छे डील-डौलवाले शेरों के पदचिह्नों से भी बड़े। मेरा यह कहना अतिशयोक्ति न होगा कि नरम रेत की उस धरती में, जहाँ मैंने उन्हें देखा था, मुझे वे एक तरुण ऊँट के पदचिह्नों जितने बड़े लगे। वे पदचिह्न फैले हुए थे। उनमें एक-दूसरे को काटती हुई कुछ गहरी रेखाएँ भी थीं, जो वृद्धावस्था की विश्वसनीय निशानी है। मुझे ऐसा लगा कि वह अपनी जवानी के अच्छे दिन बहुत पीछे छोड़ चुका था और चिरस्थायी बुढ़ापे में प्रवेश कर चुका था।

उन पदचिह्नों से यह भी पता चलता था कि वह नर शेर था। उसके पैरों की गद्दियाँ, अर्थात् पैड मोटे, चौड़े और बढ़ते हुए चाँद की तरह अर्धवृत्ताकार थे। उन पदचिह्नों में उँगलियों के निशान बड़े-बड़े और चौरस थे और वे एक-दूसरे से काफी हट कर थे। (नर-शेर के पदचिह्नों की तुलना में मादा-शेर के पदचिह्न कम चौड़े और अधिक लम्बे होते हैं; वे अपने आकार में बहुत कुछ त्रिभुज जैसे होते हैं। उनकी उँगलियों के निशान भी अपेक्षाकृत एक-दूसरे के निकट होते हैं; बीच की उँगलियाँ अन्य उँगलियों से अधिक लम्बी और दीर्घाकार होती हैं; अर्थात् शेरनी के पदचिह्न लम्बाई और चौड़ाई में, नर शेर के पदचिह्नों की तुलना में लम्बोतरे, आकार के छोटे और अधिक गठे हुए होते हैं।

लैंडा के जो पदचिह्न मुझे नाले में मिले थे, वे एक दिन पहले के थे; कई स्थानों पर वे मकड़ी के जालों से ढके हुए थे और उन जालों के ऊपर पिछली रात की ओस की बूँदें पड़ी हुई थीं। जो पदचिह्न मकड़ी के जालों से मुक्त थे उन पर रेत की तह थी जो उतनी ही सूखी और हवा से बिखरी हुई थी जैसे आस-पास की रेत। सम्भवतः वे धूप से वैसे हो गए थे। इससे पता चलता था कि शेर अपने मारे हुए पशु के पास लौटकर नहीं गया था जैसा उसके बारे में कहा जाता था। उसने उस क्षेत्र को उसी दिन छोड़ दिया था जिस दिन उसने भैंस मारी थी।

मैं उन पदचिह्नों के साथ-साथ नाले में चलता गया; बहुत दूर चलने के बाद वे पदचिह्न नाले के पार पहाड़ी पर चढ़ते हुए दिखाई दिए। वह अच्छी ऊँची पहाड़ी थी। उसकी पिछली ओर की ढलान के अन्त में बहुत-सी झोंपड़ियाँ थीं जो पहाड़ी के बगल में, एक-दूसरे से सटकर बनी हुई थीं। वास्तव में वह वही स्थान था जिसे मैंने अपने नक्शे में उसके अगले आक्रमण का स्थान इंगित कर रखा था। वह दुष्ट अपनी वर्षों पुरानी आदत के अनुसार उसी स्थल की ओर जा रहा था। कौन जाने वह वहाँ के अभागे निवासियों के साथ कौन-सी भद्दी और दुखदायी खिलवाड़ करने जा रहा था।

वे झोंपड़ियाँ पहाड़ी की पिछली ओर उसकी जड़ में थीं। नाले के जिस स्थान से लैंडा ने अपनी दिशा बदली थी, वह स्थान वहाँ से लगभग छः मील दूर था। यदि मैं वहाँ जाना भी चाहता तो मुझे तीन मील की ऊँची और तीखी चढ़ाई चढ़नी थी और फिर दूसरी ओर की ढलान उतरनी थी, सफर काफी कठिन और समय लेनेवाला था। इसके अतिरिक्त, इससे पहले कि मैं उन झोंपड़ियों की ओर जाता, मुझे पीछे गाँव में भी जाना था जहाँ जयमल और मंगता मेरा इन्तजार कर रहे थे। इसका अर्थ था कि मैं वहाँ से पहले तीन मील पीछे जाता और फिर तीन मील लौटकर आता। यदि मैं उतना भूखा और थका हुआ न भी होता जितना कि मैं था, तो भी इतना सफर करने के बाद मेरे लिए यह सम्भव नहीं था कि मैं उस निर्दिष्ट स्थान पर पहुँचकर अँधेरा होने से पहले मचान बना सकता।

मुझे यह विश्वास था कि भूखा होने के कारण, वह उसी शाम को या प्रभात होने से पहले, वहाँ जाकर किसी-न-किसी जीव पर आक्रमण करेगा; तथापि मैं लाचार था। यह जानते हुए भी कि उसकी उग्र भूख उसे किसी पर आक्रमण करने के लिए बाध्य करेगी, मैं वहाँ पहुँच नहीं सकता था। मैं भगवान से केवल प्रार्थना ही कर सकता था कि मेरी इस विवशता का मूल्य किसी मनुष्य को अपने प्राणों से न चुकाना पड़े।

बहुत अनमने मन से मैं पीछे की ओर मुड़ा और दिन ढलने से कुछ पहले गाँव में पहुँच गया। मैंने देखा कि गाँव के लोग मेरे न लौट आने के कारण बहुत चिन्तित थे। उन्होंने मेरी बन्दूक चलाने की आवाज सुनी थी और सोचा था कि मैं सुबह-सुबह उनके लिए शुभ समाचार लेकर आऊँगा, किन्तु जब मैं नहीं पहुँचा तो वे डर गए। उनके मन में तरह-तरह की शंकाएँ उत्पन्न हो गईं। मेरी अनुपस्थिति में वे उस स्थान पर भी गए थे जहाँ मेरी मचान थी। उन्होंने उस जानवर के शव को भी देखा था जिस पर मैंने गोली चलाई थी, किन्तु वह सबकुछ देख लेने पर भी उन्हें सन्तोष नहीं हुआ था। वे बहुत चिन्तित थे। उन्हें यह समझ नहीं आ रहा था कि मैं वहाँ से 'क्यों' और 'कैसे' गायब हो गया था। मंगता ने इसके कारण का अनुमान लगा लिया था और उन्हें समझाने का भी प्रयास किया था; वह उन्हें विश्वास दिलाना चाहता था कि मैं खोटे पैसे की तरह गाँव वापस लौट आऊँगा। किन्तु वे लैंडा की मनमौजी हत्याओं से इतने डरे हुए थे कि उनकी शंकाएँ दूर नहीं हुईं। वे उस समय तक चिन्ता में ही डूबे रहे जब तक मैं लौटकर उनके पास पहुँच नहीं गया।

जिस स्थान पर लैंडा गया था, वहाँ पर पहुँचने के लिए बहुत देर हो चुकी थी। इसके अतिरिक्त मैं इतना थका हुआ था और मुझे इतनी नींद आ रही थी कि वहाँ पहुँच जाने पर भी मैं मचान में बैठने योग्य नहीं था। इसलिए मैंने गाँव में ही ठहरकर रात-भर विश्राम करने का निश्चय किया। मुझे क्योंकि घोड़ा नहीं चाहिए था और उसे जयमल के गाँव में ही छोड़ आया था, मैंने जयमल को उसके गाँव वापस भेजने की सोची और सुबह होने पर उसे चले जाने के लिए कहा।

उस गाँव में हमारे लिए रहने व खाने की कोई समस्या नहीं थी। खाने और रहने का पूरा सुभीता था। हिमाचल प्रदेश में पुराने समय से एक प्रथा चलती आ रही थी जिसके अनुसार अतिथियों के रहने के लिए गाँववालों की ओर से स्थायी प्रबन्ध था; फसल की कटाई के समय हर परिवार से उसके सामर्थ्य के अनुरूप धनराशि या अनाज इकट्‌ठा किया जाता था और उसे गाँव के पुजारी या मुखिया के पास रखा जाता था। गाँव में जब कोई परिचित या अपरिचित अतिथि आता, उसी संचित अनाज से पूरे शिष्टाचार के साथ उसका अतिथि-सत्कार किया जाता था। उन लोगों के दिल इतने विशाल थे और उनके भाव इतने सुन्दर और सुकुमार जैसे उनके फूलों से भरे चरागाह, सदा बहनेवाले चश्में और बर्फ से ढकी पहाड़ों की चोटियाँ।

मैं जहाँ रात बिता रहा था, वह स्थान वास्तव में गाँव के कुछ बाहर था। वे अल्पकालिक कुछ डेरे थे जो गर्मी के महीनों में पर्वतीय चरागाहों में चरवाहों और उनके पशुओं के ठहरने के लिए बनाए जाते थे। वे झोंपड़ियाँ बाँस के ढाँचों पर घास-पत्तों और पेड़ों की टहनियों को गूँथकर बनाई जाती थीं। मुझे सोने के लिए सबसे अच्छी झोंपड़ी दी गई थी जिसमें मैं, मंगता और दो कुत्तों के अतिरिक्त भेड़ों का एक झुंड, बहुत-सी गाएँ-भैंसें तथा उनके मालिक थे। उसमें हवा के आवागमन के लिए न कोई खिड़की थी और न धुएँ के निकास की व्यवस्था। सारी झोंपड़ी दुर्गन्ध और शोर से भरी हुई थी। उसमें उन सब साधनों का अभाव था जिन पर स्वास्थ्य-विज्ञान की पुस्तकों में विशेष बल दिया जाता था।

बाहर खुले में बहुत ठंड थी। इसलिए न चाहने पर भी मुझे वह रात डेरे के भीतर ही बितानी पड़ी। मैं पल-भर के लिए भी सो नहीं सका, मेरा सिर दर्द से फटने लगा, मुझे जुकाम हो गया और गला भी खराब हो गया। मुझे तेज बुखार चढ़ गया—यानी इन्फ्लूयंजा के सारे लक्षण खुलकर सामने आ गए। उस समय मैं बीमार नहीं होना चाहता था। उस समय बीमार होना मेरे लिए विशेष कष्टकर था क्योंकि एक तो मैं घर से बाहर था और दूसरा बीमार हो जाने से मैं अपने पूर्व निश्चित प्रोग्राम के अनुसार काम नहीं कर सकता था। मेरा बीमार होना मेरी सफलता की सम्भावनाओं में बहुत बड़ी बाधा बन सकता था और मेरी प्रतिष्ठा को ठेस पहुँच सकती थी। मैं बहुत घबरा गया और असहाय अनुभव करने लगा।

भारत में सामान्य रूप से हम सब नागरिक अपने आपको डॉक्टर और दार्शनिक समझते हैं, बहुत सहज भाव से हम नीमहकीमों और तान्त्रिकों में विश्वास रखते हैं।

हर एक के पास प्रत्येक बीमारी की अचूक दवाई होती है और जीवन की सब समस्याओं के समाधान भी, जिन्हें मुक्त मन से तात्विक शब्दावली में दूसरों को देते रहते हैं।

मैं जिनके पास ठहरा हुआ था वह भी जनसाधारण से भिन्न नहीं थे और न मैं ही। उन्होंने मुझे एक दवाई का सुझाव दिया जिसे मैंने कृतज्ञतापूर्ण स्वीकार कर लिया; आध घंटे के भीतर दवाई आ गई। एक तश्तरी में लहसुन और लाल मिर्च का घोल था जिसे पकाकर काफी गाढ़ा कर रखा था। मुझे विश्वास दिलाया गया कि उस दवाई का सेवन पुरातन काल से किया जा रहा है और उनकी जानकारी में वह दवाई कभी असफल नहीं रही थी।

मैंने वही किया जो मुझे करने को कहा गया था—मैंने वह दवाई खाली पेट निगल ली। उसके तुरन्त बाद मेरी आँतों में आग-सी लग गई। मैं बेहाल हो गया।

मेरी आँतों में वह तूफान सुबह से शाम तक चलता रहा। मेरा जी मिचलाने लगा था और वे सारी दवाइयाँ काले-से वमन के रूप में बाहर निकल गईं। उलटियों के खत्म होते ही फ़्लू के कुछ लक्षण भी जाते रहे, किन्तु मुझे जोर-जोर से हिचकियाँ आनी शुरू हो गईं। उन हिचकियों ने मेरा सारा शरीर हिला दिया, पूरे शरीर में पीड़ा होने लगी। मैंने जिस अग्निमय पदार्थ को दवाई के रूप में निगला था उसने मेरी आँतों में जलन पैदा कर रखी थी; मुझे असहनीय कष्ट हो रहा था। मैं हर क्षण अपने बिस्तर पर लेटा 'जैक-इन-द-बॉक्स' की भाँति उछल रहा था और साथ ही ऐसी घृणित आवाजें भी निकाल रहा था जैसी शराबखाने में अन्धाधुन्ध पीनेवाले पियक्कड़ पी-पीकर निकाला करते हैं।

मैं बहुत कठिन स्थिति में था; हिचकियाँ केवल कष्टप्रद ही नहीं थीं, उनके होते हुए मचान में वह शान्ति व खामोशी भी नहीं रखी जा सकती थी जिसका होना मूलतः आवश्यक होता है। इसलिए मुझे वहाँ से चलने के निश्चय को एक दिन के लिए और स्थगित करना पड़ा। मैंने बस इतना ही किया कि झोंपड़ी से निकलकर बाहर खुले में आ गया। हिचकियाँ मुझे पूरा दिन और आधी रात तक आती रहीं। मैं बिल्कुल थक गया था और थकान के अत्यधिक होने के कारण मैं अर्धमूर्छित-सा होकर सो गया। सुबह होने पर मुझे शान्ति मिली और संसार कुछ कम निराशाजनक दिखाई दिया। किन्तु हिचकियों के थपेड़े खा-खाकर मेरी पसलियाँ और आमाशय की मांसपेशियाँ बहुत दर्द कर रही थीं। तथापि, मैंने वहाँ से चल पड़ने का और लैंडा के सम्भावित स्थान पर पहुँचने का निर्णय लिया।

हमने अपनी चीजें इकट्ठी कीं और बन्दूकों को साफ किया। दिन-भर कठिन सफर करना था, इसलिए हमने सुबह-सुबह नाश्ता भी कर लिया। नाश्ते में मैंने मुश्किल से कुछ घूँट फीकी चाय और कच्चे प्याज के साथ एक चपाती खाई थी; मुझे फिर से हिचकियाँ आने लगीं। वे मुझे मेढक की भाँति उछाल रही थीं और मैं उसकी तरह टर-टरा भी रहा था। मैं अपने आपको कोस रहा था—मैंने उस भयानक दवाई का सेवन क्यों किया। क्यों फ़्लू को स्वतः खत्म नहीं होने दिया। ज्वर कितना भी तेज क्यों न

होता, मैं लैंडा का पीछा करने के लिए इतना तो कर सकता था कि किसी से घोड़ा माँगकर उसके सम्भावित स्थान पर पहुँचकर मचान में चुपचाप जा बैठता। परन्तु हिचकियों की आवाज को मैं यदि किसी तरह दबा भी लेता, तो भी वे मुझे ही नहीं सारी मचान को हिला-हिलाकर मेरी उपस्थिति की सूचना उस दुष्ट को अवश्य दे देतीं।

हिचकियों के खत्म होने तक मुझे अपना प्रोग्राम फिर टालना पड़ा, जब वे खत्म हुईं तो उस समय तक हम जहाँ पहुँचना चाहते थे उसके लिए बहुत देर हो गई थी। मेरे लिए वह सफर एक ही बार में तय करना बहुत कठिन हो गया था। इसलिए मैंने उसे बीच में कहीं रुककर तय करने का निश्चय कर लिया और हम अगले पड़ाव के लिए चल पड़े।

हम अधिक-से-अधिक दो ही मील गए होंगे कि पास की झोंपड़ियों में से एक चरवाहा भागता हुआ आया, उसने बहुत आग्रह किया कि हम उसके साथ जाएँ क्योंकि उसी समय एक बघेरे ने वहाँ एक गाय को मार डाला था, जहाँ हम खड़े थे वह स्थान वहाँ से बहुत दूर नहीं था। मैं आगे जाने के लिए बहुत उत्सुक था, तो भी बघेरे पर अपना भाग्य आजमाने के प्रलोभन को रोक न सका। हम उसके पीछे-पीछे चलते हुए वहाँ पहुँच गए जहाँ उत्तल-कृषि के सोपानिक पहाड़ के एक ओर घनी झाड़ियों का जंगल था। उसी स्थान पर बघेरे ने गाय को मारा था, किन्तु हम जब उस स्थान पर पहुँचे तो गाय का शव वहाँ नहीं था। चरवाहे ने जितना समय हमारे पास पहुँचने और हमें वहाँ ले जाने में लगाया था, उसी थोड़े से समय यानी घंटा-भर में वह शव वहाँ से गायब हो गया था। वहाँ पर हमें शव के स्थान पर उसे घसीटकर ले जाने के चिह्न मिले जैसे चपटी हुई झाड़ियाँ, उखड़ी हुई घास, बिखरे हुए पत्ते और उल्टे-सीधे पड़े पत्थर। इनसे पता चलता था कि बघेरा वहाँ फिर से आया था और उस शव को वहाँ से घसीटकर ले गया था।

हम उस घसीट के साथ-साथ चलते गए और एक फर्लांग के भीतर ही हमारी खोज सफल हो गई। ऐसा लगता था कि जब हम वहाँ पहुँचे थे वह बघेरा शान्तिपूर्वक अपना भोजन कर रहा था क्योंकि गाय की छाती के पास मांस का एक ताजा कटा हुआ टुकड़ा पड़ा था जिस पर मक्खियाँ नहीं थीं। बघेरा उसी समय वहाँ से गया था और सम्भवतः आसपास ही किसी सुरक्षित स्थान पर बैठा हमें देख रहा था।

उस स्थिति में जब वह आस-पास बैठा हमें देख रहा था, हमारे लिए मचान बनाना और उसमें बैठना निरर्थक था; क्योंकि उसे हमारे वहाँ होने की जानकारी होते हुए, उसके वहाँ आने की कोई सम्भावना हो ही नहीं सकती थी। अतः मचान बनाने से पूर्व उसे वहाँ से हटाना आवश्यक था। उसके पश्चात् ही अपने लिए समुचित स्थान तैयार करके उसके आने की प्रतीक्षा की जा सकती थी। हम तीनों व्यक्ति एक झाड़ी में घुस गए और वहाँ से कोलाहल करना शुरू किया। बहुत बोलने-चिल्लाने और पत्थर फेंकने के बाद हमें विश्वास हो गया कि हमने अपने उस सीमित उद्देश्य को पूरा कर लिया था।

हम गाय के मृत शरीर के पास गए, उसके आस-पास वहाँ कोई ऐसा वृक्ष नजर

नहीं आया जिस पर हम अपने लिए मचान बना सकते थे। वह शव एक छिछली ढार में पड़ा हुआ था और उसके पिछली ओर बहुत दूर तक घनी झाड़ियाँ थीं। उन झाड़ियों ने उस दिशा को छिपा रखा था जिधर शव पड़ा था। हमारा अनुमान था कि बघेरा वहीं कहीं उन्हीं झाड़ियों में छिपा बैठा था। इसलिए उस दिशा में मैं मचान नहीं बना सकता था। वहाँ मचान बनाने के अर्थ थे उसके रास्ते में बैठना, और इससे पहले कि मुझे उसके आने का आभास होता, वह मेरी उपस्थिति को भाँप सकता है। उस ढार की अगली ओर की धरती वर्षा आदि से कटकर बहुत दूर तक ऊसर हो चुकी थी। उसमें केवल नाटी और झीनी-सी झाड़ियों की एक टेढ़ी-तिरछी पंक्ति थी। मुझे वहाँ पर ऐसा कोई कोण या किनारा दिखाई नहीं दिया जहाँ से मैं उस पर निशाना लगा सकता था।

अतएव हमारे लिए उस शव को उस छिछली ढार से खींचकर बाहर खुले स्थान पर लाना आवश्यक हो गया। (शेर आदि के मारे हुए जानवर को उसके पहले स्थान से हटाकर आस-पास किसी नए स्थान पर ले जाने से उसके मन में शंका नहीं होती, यदि उसकी घसीट का चिह्न प्रत्यक्ष हो और शेर को पहले कभी भोजन करते समय गोली की चोट न लगी हो)।

ओह भगवान ! वह शव बहुत भारी था–वह गाय बहुत बड़ी, युवा और हृष्ट-पुष्ट थी। हमने उसे लगभग बीस गज घसीटा था और उसने हम तीनों को थका दिया था। वह गाय यदि आगे से अर्थात् कन्धों और वक्षस्थल से खाई हुई न होती तो मैं यही समझता कि उस कुकर्म का दोषी कोई शेर था, क्योंकि शेर सामान्य रूप से अपने शिकार को पूँछ की ओर से खाना आरम्भ करते हैं और फिर अगले भागों की ओर बढ़ते जाते हैं। बघेरे सदा अपने शिकार को अगले भागों की ओर से खाना शुरू करते हैं और फिर क्रमशः पिछले भागों की ओर बढ़ते जाते हैं।

मैंने मन-ही-मन सोचा कि वह बघेरा निश्चय ही बहुत बड़ा होगा जो उस भारी पशु को घसीटकर नाले से बाहर तथा ऊपर की ओर एक फर्लांग दूर झाड़ियों में ले गया था और वह भी थोड़े से समय में ही।

मैंने उस शव को ध्यान से देखा, उसकी ग्रीवा में चार गहरे घाव थे और गर्दन के दोनों ओर बहुत से खरोंटे थे। स्पष्ट था कि बघेरे ने गाय पर आक्रमण उसके शरीर के चौड़े भाग की ओर से किया था। उसने अपने नाखूनों से उसकी गर्दन को जकड़कर अपने दाँतों को उसमें गहरा गाड़ दिया था। उसने यह सारा काम एक ही झटके में कर डाला था–अपनी कूद के वेग में बिना कोई ढील दिए। वह एक ही कूद में उसके शरीर के आर-पार चढ़ गया और गाय उसके बोझ से धरती पर गिर पड़ी, उसकी गर्दन टूट गई। इस सारी अवधि में उसने अपने जबड़े की पकड़ में कोई ढील नहीं आने दी, वह उसकी गर्दन को उस समय तक जकड़े रहा जब तक उसके शरीर के अन्तिम संकोच खत्म नहीं हो गए। बघेरे इन सारी गतिविधियों को इतनी सफाई और जल्दी से करते हैं कि उनके शिकार को मृत्यु की पीड़ा अनुभव नहीं होती।

हमने उस शव को साफ भूमि पर रख दिया और अपने छिपने के लिए लगभग

बीस गज दूर एक पत्थर के पीछे स्थान बना लिया। वहाँ पर मचान बनाने योग्य यद्यपि एक अच्छा वृक्ष भी था, तथापि अपनी हिचकियों के कारण मैंने जमीन पर बैठना पसन्द किया। यह अच्छा ही हुआ क्योंकि जो हिचकियाँ अभी तक बन्द थीं, फिर से आने लगीं। मैंने जल्दी से दो फुट गहरा और चार फुट चौड़ा एक गड्ढा खुदवाया और मंगता को अपनी बगल में बिठाकर, उसमें बैठ गया।

हिचकियाँ यदि चलती भी रहीं और उनकी आवाज को मैं बहुत कुछ दबा सका तो बघेरे को मेरी उपस्थिति का आभास होना कठिन था। मैंने अपनी आवाज को दबाने के लिए मंगता की पगड़ी से कुछ कपड़ा फाड़ा और अपने मुँह में ठूँस लिया। उसमें मेरी आवाज यद्यपि पूरी तरह से दबी तो नहीं, तथापि वह बहुत धीमी अवश्य पड़ गई और बदल भी गई–वह जंगल की अन्य ध्वनियों जैसी सुनाई पड़ने लगी।

वन-प्राणियों के लिए हर आवाज सन्देह या शंका का विषय नहीं होती। वन में हर समय अनेक प्रकार की आवाजें सुनाई पड़ती रहती हैं और वन-प्राणी उनके प्रति उदासीन तथा निश्चिन्त रहते हैं। परन्तु जो आवाज उस क्षेत्र की सामान्य आवाजों से भिन्न होती है, वह उनके मन में शंका पैदा करती है और उसी के प्रति वे सावधान हो जाते हैं– जैसे : वे न हाथी की तुरुही से डरते हैं और न आँधी-तूफान की आवाज से, वे न पेड़ों के गिरने की आवाज से डरते हैं और न घनघोर वर्षा की आवाज से, वे न बादलों की गर्जन से डरते हैं और न बिजली की कड़क से; किन्तु किसी धातु की रगड़ की हल्की-सी ध्वनि, जूतों की मामूली-सी चरचराहट, वनों की मुलायम-सी खड़खड़ाहट उनके लिए संकट का संकेत होता है जिसे सुनते ही वे सुरक्षा के लिए तेजी से दूर भाग जाते हैं।

जब तक हम अपने छिपने के स्थान को पूरी तरह से सुरक्षित कर पाए, सूर्य पश्चिम की ओर काफी दूर तक बढ़ गया था। मैंने उस चरवाहे को घर लौट जाने को कहा और यह भी कहा कि जाते-जाते वह रास्ते में जितना शोर मचा सके, मचाता जाए। मैंने यह बघेरे को भ्रम में डालने के लिए कहा था, मैं चाहता था कि उसे विश्वास हो जाए कि जो लोग वन में आए थे, वे वहाँ से लौट गए हैं।

मैंने अपनी भारी बन्दूक बदली, उसके स्थान पर पैराडॉक्स ले ली, और पेड़ों की बढ़ती हुई प्रतिछाया में, धूप और छाया से निर्मित सुन्दर आकृतियाँ देखने लगा। सारा दिन तपते हुए आकाश में, सुबह से अभी तक गिद्ध चिल्लाते हुए चक्कर काट रहे थे। उनके स्थान पर अब साँझ की मन्द और मृदुल हवा में, घोंसलों को लौटते हुए पक्षी, अपने पंख फैलाए अपनी सुकोमल तान छेड़े हुए थे। ताँबे के रंग की निरुत्साही दोपहर अब साँझ के हल्के और सुकुमार रंगों में बदल गई थी।

अभी पूरी तरह से साँझ नहीं हुई थी–साँझ होने में अभी कुछ समय था। सूर्य अभी भी अपनी तिरछी किरणें ऊँचे पहाड़ों पर फेंक रहा था। मुझे झाड़ियों में से किसी के आगे बढ़ने की आवाज सुनाई दी। वह आवाज ऊँची और अधीर थी। कुछ समय वह झाड़ियों के किनारे पर रुका और फिर वह उनके साथ-साथ चलने लगा–उसने न अपनी

चाल के शोर को धीमा किया और न अपनी आवश्यकता पर किसी रोकथाम का परिचय दिया। मैंने सोचा कि बघेरा बाहर आने से पूर्व स्थिति की प्रारम्भिक जाँच कर रहा है–बाहर आने से पहले की सामान्य सावधानी; किन्तु उसकी चाल में असाधारण शोर था जो सचमुच बहुत विचित्र था।

तथापि, मैं उसके लिए तैयार था। मेरी बन्दूक की बाईं नली में बॉल-एम्युनिशन था और दाईं नली में बक्शॉट चार्ज। मैंने अपनी बन्दूक का सेफ्टी-कैच खोल रखा था। वह जानवर झाड़ियों के अन्दर उनके किनारे के साथ-साथ चक्कर काट रहा था, मैंने अपनी बन्दूक को कन्धे से लगा लिया था। वह जब चलना बन्द करता था तो मैं भी अपनी बन्दूक का सेफ्टी-कैच लगा लेता था। यह उस समय तक होता रहा जब तक मैंने उसे हवा को सूँघते हुए नहीं सुना। तभी झाड़ियों के किनारे से चूल के चिटकने-जैसी आवाज आई। मैं तुरन्त समझ गया कि इस बार भी वह कोई लकड़बग्घा है, बघेरा नहीं जिसकी प्रतीक्षा में मैं वहाँ बैठा था। (लकड़बग्घे जब चलते हैं न जाने क्यों उनकी अस्थियों से, या शायद उनके जोड़ों से चिटकने की-सी आवाज होती है।) मैंने उन गला-सड़ा मांस खानेवालों की पूरी जाति को चुन-चुनकर गालियाँ दीं और ऐसे विशेषणों का प्रयोग किया जो चौसर की शब्दावली को और भी सम्पन्न बना सकते थे, उसकी पुस्तकों के परिच्छेदों को और भी चटपटा और रंगीन बना सकते थे।

तभी एक बड़ा लकड़बग्घा बाहर निकला मानो वह मेरी गालियाँ सुनकर मुझे ललकारने आया हो। उसने शव के इर्द-गिर्द ठमक-ठमककर दो-एक चक्कर लगाए और फिर उसे आनन्दपूर्वक खाने लगा। मुझे ऐसा लगा कि मैं ठगा गया हूँ–तीन दिन में दो बार। मेरा जी मिचलाने लगा। पिछले दस-पन्द्रह मिनटों में मेरे अन्दर जो उत्साह भर उठा था, वह क्षण-भर में शिथिल पड़ गया, शेष रह गई केवल निराशा।

मुझे थकान महसूस होने लगी, और मुझे और दुख देने के लिए हिचकियाँ आनी भी शुरू हो गईं जो कुछ समय पहले रुक गई थीं। उस समय हिचकियों का आना मेरे लिए दुखदायी था और मैं उसके बारे में कुछ नहीं कर सकता था; न गहरी साँसें लेने से कोई आराम मिलता था और न साँस रोकने से। मैं अपने आपको उस गड्ढे में केवल और नीचे झुका सकता था और उनकी आवाज को दबाने के लिए उन कपड़ों को और अच्छी तरह से मुँह में ढकेल सकता था–यही मैंने किया।

लकड़बग्घा बड़ी-बड़ी हड्डियों को तोड़ता गया और जोर-जोर से चबाता गया। उसकी हड्डियों को चबाने की ऊँची आवाज में मेरी हिचकियों की दबी आवाज और भी दब गई। बीच-बीच में मैं अपने सिर को ऊपर उठाता था और उस दुष्ट बहुभक्षक को मांस के बड़े-बड़े टुकड़ों और हड्डियों को जल्दी-जल्दी से निगलते हुए देख रहा था। वह उस मांस के टुकड़ों और हड्डियों को इस आसानी से खा रहा था जैसे कोई घोड़ा गाजर चबा रहा हो।

लकड़बग्घों में हड्डियों को तोड़ने और चबाने की अपूर्व शक्ति है–शेर और बबरशेर से भी अधिक। मैंने यह स्वयं देखा है कि जिन अस्थियों को शेर अखंडित छोड़

देते हैं, लकड़बग्घे उन्हें तोड़-तोड़कर उनका चूर्ण बना देते हैं। लकड़बग्घों में तीन मिथ्या दाढ़ें ऊपर के जबड़े में होती हैं और चार निचले जबड़े में। ये सब शंकुनुमा, चपटी और विशेष बड़ी होती हैं। इनकी जड़ें मजबूती से हड्डियों में जकड़ी हुई होती हैं। इन दाढ़ों की व्यवस्था हड्डियों को तोड़ने की अपेक्षा उनको कुचलने के लिए है। अपनी आधारभूत अस्थि के साथ ये दाढ़ें पत्थर कूटनेवाले हथौड़े का सही नमूना हैं। इन हथौड़ों का सम्बन्ध एक विचित्र मांसपेशी से है जो इन्हें चलाती है और शक्ति प्रदान करती है। वह मांसपेशी निचले जबड़े से जुड़ी हुई है और कपाल की अस्थि से भी। इनकी यह मांसपेशी अनूठी है जो किसी भी अन्य मांसाहारी जानवर में नहीं होती–कम-से-कम इस आकृति और आकार में नहीं। यह सब होते हुए भी लकड़बग्घा बहुत कायर जानवर है। वह अपना निर्वाह मुख्य रूप से गन्दे-सड़े मांस पर करता है। परन्तु कभी-कभी अपने भोजन के लिए कुत्तों और मेमनों पर भी आक्रमण करता है; और कभी-कभी अपनी भूख मिटाने के लिए छोटे बच्चों को उठाकर ले जाने का भी दोषी पाया गया है।

वह उसे प्रायः आध घंटा खाता रहा और उसके शरीर के पिछले भाग का अधिकांश भाग खा गया–लगभग अपने वजन के बराबर। तथापि, न उसके खाने का उत्साह मन्द पड़ा और न उसके खाने की गति में कोई कमी आई।

मैं नहीं जानता कि क्या हर भद्दी घटना का कोई सुनहरी पक्ष भी होता है, किन्तु शेर के किए शिकार पर चोरों की उपस्थिति का अन्त शिकारी के लिए प्रायः अच्छा होता है। उसके भोजन पर किसी अनाधिकारी की उपस्थिति उसे प्रायः समय से पहले, दिन के उजाले में आने के लिए उकसा देती है जिससे कि वह उस लुटेरे को वहाँ से हटाकर अपने भोजन का आनन्द स्वयं उठा सके। मैंने अनेक बार देखा है कि शेर और बघेरे भी अपने भोजन को लुटेरों से बचाने के लिए तथा उन्हें उनकी उद्दंडता का दंड देने के लिए, दिन के पूरे प्रकाश में वहाँ आ जाते हैं। क्रोध के आवेश में वह अपनी सामान्य सावधानी का यथोचित ध्यान नहीं रखते, और स्वयं आसानी से शिकारी का शिकार बन जाते हैं। उस समय उन पर निशाना लेने और उन्हें सदा के लिए शान्त करने के लिए शिकारी का अच्छा निशानाबाज और वन-कौशल में प्रवीण होना बहुत जरूरी नहीं होता।

मैं भी कुछ ऐसी ही आशाएँ बाँधे बैठा था, क्योंकि उस स्थिति में मुझे अपनी हिचकियों की विशेष चिन्ता नहीं करनी होगी। जल्दी और क्रोध के आवेश में होने के कारण उसका ध्यान मेरी हिचकियों की ओर नहीं जाएगा, ऐसा मेरा विश्वास था।

सूरज अब ऊँचे पहाड़ों की चोटियों पर काफी नीचे उतर आया था, लेकिन क्षितिज से अभी भी कुछ दूर था। मैं सोच रहा था कि बघेरे को यह जानने में और कितना समय लगेगा कि उसे उसके भोजन से वंचित किया जा रहा है। तभी हड्डियों के चिटकने की आवाज सहसा बन्द हो गई; उसके स्थान पर शव के निकट से एक मिथ्या तथा खोखली-सी गुर्राहट सुनाई दी। मैंने वैसी भद्दी गुर्राहट न कभी पहले सुनी थी और न उसके बाद ही। मैं उसे पहचान नहीं सका। वह गुर्राहट बघेरे की डाँटने और धमकाने

की नहीं थी जिसे मैं अच्छी तरह से पहचानता था। उसमें क्रोध की वह प्रचंड तीव्रता नहीं थी जो ऐसे समय पर बघेरों की आवाज में होती है तथापि वह ऊँची और कर्कश अवश्य थी जो किसी भी जीव के सांवेदनिक तन्तुओं को धक्का देने के लिए पर्याप्त थी। सायंकाल की शान्ति में वह गुर्राहट चारों ओर गूँज उठी, उसने पहले मेरे दाएँ कान पर आघात किया और फिर उसके तुरन्त पश्चात् मेरे बाएँ कान पर।

मैं भ्रम में पड़ गया; गुर्राने की आवाजें आती रहीं, वे साँझ की शान्ति को निर्जीव करती हुई हवा में चारों ओर गूँजती रहीं। मैंने एक आती हुई हिचकी को बलपूर्वक दबाया, गड्ढे के बाहर सिर निकालकर उस पत्थर के ऊपर से देखा जिसकी आड़ में मैं बैठा था और मैंने जो देखा, वह दृश्य बहुत ही भद्दा था।

वह दुष्ट लकड़बग्घा शव के पास खड़ा था और पहाड़ी की छाया से घिरी झाड़ी की ओर ध्यानपूर्वक देख रहा था। उसकी मूँछें काँप रही थीं। वह अपने होंठों को ऐंठ-ऐंठ कर पागलों की तरह चिल्ला रहा था। उसने जल्दी से, एक झटके में, शव की पिछली टाँग को अपने मुँह में दबाया और वहीं खड़ा-खड़ा कूदने लगा। शेखीखोरों की भाँति वह मिथ्या बहादुरी का प्रदर्शन कर रहा था। वह अपने हास्यप्रद व्यवहार को बार-बार दोहराता गया और बीच-बीच में शव में से मांस के बड़े-बड़े टुकड़े खींचकर निगलता भी गया, किन्तु उस सारे हास्यप्रद व्यवहार में उसने अपनी आँखें उसी झाड़ी पर टिकाए रखीं जिसे पहाड़ी की छाया ने घेर रखा था। उसने पल-भर के लिए भी अपनी चौकसी में ढील नहीं दी। मैंने भी अपनी आँखें उस ओर घुमाईं जिधर वह टकटकी लगाए हुए था और पहाड़ी की छाया से ढके हुए उस अँधेरे स्थल को ध्यानपूर्वक देखा किन्तु मुझे वहाँ कुछ भी असाधारण दिखाई नहीं पड़ा।

मिथ्या बहादुरी का वह हास्यप्रद प्रदर्शन लगभग आध घंटा चलता रहा और फिर सहसा और वह भी बिना किसी प्रत्यक्ष कारण के वह लकड़बग्घा बहुत अकड़ और शान के साथ, शोरगुल करता हुआ झाड़ी की ओर लपका। जैसे ही उसने छाया से घिरे दायरे में प्रवेश किया, एक बहुत बड़ा और भारी जीव उसके रास्ते को काटता हुआ झाड़ी से बाहर खुले में आ गया। मुझे अपनी आँखों पर विश्वास नहीं हो रहा था, लेकिन वह मेरे सामने स्पष्ट और साकार खड़ा था। वह बघेरा था, प्रत्यक्षतः वही जीव जिस पर वह गन्दगी-खोर लकड़बग्घा अभी तक गुर-गुर्राह रहा था : कहते हैं न, 'थोथा चना बाजे घना।'

मैं किसी के कहने पर इस घटना पर कभी विश्वास न करता यदि मैंने उसे अपनी आँखों से न देखा होता। लकड़बग्घा कूकर जाति के जानवरों से बहुत दूर नहीं है, आकार में भी वह बड़ी नस्ल के कुत्तों से बड़ा नहीं होता। यह भी कहना गलत नहीं कि सबसे बड़ा लकड़बग्घा भी, अकेला होने पर किसी साधारण से बघेरे का सामना नहीं कर सकता, इसे मैं अपने अनुभव के आधार पर कह सकता हूँ। मेरे पास मस्टिफ नस्ल का एक कुत्ता था, जिसे हम भालू कहते थे। इस तिब्बतियन नस्ल के कुत्ते बहुत भयानक होते हैं। उसने अनेक बड़े कुत्तों को, यहाँ तक कि एक गाय को भी मार रखा था जो

गलती से हमारे बगीचे में चली आई थी। उसी भालू नामक बड़े कुत्ते को एक रात हमारे घर के बरामदे में से एक बघेरा उठा ले गया था। दूसरे दिन जब उस अपराधी बघेरे को मार गिराया गया तो वह केवल छः फुट का निकला, यानी अपनी जाति का एक बहुत तुच्छ नमूना—बकरियों और मुर्गों को उठा ले जानेवाला घटिया-सा चोर।

वह घटना यदि मैंने स्वयं न देखी होती तो मैं यह कभी भी सोच नहीं सकता था कि कोई भी लकड़बग्घा 'शिकार' को लेकर किसी बघेरे से झगड़ने का साहस कर सकता है। मैं यह भी जानता हूँ कि बहुत से शिकारी इस घटना को सुनकर अविश्वास के साथ अपनी भौंहें चढ़ाएँगे। लेकिन उनके लिए इस बात का स्पष्टीकरण करना भी कठिन होगा कि लकड़बग्घे व गीदड़ उस वन में कैसे रहते हैं जहाँ बहुत से बघेरों का वास होता है, और यह भी सब जानते हैं कि बघेरे को कूकर-जाति के जानवरों का मांसाहार करना अच्छा लगता है।

यह घटना अविश्वसनीय लगती है किन्तु असाधारण नहीं है। बघेरे का जब कभी लकड़बग्घे व गीदड़ों जैसे जानवरों के साथ आमना-सामना होता है, तो प्रकृति अपने स्वाभाविक नियम के अनुसार उसे उन जानवरों को मारने से रोकती है, क्योंकि वे गन्दा-सड़ा मांस खाकर जंगल को स्वच्छ और स्वास्थ्यवर्द्धक बनाए रखते हैं।

इस घटना का एक और पहलू भी है जिसके साथ एक उलझा हुआ प्रश्न भी जुड़ा है। यदि बघेरा अपने भोजन पर लकड़बग्घे से पहले पहुँच जाता, तो क्या होता ? क्या उस अवस्था में वह बघेरे से झगड़ा करता ?

मैंने ऐसी स्थिति कभी पहले नहीं देखी थी, और न ही मेरे मित्रों में से किसी ने देखी है। अतएव मैं केवल अनुमान ही लगा सकता हूँ—मैं सोचता हूँ कि यदि बघेरा अपने भोजन पर पहले पहुँच जाता तो लकड़बग्घा वहाँ जाने का साहस न करता और वही भूमिका निभाता जो लकड़बग्घे के पहले पहुँच जाने पर बघेरा निभा रहा था। और, जब उसे उसका सही स्वामी खाकर चला जाता तो वह बचे-खुचे मांस को खाने के लिए वहाँ आ जाता। अब प्रश्न है कि क्या बघेरा भी आक्रमण का वही ढोंग रचता जैसा लकड़बग्घे ने किया था ? इस विषय पर मैं विश्वसनीय रूप से कुछ भी नहीं कह सकता और सम्भवतः कभी कह भी नहीं सकूँगा।

कोलाहली चोर की धमकियों में जब बघेरा अपना सुरक्षित स्थान छोड़कर आगे आया तो मुझे उस पर निशाना साधने का अच्छा अवसर मिला। सूर्य की सुनहरी किरणों के प्रकाश में वह अपने शरीर के चौड़े भाग को मेरी ओर किए खड़ा था और विरक्त-भाव तथा तिरछी नजर से अपने भोजन को देख रहा था। उसी समय लकड़बग्घा फिर वहाँ आ गया।

मैंने ध्यान से निशाना साधा। वह मेरी बन्दूक की नली के मुँह से बीस गज से अधिक दूर नहीं था—वह ठीक अचूक निशाने की सीध में था। वह सारी व्यवस्था शिकार की पुस्तकों में छपनेवाली तस्वीरों का एक सही नमूना था। बिना किसी गलती के सधी हुई बन्दूक, बन्दूक की पकड़ बिल्कुल स्थिर, साँस रुकी हुई, साइट निशाने पर

बिल्कुल स्थिर और ट्रिगर पर मेरी उँगली मुड़ी हुई। और तब मैंने ट्रिगर पर हल्के-हल्के दबाव बढ़ाया और जब मेरी उँगली ट्रिगर पर दबाव देकर गोली चलाने ही वाली थी कि मुझे वह मनहूस हिचकी फिर आ गई। उसने मेरे सारे शरीर को हिला दिया। बन्दूक मेरे हाथ में उछली और निशाने की सीध सम्पूर्णतया गड़बड़ा गई। ट्रिगर पर लगी उँगली को ऐसा झटका लगा कि गोली चल गई। बन्दूक चलने की ऊँची आवाज ने वन की शान्ति को छिन्न-भिन्न कर दिया, मुर्गों ने व्याकुल होकर अपने पंख फड़फड़ाए, कौवों ने अपने रूखे कर्कश स्वर से काय़ँ-काय़ँ किया और उनकी गूँज मेरा उपहास करती हुई मेरे पास लौट आई।

मैं बहुत खिन्न मन से खड़ा हो गया और गड्ढे के बाहर निकलने से पहले मैंने मंगता को इशारा किया कि वह मेरे पीछे न आए, वहीं बैठा रहे।

मैं अपने अनुभवों से यह जानता हूँ कि बघेरे और शेर यदि गोली चलने पर भी साफ बच जाएँ तो वे अपने शिकार के खाने के लिए प्रायः लौट आते हैं। गोली की चोट लगने से वे अधिक सावधान हो जाते हैं, और बात बघेरों की अपेक्षा शेरों पर अधिक लागू होती है। बघेरे प्रायः ऐसे अनुभवों के होने पर भी भोजन पर लौट आने के लालच को छोड़ नहीं पाते यद्यपि अधिक सतर्क अवश्य हो जाते हैं, और भोजन पर पलटकर आने में छिपन-छुपाई का खेल अधिक चतुराई से खेलते हैं, बहुत बार वे अपनी चतुराई से कुशल शिकारियों को भी पराजित कर देते हैं।

शेरों की अपेक्षा बघेरे अधिक साहसी होते हैं, वे मनुष्य की उपस्थिति में घबराते नहीं। शिकार की खोज में वे बस्तियों में भी चले आते हैं, छिप-छिपकर खेतों, खलिहानों, गाँवों की गलियों तथा उन घरों में भी चले जाते हैं जहाँ लोग सोए हुए होते हैं, और उनके पालतू जानवरों को उनकी चारपाइयों के नीचे से घसीट ले जाते हैं।

जब कभी कोई बघेरा नरभक्षक हो जाता है तो वह वहाँ के लोगों के लिए संकट बन जाता है, उन अभागे ग्रामवासियों पर आक्रमण करने लगता है, तब उनके लिए अँधेरे की घड़ियाँ संकट के घंटे बन जाते हैं क्योंकि वह लुटेरा अँधेरा होते ही अपने भोजन की खोज में उन पर आक्रमण करने लगता है : माँ की बगल में सोए हुए बच्चे को खींच ले जाता है, देरी से घर आते हुए पुरुष पर आक्रमण करता है, शौच आदि के लिए घर से बाहर जाती हुई स्त्रियों पर वार करता है, इत्यादि। अपने छोटे आकार का लाभ उठाते हुए वह बहुत चातुरी से लोगों से छुपम-छुपई का खेल खेलता है और आवश्यकता पड़ने पर उनके घरों में भी घुस जाता है और फिर शिकार को अपने बनाए हुए रास्तों से, जैसे दहलीज के नीचे से या दीवार में किए हुए छेद से घसीटकर घर से बाहर ले जाता है।

इसके विपरीत, नरभक्षक शेर अपने भोजन की खोज में गाँव में नहीं जाता (जहाँ तक मैं जानता हूँ कभी नहीं)। इसलिए अँधेरा हो जाने के बाद उसके आक्रमण करने की सम्भावना बहुत कम हो जाती है। वह दिन में, प्रायः साँझ के समय, आक्रमण करता है और उसके आक्रमण के मुख्य स्थान हैं—जंगल, सड़कें, ग्रामीण पथ, अलगाए खेत,

चरागाहें, गाँवों के आस-पास के झरने, तालाब, नदी-नाले इत्यादि। इन स्थानों पर छिपकर वह अकेले अभागे मनुष्य—स्त्री या पुरुष—की प्रतीक्षा करता है। वह कभी भी जनसमूह पर आक्रमण नहीं करता (मैं जख्मी शेर की बात नहीं कर रहा क्योंकि वह ऐसा ही करता है किन्तु नरभक्षक शेर नहीं)। नरभक्षक शेर सदैव अकेले मनुष्य पर आक्रमण करता है जो अपने साथियों से पिछड़कर अकेला पड़ जाता है।

इसके विपरीत बघेरा दिन में या रात में, किसी भी समय मनुष्य पर आक्रमण करता है, मनुष्य अकेला हो या दूसरों के साथ, इससे उसकी आक्रमणकारिता में कोई अन्तर नहीं आता। बस्तियों में घुसकर उसे मनुष्यों पर आक्रमण करने में भी कोई संकोच नहीं होता।

मुझे यह देखकर अचम्भा हो रहा था कि स्वस्थ और सामान्य होने पर भी वह जो मनुष्यों के सामने इतना निडर और प्रमत्त होता है, क्यों उस मामूली और निर्बल लकड़बग्घे से डर रहा था।

मेरी बन्दूक के चलते ही वह बघेरा वहाँ से सरपट भाग गया किन्तु लकड़बग्घा नहीं भागा। वह जहाँ था वहीं खड़ा रहा जैसे कि कुछ हुआ ही नहीं था। क्या उसने बन्दूक चलने की आवाज को बादलों की गर्जना समझ लिया था या उसके कान केवल धीमे स्वरों के प्रति ही संवेदनशील थे ? कुछ भी हो, उसने बन्दूक के चलने की आवाज पर ध्यान नहीं दिया। उसने मुझे उस समय देखा था जब मैं गड्ढे से बाहर निकला था और वह मुझे देखकर कुछ हड़बड़ाया भी था परन्तु वहाँ से भागा नहीं था। उसे केवल आश्चर्य हुआ था, स्थिति उसकी समझ में नहीं आई थी। स्थिति को उसने उस समय पहचाना जब दो टाँगोंवाले प्राणी को उस स्थिति में हस्तक्षेप करते देखा, और तब वह अपने ऐंठे हुए घुटनों से जितनी तेजी से भाग सकता था, भाग गया। पेट में अत्यधिक मांस ठूँस लेने के कारण वह अपने फूले हुए पेट के साथ एक हास्यप्रद खिलौना—लुढ़कनेवाला ढोल—बन गया था। तेजी से भागते हुए उसने एक पत्थर से होकर खाई और गिर पड़ा। उसे लगा कि किसी शत्रु ने, उसका पीछा करते हुए उसे धक्का दिया था। उसने एक चीख मारी, अपना सन्तुलन ठीक किया और फिर चीखता-चिल्लाता, कोलाहल करता हुआ भागने लगा। भागते हुए पर मैंने दो-चार पत्थर-कंकड़ फेंके और वह झाड़ियों में घुस गया।

यह निश्चित कर लेने के बाद कि वह चोर लकड़बग्घा वहाँ से चला गया है, मैंने अपना स्थान छोड़ा और वहाँ से चल पड़ा। चलते हुए मैंने, असावधानी से चलनेवालों की भाँति, अपने पैरों से जितना शोर मचा सकता था, मचाया।

बघेरों को और शायद बहुत से अन्य वन-प्राणियों को गिनती की समझ नहीं होती। मचान में यदि उसने एक से अधिक व्यक्तियों को बैठे देख लिया हो, तो वह उस समय तक अपने किए हुए शिकार या बाँधे हुए कटरे पर नहीं आता जब तक उसे यह विश्वास नहीं हो जाता कि मचान खाली हो चुकी है। (यह बात बघेरों और शेरों दोनों के लिए एक-सी सत्य है) इस विश्वास के अभाव में वह रात-भर उस स्थान के आस-पास चक्कर

काटता रहेगा; बीच-बीच में अपने क्रोध और निराशा को व्यक्त करने के लिए गुर्राता रहेगा किन्तु अपने किए हुए शिकार के निकट नहीं आएगा। मचान में बैठे व्यक्तियों में से यदि एक शिकारी मचान छोड़कर चला जाता है और दूसरा वहीं बैठा रहता है किन्तु दिखाई नहीं पड़ता, तो वह अपने किए हुए शिकार पर आ जाता है और गिनती न आने की कीमत चुकाता है।

हिरणों को ही लीजिए, वे खुले स्थानों में विचरण करते हैं। वे अपनी शक्तिशाली आँखों और दूरदृष्टि के लिए प्रसिद्ध हैं। यदि कुछ शिकारी मिलकर, दिन के पूरे प्रकाश में उनका पीछा करें तो वे उस समय तक विचलित नहीं होते जब तक शिकारी उनके सुरक्षा-क्षेत्र की सीमा के अन्दर प्रवेश नहीं करते। सब प्रकार के वन-प्राणियों के सुरक्षा-क्षेत्र की अपनी-अपनी सीमा होती है। जब कोई व्यक्ति उनके सुरक्षा-क्षेत्र की सीमा का उल्लंघन करता है तो वे तेजी से भागकर दूर चले जाते हैं। शिकारियों में से यदि कोई छिप-छिपकर उसके सुरक्षा-क्षेत्र के भीतर चला जाए तो उन्हें शिकारियों में से उसकी अनुपस्थिति का बोध नहीं होता, और वे अपने स्थान पर निश्चिन्त और निश्चल खड़े रहते हैं। तब अन्य लोग उन्हें विभिन्न दिशाओं से घेरकर वहाँ ले जाते हैं जहाँ शिकारी उसकी ताक में छिपा बैठा होता है।

शेर और बघेरों सहित भारत में जिन वनप्राणियों का शिकार किया जाता है, उनकी इस कमजोरी का मैंने बहुत लाभ उठाया है (सम्भवतः अनुचित लाभ)। इस कमजोरी का लाभ उठाते हुए मैं बहुत चतुर और सावधान जानवरों को भी पराजित करने में सफल हुआ हूँ।

बघेरे का निशाना लगाने में यद्यपि मुझे सफलता नहीं मिली थी, तथापि मैं कह सकता हूँ कि वह मुझे बहुत सावधान नहीं लगा था। मैंने सोचा कि यदि मैं वहाँ से हटकर उसे अपनी अनुपस्थिति का बोध करा दूँ तो सम्भवतः उसे विश्वास हो जाएगा कि हमारा बैठने का स्थान खाली है और उसका भोजन-स्थल उसके लिए सुरक्षित है। इसी उद्देश्य से मैंने ऊँची आवाज में अपने आपसे कुछ बातें कीं, अपने साथियों को भी, जो वास्तव में उस समय वहाँ नहीं थे, घर बुलाने के लिए जोर-जोर से पुकारा।

पहाड़ी की निकटवर्ती झाड़ियों को पार करके मैं पहाड़ी पृष्ठ यानी पहाड़ी की धार पर चला गया और वहाँ से लगभग एक मील और चलकर उस झोंपड़ी में जा पहुँचा जिसमें उस गाय का मालिक रहता था। कृषि-हेतु उस पहाड़ की ऊबड़-खाबड़ धरती को सोपानिक बना रखा था। वह चढ़ाई बहुत कड़ी थी। जब तक मैं उसकी धार पर पहुँचा, मैं बुरी तरह से थक गया था, मेरे पैरों के तलवे, पिंडलियाँ, घुटने, जाँघें और पीठ की हड्डी, सब ही थकान के मारे झनझना रहे थे। मैं एक चट्टान पर बैठ गया, उससे मुझे काफी आराम मिला; मेरी मनहूस हिचकियाँ भी बन्द हो गई थीं। सूर्य की हल्की नारंगी किरणें पहाड़ी पर छाई हुई थीं। उन्हें देखकर मेरी मनःस्थिति बदली, मुझे सुख अनुभव हुआ।

वृक्षों से ढकी पहाड़ी-शृंखलाओं ने क्षितिज को अपनी आड़ में छिपा रखा था।

सन्ध्या हो गई थी। सारा दृश्य अति सुन्दर था जिसे झरनों, चश्मों, घाटी के नदी-नालों के संगीतमय स्वरों ने और भी रमणीक बना रखा था। नदी-नालों के मनमोहक और मधुर स्वरों ने जिस संगीत की रचना कर रखी थी, उसकी कल्पना बॉक ने सम्भवतः कभी अपने स्वप्न में ही की होगी।

पहाड़ की साफ हवा में, दूर की चोटियाँ, पर्वतों की लम्बी-लम्बी धारें, उन पर इधर-उधर बिखरी हुई झोंपड़ियाँ, झुके-झुके से पेड़ और दूर-दूर तक फैले हुए वन स्पष्ट दिखाई दे रहे थे। उस समय का वह सम्पूर्ण क्षेत्र भिन्न-भिन्न आकार की आकृतियों की एक अति सुन्दर रचना थी, प्रत्यक्ष और स्पर्शनीय। उस समय जो पदार्थ एक-दूसरे से जितनी दूर थे, वे उतने ही एक-दूसरे के निकट दिखाई पड़ रहे थे।

सूर्य अस्त होने से पहले अपनी तिरछी किरणें धरती पर फेंक रहा था, और थोड़े से समय में ओस भी पड़नेवाली थी। तभी नीचे की झाड़ियों से एक के बाद एक, दो गोलियों के चलने की आवाज आई। मंगता सदा ऐसा ही करता था, उसे एकसाथ दो गोलियाँ चलाने की आदत थी। गोलियाँ चलाने में वह जल्दबाज था, एक गोली चलाने के बाद वह तुरन्त दूसरी गोली चला देता था—उसकी आवश्यकता हो या न हो। ऐसा लगता था कि उसे बन्दूक चलाने का शौक था, गोलियों की आवाज उसके कानों के लिए मानो ऐसा संगीत था जिसे वह जितनी बार और जितनी देर तक सुन सके, सुनता ही रहे।

मेरी घड़ी के अनुसार सात नहीं बजे थे। उस बेहूदा गोली को चलाने के बाद मुझे उस झाड़ी-क्षेत्र से बाहर निकले मुश्किल से एक घंटा हुआ था और इतने में ही वह बघेरा वहाँ फिर पहुँच गया। मुझे यह अंगीकार करना ही होगा कि उन गोलियों की आवाज सुनकर मेरे मन में कोई उत्साह नहीं उमड़ा। सम्भवतः उस उदासीनता का कारण मेरे अन्दर की अनजानी ईर्ष्या थी या सन्ध्या का सौन्दर्य जो सारे वातावरण पर छाया हुआ था और जिसने मेरे मन को सब ओर से समेटकर अपने में ही समो लिया था; मैं आनन्द-विभोर था।

मैं उस पहाड़ी पृष्ठ यानी धार पर ही बैठा रहा। पर्वतों के वृक्षों पर अँधेरा छाने लगा था और कुछ ही क्षणों में पश्चिम से बढ़ता हुआ अँधेरा चारों ओर फैलनेवाला था। पर्वत-श्रृंखलाएँ और घाटियाँ, एक के बाद एक आँखों से ओझल होती जा रही थीं। मेरी दृष्टि-क्षेत्र का विस्तार सिमटकर कुछ ही गजों में सीमित हो गया था।

थोड़ी-सी देर के बाद चाँद पर्वतों की चोटियों के ऊपर आ गया और उसने चारों ओर फैले हुए गहन अँधेरे को कुछ कम किया। पर्वत फिर से दिखाई देने लगे—थोड़े धुँधले और अस्पष्ट से। अँधेरे में उलझी हुई मेरी दृष्टि ने उस अँधेरे को कुछ तितर-बितर करते हुए अपने आपको पुनः स्थिर कर लिया।

मंगता को गोली चलाए बहुत समय हो गया था, लगभग एक घंटा। इतने में उसे मेरे पास यहाँ पहुँच जाना चाहिए था। जिस रास्ते से उसे वापस आना था, मैं उसी में बैठा था। 'क्या हो गया है उसे ?...क्या वह भी मेरी तरह निशाना लगाने में चूक गया

है ? नहीं, ऐसा नहीं हो सकता।...तो फिर वह वहाँ बैठकर क्या रहा है ?...कहीं बघेरे को जख्मी करने के बाद क्या वह स्वयं तो उसके आघात का शिकार नहीं हो गया ?...हो भी सकता है, वह मूर्ख बहुत असावधान है।...यह भी सम्भव है कि उसे जख्मी करने के बाद वह उसका पीछा करने लगा हो और अपने आपको संकट में डाल दिया हो।'...इस प्रकार की शंकाएँ मेरे मन में उठने लगीं।

इन शंकाओं ने मुझे झँझोड़ दिया। मेरा आलस्य एकदम जाता रहा। मैं गम्भीर चिन्ता में पड़ गया और झाड़ियों की ओर वापस जाने लगा। कई भयंकर दृश्य मेरी आँखों के सामने तैर रहे थे; जब मैं आधे से अधिक रास्ता तय कर चुका था तो वह मुझे आता हुआ दिखाई दिया। वह अपने पैरों से ताल मिलाकर सीटी बजाते हुए चला आ रहा था। उसे देखते ही मेरी चिन्ता क्रोध में बदल गई, और मैं गुस्से से बोला :

''इस समय तक तुम वहाँ बैठे क्या कर रहे थे ?...अपनी खोपड़ी खुजला रहे थे क्या ?''

मेरी तीखी आवाज सुनते ही वह हक्का-बक्का रह गया, चेहरे से मुस्कान जाती रही और हड़बड़ाकर बोला, ''भाईजी, इतना गुस्सा क्यों ?...क्रोध मत करें।...देरी के लिए मुझे खेद है।''

''क्रोध ?...कहते हो मैं क्रोध न करूँ, क्रोध न करूँ तो करूँ क्या ?...तुमने गोलियाँ बहुत पहले चलाई थीं, और अब पूरे डेढ़ घंटे के बाद आए हो। तुम्हारी भूसा-भरी इस खोपड़ी में नहीं आया कि कोई तुम्हारा इन्तजार कर रहा होगा ?''

''आपने इन्तजार किया क्यों ? मैंने तो सोचा था कि आप सीधे झोंपड़ी में जाएँगे और आराम करेंगे।''

''बक-बक मत करो, कहो, तुमने गोली किस पर चलाई थी और क्या हुआ ?''

''अजीब प्रश्न है। मैंने गोली बघेरे पर चलाई थी। उस पैराडॉक्स से मैं गोलियाँ और किस पर चलाता ?''

''और फिर ?''

''फिर क्या ?''...उसने मुस्कुराते हुए कहा। ''मैंने न तो लहसुन निगल रखा था और न अदरक; और न ही मुझे हिचकियाँ आ रही थीं।...और सबसे अच्छी बात तो यह थी कि बन्दूक चलाने के लिए रोशनी बहुत बढ़िया थी।''

''मूर्खों की तरह मुस्कुराना बन्द करो और न ही मुझे चिढ़ाने का प्रयास करो। व्यर्थ में चालाक बनने की कोशिश मत करो और सीधे-सीधे बताओ फिर हुआ क्या ?''

''आप तो घने क्रोध में हैं। लो, अपनी बक-बक के लिए मैं आपसे क्षमा माँगता हूँ। मैंने पहली गोली में ही बघेरे को मार गिराया था और दूसरी गोली पूरी तरह से निश्चिन्त होने के लिए चलाई थी। आपको वहाँ से गए थोड़ा-सा समय ही हुआ था कि वह वहाँ लौट आया था। कुछ समय तक वह झाड़ियों के पीछे छिपकर बैठा रहा, सम्भवतः वह जानना चाहता था कि कहीं लकड़बग्घा तो वहाँ नहीं था। उसने निश्चय करने में बहुत समय लिया और जैसे ही वह खुले में आया, मैंने उसे मार गिराया और

वह भी भोजन तक पहुँचने से पहले ही। दूसरी गोली मैंने उसके दृढ़ संकल्प के सम्मान में चलाई थी, और उसके अन्तिम संकोचों को खत्म करने के लिए भी।...उसके बाद मैं उसके पास बैठकर उसकी सुन्दर देह को निहारने लगा।...मेरा खयाल था कि गोली की आवाज सुनकर आप अन्तिम व्यवस्था का प्रबन्ध करने के लिए झोंपड़ी में गए होंगे। इसलिए आपके पीछे आने की मैंने जल्दी नहीं की।''

''शाबाश, बहुत खूब।...आओ, अब हम पीछे चलें और उसे एक बार फिर देख लें।''

वह बघेरा बहुत बड़ा था–जंगल के अन्दर रहनेवाले और जंगली जानवरों पर निर्वाह करनेवाले बघेरों में से एक विशिष्ट बघेरा। ऐसे बघेरे बस्तियों या गाँवों के निकट नहीं जाते और न ही कुत्तों व मुर्गों को मारने की धृष्टता ही करते हैं। परन्तु कभी-कभी बहुत भूखा होने पर वे ऐसा भी कर देते हैं। मुर्गा आदि मारनेवाले बघेरों की तुलना में ये अपने आकार, लम्बाई और कद में बड़े होते हैं; इनकी त्वचा का रंग भी अधिक गहरा होता है। इनके आकार और त्वचा के रंग को देखते हुए कुछ लेखकों ने इन्हें एक अलग जाति का कहा है; उनके इस भ्रम की पुष्टि की है दो अलग नामों ने–बघेरा और बाघ; किन्तु वास्तव में यह एक ही जाति के दो प्रकार हैं। इनमें जातिभेद नहीं है। इनका पारस्परिक अन्तर ठीक वैसा ही है जैसे पन्द्रह हाथ ऊँचे वालर और छोटे कद के तिब्बतियन पोनी का। ये दोनों एक ही जाति के दो प्रारूप हैं। यही बात ग्रेट डेन और पोमेरियन कुत्ते के सम्बन्ध में सत्य है।

धब्बेदार त्वचा के मांसाहारी वनप्राणियों में शिकारी चीता इनसे अलग जाति का है। जातीय विशेषता की दृष्टि से चीते की जाति कुत्ते और बिल्ली के बीच में है। बघेरे और बाघ की तुलना में चीते का सिर छोटा है और उसकी खोपड़ी उनसे ऊँची और चौड़ी है, उनका शरीर ग्रे हाऊंड जैसा हल्का और पतला है और उनके शरीर की भाँति उनकी टाँगें पतली और अधिक लम्बी होती हैं। चीते के नख (उनकी एक मुख्य विशेषता) कुत्तों के नखों जैसे अर्ध-प्रत्याकृत्य होते हैं। उनकी त्वचा के धब्बे (दूसरी विशेषता) ठोस होते हैं जबकि बघेरे व बाघ के धब्बे मुद्रिका के आकार जैसे गुच्छाकार हैं। यह कुलीन प्राणी, चीता अब भारत में नहीं है। भारत से इनका निर्मूलन हो चुका है। भारत में अन्तिम चीतों की जो जानकारी है, उसके अनुसार मध्य प्रदेश के बस्तर नामक क्षेत्र में एक 'शिकारी' (?) ने सन् 1947 के शीतकाल में तीन नर चीतों को एक ही स्थान पर अपनी गोलियों का निशाना बनाकर भारत से इस जाति की परिसमाप्ति कर डाली थी। एक समय था जब यह भारत-उपद्वीप के मैदानी क्षेत्रों में बहुत हुआ करते थे। शौकीन शिकारी इन्हें पालतू जानवरों की भाँति रखते थे। रिकॉर्ड से पता चलता है कि मुगल बादशाह अकबर (1556-1605) ने शिकार हेतु एक हजार चीते पाल रखे थे।

जिस बघेरे को मंगता ने मारा था, वह बहुत बड़ा था, असाधारण बड़ा। हमारे पास नापने का फीता नहीं था, तथापि मैं कह सकता हूँ कि उसकी लम्बाई निश्चय ही आठ

फुट होगी, सम्भवतः इससे भी कुछ बड़ी; उसका वजन भी बहुत था, वह अत्यधिक बड़ा बघेरा लगभग डेढ़ सौ पाउंड का होगा। हम दोनों के लिए उस बड़े और भारी बघेरे को उठा पाना एकदम असम्भव था, उस अवस्था में भी नहीं यदि वह पहाड़ी की तीखी चढ़ाई के स्थान पर सीधी-सादी समतल भूमि पर होता। उस समय चाँदनी भी काफी अच्छी थी। हम उसकी खाल उतार सकते थे, किन्तु मैं भूख से और नींद के अभाव के कारण बहुत थका हुआ था। मुझे भरपेट भोजन किए तीन दिन हो गए थे। उसके पास चूँकि गीदड़ों और लकड़बग्घा के जाने की आशंका नहीं थी, हमने उसे वहीं छोड़ दिया।

जंगल को स्वच्छ रखनेवाले जानवर, गिद्धों सहित बघेरे व शेर के मृत शरीर के पास उस समय तक नहीं जाते जब तक उसकी खाल को उतार न लिया जाए। उनके मन में शिकार करनेवाले मांसाहारी जीवों के प्रति सम्मान-भाव होता है और सम्भवतः वही उन्हें उनके मृत शरीर से दूर रखता है। इसके अतिरिक्त उन्हें इस बात का भी सन्देह हो सकता है कि कहीं वह सो तो नहीं रहा या अपने भोजन की ताक में सोने का बहाना किए तो नहीं पड़ा है।

हमने दूसरे दिन उसकी खाल उतारी, खाल से नमी निकालने के लिए और उसके बालों को झड़ने से रोकने के लिए उस पर अच्छी तरह से नमक लगाया। तब तक दोपहर हो गई थी। हम वहाँ से चल पड़े। हम अभी पहाड़ की धार पर ही थे और नीचे घाटी की उस झोंपड़ी से, जहाँ हमें जाना था, एक मील दूर जब साँझ होने लगी—सूर्य धीरे-धीरे पहाड़ी के पीछे पश्चिमी क्षितिज की ओर बढ़ रहा था।

मेरी शारीरिक अवस्था अच्छी नहीं थी। पिछले दो दिनों ने मेरी सारी शक्ति को निचोड़ लिया था। यह तो मेरी मानसिक शक्ति थी जिसके बल पर मैं चल रहा था; और अब वह भी खत्म होती जा रही थी। मैं सुबह सवेरे से कुछ-न-कुछ कर रहा था—पहले बघेरे के शरीर से खाल उतारी और पहाड़ी पृष्ठ पर एक घंटे का सफर किया। इनमें से ऐसी कोई स्थिति या घटना नहीं थी जो मेरी घटती हुई शक्ति की क्षतिपूर्ति कर सकती, मुझे स्फूर्ति प्रदान कर सकती। मैं बिल्कुल थक चुका था। मेरे लिए और चलना असम्भव हो गया था। मैं वहीं बैठ गया और गाँव में ठहरने और भोजन आदि का प्रबन्ध करने के लिए मंगता को आगे भेज दिया।

उस धार की भूमि समतल थी, उसमें न तो बहुत चट्टानें थीं और न झाड़ियाँ। धार के बीचोंबीच एक पतली, इधर-उधर बलखाती हुई पगडंडी थी। उस पगडंडी के पास मैं थका-हारा अर्धमूर्छित-सा पड़ा था। ढलते हुए सूर्य के रंगों ने, अपने सुकुमार स्पर्श से शान्त वन को अति सुन्दर बना रखा था, धरती पर भी वे अनेक रंगों की सुहानी आकृतियाँ बना रहे थे। सूर्य की तिरछी किरणों ने मेरी उदासीनता को झँझोड़ा और मुझे अपनी अर्धमूर्छित अवस्था से बाहर निकाला; मैं उन सुन्दर आकृतियों की शोभा को निहारने लगा। वे रचनाएँ ऐसी थीं जैसे किसी चित्रकार ने, रंगों की मस्ती में अपनी सुध-बुध खोकर रच डाली हों।

मैं अपने आस-पास मीलों तक देख सकता था। प्रकृति के सौन्दर्य ने मेरे मन को

शान्ति दी। सम्पूर्ण क्षेत्र की संरचना अति सुन्दर थी; मीलों तक जो पर्वत और घाटियाँ दिखाई पड़ रही थीं, उनमें भी चट्टान या झाड़ी ऐसी नहीं थी जिसे असंगत कहा जा सके।

उस दृश्य के आनन्द में न मुझे भूख रही और न समय का बोध। मैं कुछ समय के लिए आराम करना चाहता था, बस इतना-सा कि मैं आराम से साँस ले सकूँ। परन्तु मैं उस सीमा से बहुत आगे निकल गया। मैं नहीं जानता कि मैं कितनी देर तक अपनी सुध-बुध खोए वहाँ बैठा रहा। तभी अचानक एक झपका, यानी नाइटज़ार तीव्र गति से उड़ता हुआ आया और मेरे निकट आने पर उसकी गति मन्द पड़ गई। वह जब बिल्कुल मेरे मुँह के निकट आ गया तो मैं चौंका और नीचे को झुका जिससे वह मुझसे टकराने से बाल-बाल बचा। वह मेरे आस-पास लगातार चक-चक करता हुआ चक्कर काट रहा था। उसने मेरे सम्मोहन को भंग किया और मैंने देखा कि सब ओर अँधेरा-ही-अँधेरा था और उसमें दृष्टि-क्षेत्र की सब विशेषताएँ और आकृतियाँ विलुप्त हो चुकी थीं।

किसी भी समझदार व्यक्ति के लिए वहाँ पर कुछ समय और बैठे रहना उचित नहीं था। नरभक्षक शेर उसी क्षेत्र में चक्कर काटा करता था। मैंने जहाँ जाना था, वह स्थान वहाँ से दूर नहीं था, केवल बीस मिनट का रास्ता था, और वह भी हल्की उतराई का। जो पगडंडी वहाँ से घाटी को जाती थी उसकी मिट्टी बहुत लोगों के आने-जाने के कारण अच्छी तरह से बैठी हुई थी। वह मुझे अँधेरे में भी स्पष्ट दिखाई दे रही थी।

मैं धार से लगभग दो सौ गज नीचे उतरा था जब एक जटिल-सा मोड़ मेरे रास्ते में आ गया। उस मोड़ को और उसके विस्तार को समझने के लिए मैं उससे करीब तीस गज दूर रुक गया। वह मोड़ तीखा तथा साँप की तरह बल खाता हुआ था। वह बहुत भयंकर ढंग से एक चट्टान के साथ लगा हुआ था। उस चट्टान का उभरा भाग मोड़ के ऊपर फैला हुआ था। उस शिलाफलक ने अपने नीचे दस फुट गहरी गुफा बना रखी थी। उस गुफा में इतना अँधेरा था मानो सायंकाल का सारा अँधियारा सिमटकर वहीं भर गया था। वह सारा-का-सारा स्थान ऐसा था जहाँ शिकार करनेवाले जानवर अपने शिकार की ताक में छिपकर बैठा करते हैं।

मेरे थके हुए सब स्नायु मेरे साथ छल करने लगे, लैंडा की सूरत मेरी आँखों के सामने तैरने लगी। उस शिलाफलक के नीचे मुझे अँधेरे में हल्की-सी गति होने का आभास हुआ। मैंने तुरन्त अपनी बन्दूक को कन्धे से लगाया, उसकी साइट को 'उस गति' की सीध में ले गया और अपनी आँखों से अँधेरे को छेदने लगा लेकिन वहाँ कुछ नहीं था–मुझे वहाँ कुछ दिखाई नहीं दिया।

तो फिर उस शिलाफलक के नीचे हिला क्या था ? और, हाँ, वह झपका चौंका क्यों था ?...क्यों वह उड़ता हुआ सीधे मेरे मुँह पर आ गया था ?...मेरे पास इन प्रश्नों का तथा इन जैसे अनेक अन्य प्रश्नों का उत्तर नहीं था। तूफानग्रस्त झील पर बादलों की प्रतिछाया की भाँति मेरे मन में प्रश्न उठते थे और फिर गायब हो जाते थे।

मैंने बन्दूक को कन्धे से लगाए रखा और अपने नेत्रों से उस स्थिति की छानबीन करता रहा। सैनिकों के नगाड़े की भाँति मेरा दिल जोर-जोर से धड़क रहा था और सिर पर बालों में कुछ रेंगने का आभास हो रहा था। मेरी उँगली ट्रिगर पर कसकर लगी हुई थी, परन्तु मेरी सहज-क्रियाओं से मेरी उँगली को कोई सन्देश नहीं मिला; मेरे स्नायु-मंडल ने ट्रिगर पर लगी मेरी उँगली को दबाव देने का कोई आदेश नहीं दिया।

'फिजूल की बात। इस शिलाफलक के नीचे कुछ नहीं है, बिल्कुल कुछ नहीं। ये केवल मेरे थके हुए स्नायु हैं जो मुझे धोखा दे रहे हैं, और कुछ नहीं।' मैंने अपने आपसे कहा।

सेफ्टी कैच को लॉक करने के भाव से मैंने बन्दूक को कन्धे से उतारा, उसे लॉक करना चाहा किन्तु वह तनिक भी नहीं हिला, वहीं का वहीं स्थिर रहा। तब सहसा मुझे ध्यान आया कि मैंने उसे खोला ही नहीं था। मैं चकित रह गया। उससे भी भयानक बात यह थी कि बन्दूक में गोलियाँ भी नहीं थीं; पिछली रात के बाद उसमें गोलियाँ डाली ही नहीं थीं।

उस नरभक्षक ने मुझ पर आक्रमण करने और अपने लिए भोजन पाने का एक बहुत अच्छा और सुगम अवसर यों ही खो दिया था।

अपनी गलती पर गलती देखकर मैं बहुत घबरा गया। मेरे चेहरे पर पसीना आ गया। मुझे समझ नहीं आ रहा था कि मैंने वे गलतियाँ कैसे और क्यों कीं। सम्भवतः मेरी दैहिक अवस्था इसके लिए जिम्मेदार थी। जहाँ तक मुझे याद है, मैंने ऐसी मूर्खता पहले कभी नहीं की थी, यद्यपि मेरी बुद्धिमत्ता के सम्बन्ध में मेरे अध्यापकों की राय कुछ और ही थी।

उस घटना से मैं बिल्कुल घबरा गया; इतना अधिक कि उस रास्ते से मुझे आगे जाने की इच्छा ही नहीं रही। शिलाफलक के नीचे का भयानक अँधेरा और साँप की तरह बल खाते हुए उस मोड़ ने मुझे इतना डरा दिया कि मैंने अपना रास्ता बदल लिया। दाहिनी ओर का रास्ता पकड़कर मैं पहाड़ पर वहाँ जा पहुँचा जहाँ आगे को बढ़ी हुई चट्टान थी और जिसके नीचे वह जटिल मोड़ था। यह रास्ता पहले रास्ते से अच्छा था, इसकी चढ़ाई किसी प्रार्थना-भवन की सुगम सीढ़ियों की तरह आसान थी। उस स्थान पर न बड़े-बड़े पत्थर थे और न पौधे व झाड़ियाँ, अर्थात् वहाँ ऐसा कुछ नहीं था जहाँ शिकारी जानवर अपने शिकार की ताक में छिपकर बैठ सके। पहाड़ी नंगी थी, निर्जीव और पेड़-पौधों से रिक्त। वहाँ न उभार थे और न गहराइयाँ जो अपनी लहरों में बहुत से स्थलों को छिपाए रहते हैं। अँधेरा भी हल्का था।

उस शिखर पर एक पुराना नाटा और ग्रन्थिकार पेड़ था। उसकी शाखाओं पर न पत्ते थे और न उसके नीचे छाया। उस रुक्ष वातावरण में वह पेड़ ऐसा लगता था जैसा कारागार के अन्दर निराशा की उच्छ्वासों का वास।

मैं उस पेड़ का सहारा लेकर खड़ा हो गया। मेरे मन को एक बार फिर विभ्रमों ने घेर लिया। मुझे लगा कि मुझसे लगभग चालीस गज दूर, उस चट्टान के पास जो शिलाफलक को थामे हुए थी, कुछ धीमे से हिला है। वह गति बहुत ही धीमी थी और एक ही बार

हुई थी। मैंने उस अँधेरे स्थल पर अपनी आँखें टिका दीं और बहुत ध्यान से उस संदिग्ध स्थान को देखता रहा किन्तु वहाँ कुछ भी दिखाई नहीं पड़ा, वहाँ कुछ नहीं था।

मुझे उस अँधेरे में कोई भी असंगत वस्तु दिखाई नहीं दी। मैंने अपनी आँखों से वहाँ की प्रत्येक छाया और स्थिति को छान डाला, पत्थरों के नीचे की तथा उनके आस-पास की घनी छाया, टीले आदि सभी को ध्यान से देखा किन्तु मुझे वहाँ कुछ भी आपत्तिजनक नजर नहीं आया। मैं उसी दिशा में कुछ कदम आगे बढ़ा, तब भी कुछ विशेष दिखाई नहीं दिया, न कोई गति, न सरकती हुई कोई छाया और न ही पत्थरों के आसपास या उनके आगे बढ़ा हुआ अँधेरा। मैंने उस दिशा में अपनी सिगरेट फेंकी और कुछ क्षण रुका; कहीं से कोई प्रतिक्रिया नहीं हुई। मैं लौटकर पेड़ के पास आ गया और अपने आप पर मुस्कुराता हुआ उसके तने से पीठ लगाकर खड़ा हो गया।

मैं अपने अहं का स्वयं उपहास करते हुए मन-ही-मन कहने लगा, 'वाह, कितने बढ़िया शिकारी हो—साहसी और पराक्रमी !...हो न ?...देश को तुम्हारी योग्यता का सम्मान करना चाहिए, महान् भारत के महान् राजपूतों की महान् सन्तान !...यह प्रमाणक कैसा रहेगा ?...एक ही पंक्ति में इतने सारे महान् ?...नहीं, यह ठीक नहीं। इनमें कुछ अन्य शब्द भी होने चाहिए जैसे शूरवीर, साहसी, कीर्तिवान् इत्यादि। कहिए, क्या सोचते हैं आप इसके बारे में ? परन्तु आप सोचेंगे क्या ?...सोचने में लोग अपने मस्तिष्क का प्रयोग करते ही नहीं। करें भी कैसे ? उनकी अकल मस्तिष्क में होती ही नहीं, वह होती है उनके घुटनों में। वे तो बस अपनी टाँगों से काम लेते हैं।'

अपने आपका यों उपहास करते हुए जब मैं गाँव जाने के लिए साहस बटोर रहा था, मुझे किसी के पुकारने की आवाज सुनाई दी। मैं उसी दिशा में कुछ आगे बढ़ा और मुझे बहुत-से दीपक दिखाई दिए जो पहाड़ी पर आगे बढ़ते हुए मेरी ओर आ रहे थे। किसी ने फिर मेरे नाम से पुकारा और वह आवाज मंगता की थी। मैंने उत्तर दिया और जल्दी ही उनसे जा मिला। मंगता के साथ गाँव के और भी बहुत से अन्य लोग थे जो मुझे तलाश करने के लिए आए थे। उन्होंने बताया कि उसी दिन सुबह शेर ने एक भैंस को मार डाला था और उसका शव उसी पहाड़ी-पृष्ठ पर, उसी स्थान के निकट पड़ा था जहाँ मैं बैठा हुआ था।

दूसरे दिन जब हम भैंस के शव की खोज में धार पर गए तो वहाँ लैंडा के पदचिह्न देखकर मैं चकित रह गया। वे पदचिह्न उसी शिलाफलक के नीचे थे जहाँ मुझे धीमी-सी गति का आभास हुआ था। वहाँ से वे पदचिह्न मेरे पदचिह्नों के पीछे-पीछे और कहीं-कहीं उनके ऊपर भी, आते-आते उसी पेड़ के नीचे आ गए थे जिसका सहारा लेकर मैं वहाँ खड़ा था। वहाँ से वे नीचे की ओर वहाँ तक गए जहाँ मंगता और उसके साथी मुझे मिले थे। वहाँ से वह शेर झाड़ियों की ओर मुड़ा और उस रास्ते पर चला गया जो उसके अगले आक्रमण-क्षेत्र की ओर जा रहा था। वह स्थान पहाड़ियों की शृंखला के बीच वही घाटी थी जहाँ अनेक वर्ष पहले उसकी दुम कटी थी।

मैं जिस पिछले गाँव में ठहरा था, मैंने वहाँ से उसकी अगली गतिविधियों का सही

अनुमान लगाया था, किन्तु अपनी दुर्भाग्यपूर्ण बीमारी के कारण मुझे एक दिन की देरी हो गई थी, तथापि मैं उस तक पहुँचने में सफल रहा। हमने आध घंटा एक-दूसरे के निकट बिताया और वह आध घंटा हम दोनों में से किसी एक को सदा के लिए खत्म कर सकता था। मेरे हाथ से वह सुनहरा अवसर आते-आते खो गया और यही बात उसके साथ हुई। उस क्षेत्र में और ठहरना निरर्थक था, उसके वहाँ होने की सम्भावना नहीं थी कम-से-कम एक पखवाड़े तक।

परन्तु जिस क्षेत्र में उसके अगले आक्रमण की सम्भावना थी, हमें वहाँ तुरन्त जाने की आवश्यकता नहीं थी। उसने एक दिन पहले ही तो बिना किसी विघ्न-बाधा के भरपेट भोजन किया था। इसलिए भोजन के लिए उसे किसी दूसरे पशु को तुरन्त मारने की आवश्यकता नहीं थी—कम-से-कम तीन-चार दिन के लिए यदि अपने मन-बहलाव के लिए उसे जानवर मारने का शौक न हो। हम निश्चिन्त होकर वहाँ एक-दो दिन आराम कर सकते थे। मंगता बघेरे की खाल पर से चिकनाई और मांस हटाने में व्यस्त हो गया और मैं भरपेट खीर खाकर गहरी नींद सो गया और रात से सुबह तक सोता रहा।

वहाँ से हम जिस घाटी के लिए रवाना हुए थे वह यही चौड़ी और लम्बी घाटी थी। इसके दोनों ओर के पर्वतों की शृंखलाओं पर घने वृक्ष थे। उन पहाड़ियों में बहुत-सी खड्डे और कन्दराएँ थीं। घाटी लगभग छः मील लम्बी थी और उसके बीच इधर-उधर मुड़ती हुई एक धारा बहती थी। धारा के दोनों किनारों पर जहाँ-तहाँ कुछ झोंपड़ियाँ थीं और कुछ खेत भी जो पहाड़ियों की ढलान के साथ सटे हुए थे।

घाटी का प्रारम्भिक स्थल एक तश्तरी-जैसा था, अच्छा सुगठित और बीच में कुछ गहरा। यहाँ के लोग उसे झील कहते थे और वह था भी झील-जैसा ही। इस घाटी के अधिकांश वासी, एक सौ के लगभग, इसी क्षेत्र में रहते थे। यहाँ पर एक पुराना बरगद का पेड़ था और उसी के पास घास-फूस व मिट्टी-गारे से बनी कुछ झोंपड़ियाँ थीं।

हमें इसी गाँव में पहुँचना था। यहाँ पहुँचने पर यहाँ के निवासियों ने मुक्त मन से हमारा स्वागत किया जो उस पहाड़ी-क्षेत्र के सरल स्वभाव के अनुरूप था। यह गाँव मेरी कृषिभूमि से बहुत दूर नहीं था। मैं पहले भी कई बार इस स्थान पर आ चुका था। यह क्षेत्र जंगल की लाल मुर्गियों, तीतर और सुन्दर युवतियों के लिए प्रसिद्ध था।

हमने जिस स्थान से लैंडा का पीछा करना शुरू किया था, वहाँ से यहाँ तक पहुँचने में हमें पूरा एक सप्ताह लग गया। हम पहले पीछे की ओर गए थे और फिर पूरा चक्कर काटकर यहाँ पहुँचे थे। यह स्थान लगभग वही था जहाँ से हमने चलना शुरू किया था।

हम शाम को देरी से यहाँ पहुँचे थे। हमने स्नान (सप्ताह में पहली बार) और अच्छा भोजन (वह भी सप्ताह में पहली बार) ही किया था कि कुछ युवकों ने आकर हमें बरगद के पेड़ के नीचे गाने और नाचने में भाग लेने के लिए आमन्त्रित किया।

यहाँ पर गाँव के अधिकांश युवक और युवतियाँ, सुगठित शरीर और सुन्दर बदन, एकत्रित थे। उनकी प्रत्येक गति से उत्साह और स्वाधीनता झलक रही थी। आकाश के कोमल और मखमली अँधेरे में सन्ध्या के सितारे टिमटिमा रहे थे। उनकी हरी-पीली चमक ऐसी सुन्दर और मनमोहक थी जैसी मेरे आस-पास बैठे हुए युवक और युवतियों की उज्ज्वल और आकर्षक आँखें। लालटेन के प्रकाश में आसपास की पर्वतों की काँपती हुई प्रतिछाया की भाँति लजीली युवतियों के कपोलों पर उनकी लम्बी अलसाई पलकों की प्रतिछाया लहलहा रही थी।

हम सब एक गोल घेरा बनाकर घास पर बैठ गए। युवक-युवतियों ने एक-दूसरे से छेड़छाड़ शुरू की,–युवतियों ने अपनी तिरछी नजरों से और युवकों ने अपनी कोहनियों से। कुछ समय बाद एक लम्बा व सुडौल युवक आगे आया और उसने मुश्कबेंत से बनी बाँसुरी पर एक तान छेड़ दी।

उसने अपनी तान धीमे स्वर से आरम्भ की; वह तान मन्द, शोकाकुल और हिचकिचाती हुई थी जैसे कोई हिरनी दूर से अपने साथी को पुकार रही हो। मेरे हृदय की गहराई में भी भँवर-सा उमड़ा कलिका में बन्द सुगन्ध के समान अभिव्यक्ति के लिए आतुर और अधीर।

उस तान ने रात्रि के मौन को और भी उजागर कर दिया। आस-पास के पर्वत बिल्कुल शान्त थे; टूटते हुए सितारों के नीचे धरती बिल्कुल निश्चल और मौन थी; न कोई जानवर बोला, न कोई रात्रि का पक्षी चिल्लाया, और न कुत्ता ही भौंका। सब ओर मौन और शान्ति ही शान्ति थी।

उस युवक ने अपनी बाँसुरी की तान को और धीमा किया; हवा ने एक दर्दभरी सिसकी ली, तनहाई से पीड़ित दिलों के दर्द से धरती चीख उठी। तभी उसने अपनी बाँसुरी के स्वरमान् को उच्चतम स्तर पर ले जाकर उसे बजाना सहसा बन्द कर दिया। उसकी ध्वनि ने घायल पक्षी की भाँति चीं-चीं किया और फिर सहसा मौन हो गई। सन्नाटे ने हमें घेर लिया, अगाध झील की शान्त सतह की तरह वह चारों ओर फैल गया। तभी कुछ युवतियों ने अकारण खिलखिलाकर हँसना शुरू किया। उनकी हँसी से सन्नाटा भंग हुआ और वह हँसी झील पर खिले कमलों की भाँति सारे वातावरण पर छा गई।

उसके बाद बिना कुछ कहे-सुने एक युवक उठा और ढोलक बजाने लगा जो उपस्थित लोगों के लिए मानो एक पुकार थी। ढोलक की आवाज मृदुल और फुसलानेवाली थी; वह मानो ध्यान आकर्षित करने की पुकार थी। युवक और युवतियों में उत्सुकता जागी, वे कमान पर कसी हुई डोरी पर तने हुए तीरों की भाँति नाचने के लिए उतावले हो उठे। ढोलक हल्की और मृदु ध्वनि करने लगी। उसकी उँगलियाँ ढोलक को बहुत ध्यान से बजा रही थीं। उसकी ताल और लय ने युवक और युवतियों की सहनशीलता को ऐसे निचोड़ा जैसे कोई पवित्र प्रतिमा का अनावरण कर रहा हो। ढोलक की ताल और लय बढ़ी, और वह तेज-तेज और जोर-जोर से बजने लगी और अपने

साथ सब श्रोतागणों को एक ऐसी हँसी-खुशी की दुनिया में ले गई जिसकी उन्हें उत्कंठा थी, किन्तु अभी तक मिली नहीं थी।

एक तीव्र फड़फड़ाता हुआ नशा उनके शरीर में दौड़ गया, उसने उनके पैरों को बेचैन कर दिया। वे अपने आपको रोक नहीं पाए। उनके लिए ढोलक की पुकार को और अनदेखा करना सम्भव नहीं रहा। वे उठे और सबने एक-एक करके अपने-अपने साथी का चयन किया, और अपने अधीर पाँवों से नाचने लगे। उसने ढोलक की लय को और तेज किया और वे ऐसे नाचने लगे जैसे धरती से उठकर हवा में तैर रहे हों। वे घेरा बनाकर नाच रहे थे। उनके कामातुर नृत्य और मुद्राओं ने 'गीतगोविन्द' के गीतों को साकार कर दिया।

वह युवक ढोलक को द्रुतगति से और ऊँचे स्वर में बजाने लगा। उसकी उत्कर्ष ध्वनि ने नृत्यकों की लय को थामा, वे युगल जोड़ियों में बँट गए और अपने अधीर हाथों को एक-दूसरे की कमर में डाला। उनका वह नृत्य प्रेम-क्रीड़ा का मूक अभिनय था– अमूर्त चित्रों की भाँति उनके शरीरों की गतिविधियाँ भी बहुत कोमल और लाक्षणिक थीं।

नृत्य में उनकी टाँगें ऐसे घुमाव ले रही थीं जैसे धूपदानी में धुआँ। बाँहें ऊपर को उठीं और साथी की उसी प्रकार से उठी बाँहों से लिपट गईं। उनके कन्धे चमकती कटारों की भाँति एक-दूसरे से भिड़ रहे थे। उनके नृत्य ने खजुराहो के मन्दिरों की नक्काशी को सजीव कर दिया। उनके हिलते-डुलते बलखाते शरीरों ने अजन्ता के भित्ति-चित्रों में प्रदर्शित भिन्न-भिन्न मुद्राओं और आसनों को साकार कर दिया।

नर्त्तक उत्तेजना के उच्चतम स्तर पर पहुँच गए। उसमें और वृद्धि की सम्भावना नहीं रही। ढोलक का स्वरमान और गति भी अपनी चरम सीमा पर था, वह उससे और बढ़ नहीं सकती थी। ढोलक की आवाज धीरे-धीरे धीमी होते हुए बन्द हो गई और उसके साथ नर्त्तकों का नाचना भी बन्द हो गया। उनके शरीर का तनाव ढीला पड़ा, वे एक-दूसरे की बाँहों से निकल आए। वे हाँफ रहे थे, उनके कंठ सूख गए थे, और उनकी चाल भी ढीली पड़ गई थी।

वहाँ पर उदासीनता छा गई; जब वह असह्य हो गई तो एक आवाज उठी, स्पष्ट और विश्वासभरी–सोई हुई झील में एक छोटी-सी लहर-जैसी। वह आवाज एक लड़की की थी। उसने बिना किसी के कहे एक गीत गाना शुरू किया। श्रोतागण भी उसके स्वरों को दोहराने लगे। उसने बीच में रुककर मुझसे पूछा कि क्या मैं उस पहाड़ी गाने की प्राकृत भाषा को समझ रहा हूँ।

"हाँ, हाँ, कुछ-कुछ।" मैंने उत्तर दिया, "किन्तु इससे कुछ अन्तर नहीं पड़ता। मुझे तुम्हारी आवाज अच्छी लग रही है और गाने की लय भी।"

"अच्छा, तो मैं तुम्हें सिखाऊँगी," उसने शरारत-भरी मुस्कान के साथ कहा और व्यंग्यभरी दृष्टि से मेरी ओर देखकर फिर गाने लगी। वह जितना गाती जाती थी, उतना ही रात का अँधेरा उसकी आवाज में भरता जा रहा था–उन्मत्त उत्कंठा का मतवाला और खतरनाक अँधेरा।

धीरे-धीरे उसके शब्दों तथा आवाज में दर्द भर आया जो गाने के साथ-साथ बढ़ता जा रहा था—निर्मम और थरथराता हुआ दर्द। वह गाना उसके प्यार और लालसा को व्यक्त कर रहा था। उस गाने को वह एक पहाड़ी युवक, कंजुआ की चाहत में गा रही थी जो दुष्ट शहरी जीवन के लोभ में उसे छोड़कर चला गया था और लौटकर वापस नहीं आया था।

उस गाने के बोल कुछ इस प्रकार थे :

औरों की आँखें रोती हैं,
मेरा रोता प्रेम-विह्वल दिल।
जब-जब मैं चोली को धोऊँ,
दिखती भेंट रजत-माला की,
उमड़े आँसु ज्वारभाटा सम,
डूबे जिसमें मेरा जग सारा॥

पहले कि निबुआ रस सूखे,
कोकिल करे बन्द अपना गान,
आ कंजुआ, ओ मेरे प्यारे,
देख खड़ी मैं तेरे द्वारे॥

उसकी आवाज दर्द-भरी चीख में बदल गई। मैं चकित रह गया। उसका वह गाना अपनी पीड़ा को व्यक्त करने का एक अधूरा-सा प्रयास था। उसका दर्द ऐसा गहरा था कि उसकी अभिव्यक्ति शायद मोपासा जैसा कलाकार ही अपने श्रेष्ठतम क्षणों में कर सकता था।

उसने गाना बन्द किया और वहाँ फिर से मौन छा गया। वह मौन बहुत ही कठोर और निर्दयी था, सदियों से चलती आई नवयुवकों के कुंठित प्रेम और अभिलाषाओं को अपने में समेटे हुए था। उस युवती की पीड़ा स्पष्ट थी, छूती हुई। उसने हमें वहाँ से भाग जाने के लिए बेचैन कर दिया।

उस मौन से हमें मुक्ति दिलाई एक बाँसुरीवाले नवयुवक ने जो मेरी धाई के भगवान् की तरह आगे आया और अपनी बाँसुरी पर एक तान छेड़ दी। उसकी बाँसुरी की तान ने हमारे दुःख का निवारण किया। उसकी तान में बहुत मृदुल तरंग थी—पतली और फेनदार। संगीत की अपेक्षा उसमें मजाक का लहजा अधिक था। श्रोताओं ने उसकी तान को शब्द दिए और वे भगवान् से दया और सहायता की प्रार्थना करने लगे।

'यह कैसी आशा है ?' मैंने मन-ही-मन सोचा। 'कितनी बेकार है इनकी यह आशा। भगवान् ने तो बहुत पहले से इन गरीब किसानों के दुख-दरिद्र को सुनना छोड़ रखा है। भगवान् और उससे दया की भीख माँगना क्या बचकानी बातें नहीं हैं ?...क्या ये नहीं जानते कि पीढ़ी-दर-पीढ़ी से इनकी प्रार्थनाएँ विफल रही हैं ?...क्या निष्ठुर निराशा ही इनका भगवान् नहीं है ?'...अनन्त रात्रि के काले निरुत्साही अँधेरे में एक एकाकी, भयभीत और निःसहाय व्यक्ति ने बहुत धीमी एवं दबी हुई आवाज में कहा,

“कहीं कोई भगवान् नहीं है। उसका अस्तित्व है ही नहीं। यहाँ तो केवल अत्यन्त कष्टकारी कोलाहल ही कोलाहल है और इस अत्यन्त दुखदायी स्थिति की रचना भी मनुष्य ने स्वयं की है–और किसी ने नहीं।”

उस युवक ने जब अपनी तान बन्द की थी, उस समय बहुत अँधेरा हो चुका था, बहुत ओस पड़ चुकी थी। मेरी घड़ी में अढाई बजे थे परन्तु ऐसा लगता था कि हम वहाँ कुछ ही समय पहले आए थे। उस बरगद के पेड़ के नीचे बैठे हुए हमें समय का बोध ही नहीं रहा था, न वैज्ञानिक अर्थ में और न दार्शनिक मायनों में। उस रात की उन घड़ियों और घंटों ने अपने कोमल और मृदुल अनुभवों के रेशमी धागों से समय का ऐसा ताना-बाना बुन डाला था कि समय को अपना भार महसूस ही नहीं हुआ और अब वे घड़ियाँ हमारे हाथों से फिसल रही थीं।

जब वह सम्मोहन भंग हुआ उस समय रात का तीन-चौथाई भाग बीत चुका था। शुक्रग्रह पूर्व की ओर झिलमिला रहा था, उसकी चमकीली नारंगी-पीली किरणों ने उस युवती को उत्तेजित किया जिसने अपने गायन से उस रात्रि को वशीभूत कर लिया था। भीड़ के तितर-बितर होने की प्रतीक्षा में वह वहाँ मेरे निकट रुकी रही और मैं भी इसी इन्तजार में वहाँ खड़ा रहा। सब लोगों के चले जाने पर वह भी अपने घर की ओर चल पड़ी। सुबह की हवा में लहलहाते हुए पेड़ की भाँति वह धीरे-धीरे चल रही थी। मैं भी उसके पीछे-पीछे चल पड़ा। मैं जिस झोंपड़ी में रह रहा था, वह भी उसी दिशा में थी, केवल उसके घर से कुछ आगे थी।

सितारों के नीचे चलती हुई वह कीट्स की ‘ओड’ नामक कविता की विषय-वस्तु जैसी आकर्षक लग रही थी। कीट्स ने उस कविता को ‘वन-देवी’ को सम्बोधित करते हुए लिखा था, किन्तु मुझे लगता था कि उस गीत की सही अधिकारी वह युवती थी। उसका शरीर सिद्ध नर्त्तकी जैसा सुकुमार और लचीला था। उसका अंग-अंग वसन्त ऋतु की बहार जैसा शोभनीय था। मैं उसे लगातार देखता रहा। उस नितम्बनी की चाल अनुपम थी।

घर पहुँचने पर वह रुकी, पीछे को मुड़ी और निःसंकोच तथा ललकारती हुई दृष्टि से मुझे देखा और घर के अन्दर चली गई। अन्दर जाते हुए उसने घर का उपद्वार बन्द नहीं किया, उसे खुला ही छोड़ दिया।

उस रात मैंने पहाड़ी भाषा का पहला पाठ सीखा; वह पाठ भजनों की तरह बहुत लयमय और उत्कृष्ट था और निद्रालु सारिका के गान जैसा सरल और मृदुल। उसी रात मैंने यह भी सीखा कि मानव उदारता का मूल एक ही होता है, चाहे वह रैफेल की प्रसिद्ध मैडोना से प्रज्वलित हो या गाँव की किसी अनजान युवती के आलिंगन में।

मैं सुबह देर तक सोता रहा और जब मैं उठा, उस समय भी यही लग रहा था कि रात अभी बाकी है। बाहर अँधेरा था और हवा में घुटन। चारों ओर काली घटा छाई हुई

थी और देखते-ही-देखते तेज हवाएँ चलने लगीं और बादल पूर्व की ओर पहाड़ के पीछे चले गए : पहाड़ी कबूतर अपने पंख फड़फड़ाने लगे, काले तीतर ने बोलना शुरू किया और कांचन पक्षी ने अपनी तान छेड़ दी। मैं नाले पर गया जो पास ही बहता था। तभी काले बादल लौट आए, पहले से भी अधिक काले और घने मानो पहाड़ी के पीछे से उन्हें अतिरिक्त शक्ति मिल गई हो। वे बादल पहले से कहीं अधिक काले थे, केवल कहीं-कहीं उनमें सफेद बादलों का हल्का-सा छिड़काव अवश्य दिखाई पड़ रहा था।

नाले का पानी अशान्त हो गया, हवा का झोंके पर झोंका आ रहा था और उसी के अनुसार उसमें छोटी-छोटी लहरें उठ रही थीं। झुंडों में उड़ती रामचिरैया की भाँति नाले पर काले बादल छा गए। पहाड़ी कबूतरों ने अपने पंख फड़फड़ाने बन्द किए और कांचन पक्षी ने अपना गाना बन्द किया किन्तु तीतर बोलता गया, 'सुभान तेरी कुदरत।' सहसा उसने भी बोलना बन्द कर दिया मानो वर्षा का कोई मोटा कण उसके सिर पर आ गिरा हो। मूसलाधार वर्षा होने लगी, तूफानी हवाएँ चलने लगीं।

मैं भागकर गाँव लौट आया। वहाँ का दृश्य बहुत रोचक था। शरीर पर चिपके गीले कपड़ों के साथ स्त्रियाँ इधर-उधर भाग रही थीं, अपने बच्चों को बुलाने के लिए चिल्ला-चिल्लाकर उनके नामों से उन्हें पुकार रही थीं। और पुरुष अपनी ऊपर को मुड़ी बड़ी-बड़ी मूँछों से वर्षाजल टपकाते हुए अपने सुडौल नंगे बदन से अपने पशुओं और उपकरणों को बटोरने में लगे हुए थे।

मैं झोंपड़ी के भीतर घुसा। उसके एक कोने में मंगता बैठा बन्दूकें साफ कर रहा था और दूसरे कोने में पिछली रातवाली जादूगरनी नाश्ता तैयार कर रही थी।

कौन कहता है कि शिकारी का जीवन कठिन परिश्रम का जीवन है ?...नहीं, ऐसा नहीं है। उसके मन में यदि नम्रता हो, रक्त में यौवन और आँखों में आत्मविश्वास तो भगवान् उसकी दुनिया को सुन्दर, सुखद और रमणीक पदार्थों से भर देता है। शिकारियों पर भगवान् की सदा कृपादृष्टि रहती है।

कौन कहता है यौवन अनन्त नहीं है ? मृत्यु के कारखानों में मृत्यु के सब उपकरणों,—अन्यायपूर्ण कानूनों, सदाचार के निराधार और निर्दयी विधानों का निर्माण करने पर भी यौवन अनन्त है। मृत्यु उसके लिए हर क्षण मरती है और फिर नवजीवन के रूप में पुनः जीवित हो उठती है। ग्रीस के एक सिद्धजन ने ठीक कहा है, 'हजारों वर्षों तक युवक-युवतियों ने भिन्न-भिन्न देशों और भिन्न-भिन्न बाग-बगीचों में नृत्य किए हैं, गीत गाए हैं और आगे भी इसी प्रकार असंख्य वर्षों तक वे अपने जोशीले रक्त तथा अभिलाषा और उत्साह से भरे चेहरों के साथ नाचते और गाते रहेंगे। चेहरे अवश्य बदलते हैं, वे बदलकर वापस पृथ्वी पर आते हैं और प्रतिछायाओं में मिल जाते हैं। किन्तु उनका स्थान लेने के लिए अन्य आ जाते हैं। रिले रेस की भाँति यह क्रम चलता ही रहता है। नर्त्तक केवल एक है और गायक भी एक ही और वह है यौवन। उसके हजारों मुखौटे हैं और वह सदा जवान है। यौवन अमर है।'

कौन कहता है, नारी महान् नहीं है ?...नारी जननी है, भगिनी, संगिनी है,

दुःख-हरनी है। वह स्वच्छ जल की धारा है जो स्वयं बहती है, पत्थरों के थपेड़े सहती है और दूसरों के दुःख हरती है। प्रेम और उदारता की यह अमित धारा मलिन तब होती है जब समाज अपनी उद्दंडता और स्वार्थ के कारण उसकी सहज प्रकृति में बाधाएँ डालता है। नारी तू धन्य है, तू सुन्दर और सुखदायिनी है, सदा पवित्र और मंगलकारिणी है।

सारी सुबह वर्षा होती रही, बूँदा-बाँदी चलती रही, बीच-बीच में तेज हवा के झोंकों के साथ तेज वर्षा भी हो जाती थी। मैंने दिन का अधिकांश भाग सोने में बिता दिया; दिन ढलने पर जब मैं जागा उस समय भी छत से वर्षा पड़ने की आवाज आ रही थी। उस वर्षा के आसार देखकर मुझे लगा कि वह पूर्ववर्ती मानसून थी–यथार्थ मानसून से लगभग बीस दिन पहले की वर्षा। मौसम के इस प्रकार सहसा बदल जाने से मुझे कुछ चिन्ता हुई क्योंकि वह मेरे कठिन कार्य को और भी दुष्कर बना सकती थी। मुझे विश्वास था कि लैंडा पास ही कहीं छिपा बैठा है, और जल्दी ही, सम्भवतः उसी सन्ध्या को आक्रमण करनेवाला है।

पिछली बार उसने भैंस पर प्रहार किया था और इस बार न जाने उसके आक्रमण का शिकार कौन होगा ! वह सुन्दर देवी सहज लड़की भी हो सकती है जिसने अपने जादू से पिछली रात को अति रमणीक और प्रिय बना दिया था। इसकी सम्भावना भी तो है। गाँव के बहुत से पुरुष और स्त्रियाँ, वह लड़की भी मेरे मना करने पर भी जंगल में ईंधन बटोरने और पशुओं के लिए घास लेने गए हुए हैं।

'वर्षा हो या न हो, मैं लैंडा को और घृणित कार्य करने नहीं दूँगा,' मैंने मन-ही-मन निश्चय किया। 'इससे पहले कि वह मुझे चकमा दे, जैसा उसने पिछली बार किया था, मुझे उसके कूट प्रबन्ध का पूर्वानुमान लगाना होगा और उस पर आक्रमण करके उसके दुष्ट कर्मों का अन्त करना होगा।'

मैं वर्षा के रुकने की प्रतीक्षा शाम के चार बजे तक करता रहा, किन्तु सब विफल गई। उसके विपरीत बादल घने होते जा रहे थे और धरती पर अँधेरा बढ़ता जा रहा था। सुबह वर्षा कम थी और बादलों का रंग भी धूसर था परन्तु अब वे और घने और काले थे। उनमें कहीं भी कोई हल्कापन नहीं था; वर्षा रुकने के कोई भी लक्षण नजर नहीं आ रहे थे।

जंगल के रास्ते में, गाँव से लगभग दो फर्लांग दूर, एक अकेले लड़के को पेड़ के नीचे खड़ा देखकर मुझे कुछ अटपटा-सा लगा। निकट पहुँचने पर मैंने पहचाना कि वह कल रात बाँसुरी बजानेवाला लड़का था। वह पन्द्रह-सोलह वर्ष का तरुण बालक था। वह अविश्वस्त-सा दिखाई पड़ रहा था। उसके कपड़े बहुत घटिया थे किन्तु चेहरा सुन्दर और सरूप था,–किसी कलाकार के स्वप्न जैसा। उसकी आँखों से तीक्ष्ण बुद्धि और स्वाभिमान के लक्षण प्रत्यक्ष दिखाई दे रहे थे, परन्तु उनमें उदासी की झलक भी बहुत स्पष्ट थी।

मुझे देखकर वह संकोच-भरी हँसी हँसा क्योंकि वह यह नहीं जानता था कि वह

जो कहने जा रहा था उसके प्रति मेरी प्रतिक्रिया क्या होगी। उत्तर में जब मैंने उसकी ओर स्नेहयुक्त और विश्वासभरी दृष्टि से देखा तो उसका चेहरा मैत्रीभाव में बदल गया। मुझे बतलाया गया था कि उसके माता-पिता नहीं हैं और ना ही उसका कोई घर-बार है। उसके माता-पिता उस फ़्लू के शिकार हो गए थे जो प्रथम महायुद्ध के बाद देश-भर में फैल गया था। उसका घर एक साहूकार के ब्याज दर ब्याज के लेखे-जोखे में लुट गया था। वह छोटी आयु से ही उदासीनता के परिवेश में पला था।

वह गाँव-गाँव घूमा करता था, कुछ स्थानों पर महीनों रहता था और कहीं-कहीं केवल सप्ताह भर। वह जहाँ भी जाता था, लोग उसका प्यार से स्वागत करते थे। उसके दादा-दादी थे, उनकी वह यथासम्भव सहायता किया करता था। वह उसे उसके नम्र स्वभाव और सहायक प्रवृत्ति के कारण प्यार करते थे। छोटे बच्चे उसकी कहानियों और साहसी कार्यों के लिए चाहते थे, उनके माता-पिता उसे इसलिए चाहते थे क्योंकि उनके बच्चों और कुत्तों का उसके प्रति विशेष आकर्षण था, और संवेदनशील और सहृदय व्यक्तियों के मन में उसके लिए विशेष सहानुभूति थी।

उसे औपचारिक शिक्षा का लाभ नहीं मिल पाया था परन्तु इससे उसकी विशेष हानि नहीं हुई थी। जीवन के विश्वविद्यालय में उसे जीवन के कठोर अनुभवों से जो शिक्षा मिली थी, उसने उसके स्वभाव को निखारा था, उसे स्वाभिमानी बनाया था, और सबसे महत्त्वपूर्ण यह था कि उसने उसमें स्वाधीनता की भावना पैदा की थी।

लोग उसे बारू कहते थे, घुँघराले बालोंवाला। उसके बिखरे-उलझे घुँघराले बालों के कारण ही लोग उसे बारू कहकर पुकारने लगे थे और यही उसकी पहचान बन गई थी। मैंने उसके बालों को प्यार से सहलाया और कहा कि वह उस भारी वर्षा में वहाँ क्यों खड़ा था।

"आपकी प्रतीक्षा में ?" शरारतभरी मुस्कान के साथ उसने उत्तर दिया।

"मेरी प्रतीक्षा में ?...क्यों ?"

"हाँ, आपकी प्रतीक्षा में; मैं आपके साथ जंगल में जाना चाहता हूँ। यदि गाँव में मैंने आपसे यह कहा होता, तो आप साफ इनकार कर देते। यहाँ से तो आप मुझे वापस नहीं भेजेंगे।"

"तुम बहुत चालाक हो। क्यों, हो न ? लेकिन जंगल में तुम करोगे क्या ?"

"यों ही, जंगल का आनन्द उठाने के लिए। फिर, मैं आपके लिए लाभप्रद भी हो सकता हूँ। मैं सब प्रकार के जानवरों के पदचिह्न पहचानता हूँ, सख्त और नरम धरती पर भी। मैं इस जंगल के सभी पशु-पक्षियों की बोलियों की नकल भी कर सकता हूँ।"

अपनी वाचिक-शक्ति के इस पहलू का स्पष्टीकरण करने के लिए उसने हमारे सामने अनेक उदाहरण प्रस्तुत किए; भिन्न-भिन्न मनःस्थितियों और ऋतुओं में पशु-पक्षी जैसी आवाजें करते हैं, उनकी उसने बहुत सही नकल की। वह सब सच ही आश्चर्यजनक था। वह निःसन्देह एक प्रतिभाशाली बालक था।

वह हमारे साथ चल पड़ा। जिस स्थान पर मैं मचान बनाना चाहता था, वहाँ हम

अँधेरा होने से पहले पहुँच गए। वह स्थान एक पहाड़ी की चढ़ाई के मध्य में था और गाँव से लगभग एक मील दूर। वहाँ पर तीन दिशाओं से जानवरों के आने-जानेवाले पथ मिलते थे। मचान के लिए हमें वहाँ एक अच्छा पेड़ भी मिल गया जो पन्द्रह फुट ऊँचा था। उस वृक्ष में मैंने पत्तों और टहनियों से ढकी एक अच्छी आरामदेय मचान बनवा ली और कटरे को मचान से करीब चौदह गज दूर बँधवाकर अन्य सबको गाँव लौट जाने को कहा, स्वयं रात-भर कठिन चौकसी करने के लिए मचान पर चढ़कर बैठ गया। मचानवाला वृक्ष पहाड़ के एक उभरे तश्तरीनुमा भाग में था और वह उभरा भाग पहाड़ के अन्दर अच्छी तरह से धँसा हुआ था। उस वृक्ष के नीचे फुटबॉल के मैदान जितना खुला स्थान था। उसमें घास बहुत कम थी और झाड़ियाँ भी कम थीं। इधर-उधर बिखरी हुई जो थोड़ी-बहुत झाड़ियाँ थीं भी, वे बहुत कमजोर और पतली थीं, मानो वे जीवित-भर रह सकने के लिए संघर्ष कर रही हों। उस मचान से मैं उस क्षेत्र का बहुत बड़ा भाग देख सकता था।

जिस स्थान पर जानवरों के आने-जानेवाली तीनों पगडंडियाँ मिलती थीं, हमने कटरे को उससे थोड़ा आगे बाँधा था। मचान से वह स्थान स्पष्ट दिखाई देता था। कटरे को उससे आगे बाँधना आवश्यक था क्योंकि शेरों में और बघेरों में भी सूँघने की क्षमता उतनी सूक्ष्मग्राही नहीं होती जैसी कुत्तों में होती है। वे अपने शिकार की खोज में दृष्टि पर अधिक निर्भर करते हैं, और सम्भवतः उससे भी अधिक वे निर्भर करते हैं अपनी श्रवण-संवेदनशीलता पर।

मैंने यह कई बार देखा है कि जो जानवर धरती से चिपककर स्थिर बैठा रहता है, शेर उसके आस-पास से निकल जाते हैं, उसकी उपस्थिति पर उनका ध्यान ही नहीं जाता। एक बार एक कटरा पत्थर के पीछे स्थिर बैठा था और शेर उससे छः फुट की दूरी से निकल गया था। उस अन्तर को मैंने स्वयं दूसरे दिन जाकर मापा था।

वर्षा लगातार बिना रुके होती रही, कभी हल्की-हल्की बूँदा-बाँदी और कभी मूसलाधार। मैं अपने साथ दो कम्बल लाया था और वे दोनों थोड़ी ही देर में भीग गए, भारी और कष्टकारी हो गए।

उस मूसलाधार वर्षा की आवाज के अतिरिक्त मुझे और कुछ सुनाई नहीं पड़ रहा था; उसी तरह उस बरसते हुए पानी के अतिरिक्त मुझे और कुछ दिखाई भी नहीं दे रखा था। ऐसा लगता था जैसे आकाश से बाढ़ का पानी जोर-शोर से धरती पर गिर रहा है; सारा क्षेत्र अन्धकारमय तूफान का गहरा गड्ढा बन गया था—ठीक पादरी के चोगे की तरह काला और मन बुझानेवाले।

मैं सोच में पड़ गया—करूँ तो क्या करूँ। अगर शेर आ भी गया तो मैं उस पर निशाना कैसे ले पाऊँगा। यद्यपि कटरा मचान से बीस गज भी दूर नहीं था, वह मुझे दिखाई नहीं दे रहा था; केवल बिजली के चमकने पर उसकी रूपरेखाएँ नजर आती थीं परन्तु उस क्षण-भर की चमक से मेरे नेत्रों का समंजन बिगड़ जाता था, जबकि मैं अपनी दृष्टि को उस पर लगाए रखने का भरसक प्रयास कर रहा था। मेरा खयाल था कि शेर

की कटरे को मारने की गतिविधियों से मुझे उसकी उपस्थिति का पता चल जाएगा और बिजली के चमकने पर, उस पर पड़ी रोशनी का लाभ उठाकर मैं उस पर निशाना साध लूँगा।

तूफान की उस असीम गहराई में आकाश डूब गया था और धरती उसकी निर्दयी चोटों के नीचे कराहने लगी थी। पानी की धाराएँ मेरे मुख पर बह रही थीं और रात्रि हजारों आकांक्षाओं की लाश की भाँति भारी हो गई थी।

थोड़े से समय के लिए पूर्वी दिशा में बादल छटे। वर्षा रुकी और मुझे लगा कि प्रभात होनेवाली थी। परन्तु ऐसा कुछ नहीं था। वर्षा और भी जोर से मेरे मुँह-सिर पर पड़ने लगी, बादल और नीचे की ओर झुक आए और मेरी सब आशाएँ निराशाओं में बदल गईं। यह मेरी मनोकामना का मुझे दंड था। तभी कुछ दूरी से भयंकर भरभराहट की आवाज सुनाई दी। बड़ी-बड़ी चट्टानें और वर्षा से ढीली हुई मिट्टी पहाड़ी की तीखी ढलान से नीचे फिसलने लगी, बहुत ऊँचे धमाके के साथ पहाड़ी का एक बहुत बड़ा खंड टूटकर नीचे गिरा। 'आज मेरे लिए लैंडा नहीं है।' मैंने मन-ही-मन कहा। 'उसने बँधे हुए कटरे को खींचकर ले जाने की यदि धृष्टता भी की, तो भी मेरे लिए उस पर निशाना ले सकना सम्भव नहीं है।' अँधेरा इतना घना था कि मुझे अपना हाथ भी दिखाई नहीं दे रहा था। वर्षा मुझ पर इस तरह पड़ रही थी कि मेरे लिए आँखों को खुले रख सकना भी कठिन हो गया था।

मैंने शरीर को सिकोड़ा, गीले कम्बलों को ओढ़ा और मचान के उस कोने में लेट गया जहाँ पत्तों की कुछ आड़ थी। उस स्थिति में मैं एक घंटे से अधिक लेटा रहा; तभी मुझे जोर से ठंड लगी, सारा शरीर काँपने लगा। उसी कँपकँपी में मुझे अपना शरीर गर्म होता हुआ भी अनुभव हुआ। अपने आपको कुछ आराम देने के भाव से मैं अपने घुटनों को ऊपर उठाकर ठुड्डी के पास ले आया और अपनी बाँहों में उन्हें जकड़ लिया, लेकिन यह सारे प्रयास विफल गए। मेरा शरीर काँपता ही गया; मैं उसे गर्म होते हुए भी अनुभव कर रहा था। मेरे दाँत बज रहे थे, टाँगों-बाँहों और सिर में दर्द होने लगा था; मुँह का स्वाद भी कड़ुवा हो गया था, और प्यास ने मुझे बेचैन कर रखा था।

'ओह भगवान् ! यह तो मलेरिया है, सारे लक्षण मलेरिया के तो हैं। पहले भी– लगभग छः वर्ष पहले भी जब मैं इसी क्षेत्र में शिकार कर रहा था तो मलेरिया ने मुझे इसी तरह जकड़ लिया था। इसका मुझे अनुभव है। यह मेरा कैसा दुर्भाग्य ! इससे आसानी से छुटकारा पाना आसान नहीं।' तभी मुझे ध्यान आया कि मलेरिया फ़्लू जैसा नहीं होता, चौबीस घंटे नहीं चढ़ा रहता। मलेरिया का ज्वर नियमित समय पर चढ़ता है और नियमित समय पर उतर जाता है; कुछ मलेरिया बुखार ऐसे भी हैं जिनमें ज्वर एक या दो दिन के बाद आता है। मनुष्य यदि दीर्घकालीन मलेरिया से पीड़ित न हो तो वह उस अन्तराल का लाभ उठा सकता है। फिर चिन्ता कैसी ? स्थिति इतनी निराशाजनक नहीं है। मैंने मन-ही-मन सोचा।

वह बुखार रात-भर चढ़ा रहा। भीगी और बेढंगी सुबह में जब प्रभात हुआ, मैं उस

समय भी बुखार से जल रहा था। उसी समय मुझे अपने आस-पास से पहाड़ों के टूटने और चट्टानों के गिरने के धमाके सुनाई पड़े। चूँकि प्रकाश हो गया था, मैं दूर के पदार्थों को देख सकता था। उसी समय पहाड़ी का एक बड़ा खंड अपने साथ झाड़ियों और घास आदि को लेकर पियक्कड़ शराबी की तरह नीचे लुढ़का, जैसे-जैसे वह नीचे की ओर गिर रहा था उसकी गति तेज होती जा रही थी; वह अपने साथ रास्ते में आई चट्टानों, पत्थरों, मिट्टी-गारा और वनस्पति को लेकर नीचे खड्ड में जा गिरा। वह स्थान पहाड़ की आधी ढलान में था।

घाटी के पार की झाड़ियों का टूटना और नीचे गिरना अभी खत्म नहीं हुआ था कि मेरी ओर के पहाड़ से भी पेड़ उखड़ने लगे और नीचे की ओर लुढ़कने लगे। उनके लुढ़कने की गति इतनी तेज थी कि वे एक-दूसरे पर गिर-पड़ रहे थे, और अन्त में एक खड्ड में जा गिरे। तभी एक-दूसरे से सटी हुई बहुत-सी चट्टानें एक साथ उखड़ीं और अपने साफ रास्ते की अन्य चट्टानों, पत्थरों, आदि को लेकर नीचे धुन्ध में विलुप्त हो गईं।

वर्षा अब भी लगातार हो रही थी। मुझे अब भी तेज बुखार था। बुखार कम होने का नाम ही नहीं ले रहा था। मेरे मन में अन्तर्द्वन्द्व छिड़ गया—यहाँ से चला जाऊँ या अभी रुका रहूँ। उसी समय मानो मेरे अन्तर्द्वन्द्व का निवारण करने के लिए धार के जिस भाग पर मेरा पेड़ था, उसमें सहसा दरार आनी शुरू हो गई।

मैंने जल्दी से अपनी बन्दूक उठाई, कम्बल वहीं छोड़े और डरी हुई गिलहरी की भाँति तेजी से पेड़ से नीचे उतरा और उसी तरह भागता हुआ सोपानिक ढलानों को पार कर, पहाड़ी के किनारे से दूर धार पर चढ़ गया। मैं मुश्किल से साँस ले पाया था कि मिट्टी का एक बड़ा खंड, झाड़ियों, घास, मेरेवाले वृक्ष और कटरे को साथ लेकर कर्कश गड़गड़ाहट करता हुआ नीचे गिरने लगा। देखते-ही-देखते उस मिट्टी के ढेर ने एक पलटी खाई और वह वृक्ष कम्बलों, मचान और कटरे सहित गायब हो गया। उस मिट्टी के ढेर के पीछे-पीछे चट्टानों और मिट्टी का एक और ढेर, अपने साथ पत्थर और मिट्टी बटोरते हुए नीचे फिसल गया।

वह वृष्टिस्फोट भयानक था, उसने मुझे जंगल में बुरी तरह घेर रखा था। चलती हुई पहाड़ियाँ, भागते हुए वृक्ष, गिरती हुई धरती और उड़ती हुई चट्टानों ने उस भयंकर वर्षा को और भी विकराल कर दिया था और मेरे बुखार ने इसे मेरे लिए और भी असहनीय कर रखा था।

मैं एक चट्टान का सहारा लेकर धार पर बैठ गया। वह निर्दयी वर्षा मेरे ऊपर बुरी तरह पड़ रही थी। मेरा सारा शरीर बुखार से जल रहा था और निर्मम प्यास ने मुझे व्याकुल कर रखा था। मैं मुँह के बल धरती पर झुका और उस पर पड़े पानी को चूसने लगा। मैं उसे उस समय तक चूसता रहा जब तक मेरा जी मिचलाने नहीं लगा। मैं उलटियाँ करने लगा। मेरे मुँह से काफी मात्रा में कड़ुवा, झागवाला, पीला-सा पदार्थ निकला। मुझे कुछ आराम मिला। वमन की इस पीड़ाजनक प्रक्रिया से बुखार भी कम

हुआ। मुझे जब पहली उलटी आई थी उस समय सुबह के छः बजे थे और उसके बाद डेढ़ घंटे में बुखार उतर गया।

इससे मुझे संकेत मिला कि मुझे बुखार रोज दो बजे सुबह से आठ बजे तक होगा, शेष समय मैं बुखार से मुक्त रहूँगा। मेरे लिए यह ठीक था। मैं बुखार की विघ्न-बाधा के बगैर सूर्यास्त से आधी रात तक मचान में बैठ सकता था। इसी समय शेर के आने की सम्भावना होती है। मैंने मन-ही-मन हिसाब लगाया–मैं एक पखवाड़े तक अपने प्रोग्राम को चालू रखूँगा, उसके पश्चात् मलेरिया मुझे इतना कमजोर कर देगा कि मैं संलग्नता के साथ काम करने योग्य नहीं रहूँगा। तब मुझे उपचार के लिए घर वापस जाना होगा।

मैं बहुत कठिनाई से पहाड़ी से नीचे उतरा, क्योंकि जिस पथ से मैं ऊपर चढ़ा था वह अब नहीं था। वह पहाड़ी की पाश्विक दिशा के साथ विलुप्त हो गया था। पहाड़ी के टूटने से अब वहाँ केवल तबाही के लक्षण ही शेष रह गए थे। जहाँ कल शाम को घास, हरी-भरी झाड़ियाँ और पेड़ थे, अब वहाँ नंगी धरती, चट्टानें, गीली मिट्टी और लसलसा कीचड़ था। पहाड़ी के बचे-खुचे शिखर ने भी अपनी सम्पदा–वनस्पति और वन-विशेषता को नीचे दलदल से भरी धुँधली खाई में धकेल दिया था और वह मथे हुए कीचड़ में बदल गई थी।

मैंने लम्बा घूमता हुआ रास्ता पकड़ा और दोपहर होने के करीब गाँव में पहुँचा। वर्षा लगातार हो रही थी किन्तु अब वह पहले जैसी तेज नहीं थी, केवल फीकी-सी बूँदा-बादी हो रही थी, मैदानी क्षेत्र बहते हुए पानी की लहरों से धारीदार बन गए थे। बाढ़ का पानी उछलता-कूदता चक्कर खाता हुआ बह रहा था और उसने सारे क्षेत्र को टूटी हुई शाखाओं और उखड़े हुए पेड़ों के तनों से भर दिया था। घाटी का नाला भी एक चौड़ी नदी बन गया था और वह बड़े वेग से उछाल खाता हुआ बह रहा था। झाड़ियों से भरे नाले के समतल किनारे, जहाँ जंगली मुर्गे और तीतर रहते थे, अब नहीं थे।

मुझे उस आवेगी नाले को पार करने में बहुत समय लगा और बहुत परिश्रम भी करना पड़ा। जब अन्त में गाँव में पहुँचा तो वह स्थान मुझे पागलखाने के योग्य दिखाई दिया। वहाँ बहुत वेग से छोटी-छोटी धाराएँ बह रही थीं और उनका जल घरों में भी घुस रहा था। उसने घरों के कच्चे फर्शों को दलदल में बदल दिया था। वहाँ पहुँचने पर मुझे जो पहला व्यक्ति मिला वह मेरा मित्र किशोर बालक बारू था। मेरी सुरक्षा के सम्बन्ध में वह बहुत चिन्तित था। उसी मनःस्थिति में वह मेरी प्रतीक्षा में पशुवाड़े में खड़ा था। वह मुझे खोजने के लिए जाने ही वाला था जब मैं वहाँ पहुँच गया। मुझे देखकर उसका चेहरा खिल उठा और मुझसे मिलने के लिए भागता हुआ मेरे पास आया।

"मैं आपके लिए डर रहा था।...वह भयानक तूफान–" उसने शरमाते हुए दबी आवाज में कहा।

"सब ठीक था।" यह कहते हुए मैंने दुलार से उसके बाल खींचे।

"मंगता कहाँ है ?"—उसने पूछा।

"क्यों ?...क्या वह कल तुम्हारे साथ वापस नहीं आया ?"

"वह आया था, परन्तु आज सुबह दो-तीन आदमियों को लेकर आपको लिवाने के लिए फिर गया था।...क्या वह आपको नहीं मिला ?"

"नहीं, वह मुझे नहीं मिला, परन्तु तुम चिन्ता मत करो, वे लोग आते ही होंगे।...चलो, हम अन्दर चलें।"

"नहीं, आप जाइए।...मैं अभी आता हूँ। मुझे उन्हें बुलाने के लिए जाने दीजिए।"

इससे पहले कि मैं उससे कुछ कहता, उसे रोकता, वह उस बूँदा-बाँदी में सरपट भाग गया और धुंध में मेरी आँखों से ओझल हो गया।

मैंने अन्दर जाकर अपनी बन्दूक साफ की और थोड़ी देर आराम किया। उस समय चार बज चुके थे। सूरज बादलों से बाहर निकल आया था, वह बहुत तेज था मानो किसी ने उसे पानी से खींचकर बाहर निकाला हो। वर्षा जिस प्रकार शुरू हुई थी, उसी प्रकार एकाएक बन्द हो गई थी। मैं थोड़ी देर के लिए सो गया, और जब उठा उस समय सूर्य मन्द गति से क्षितिज की ओर झुका जा रहा था। आकाश पर बहुत बादल नहीं थे, जो थोड़े से थे उन्हें भी तेज हवा उड़ाए लिए जा रही थी।

शाम को करीब छः बजे मैं मचान पर बैठने के लिए तैयार हो गया। मंगता भी मेरे साथ बैठने के लिए तैयार था और वह एक कटरा भी ले आया था। गाँव से जाने के पहले मैंने बारू को बुलवा भेजा परन्तु वह कहीं नहीं मिला। मैंने सोचा कि वह मूर्ख लड़का किसी खेत में बैठा अपना मन बहला रहा होगा। मेरे पास इतना समय नहीं था कि मैं उसका इन्तजार करता।

इस बार हम जंगल में बहुत अन्दर तक नहीं गए। गाँव के आखिरी खेत से केवल आधा मील दूर जाकर, गाँव के उत्तरी रास्ते के पास बैठ गए। हमारी मचान साल के एक ऊँचे वृक्ष पर तैयार की गई थी। मचान, मेरी पसन्द से कुछ अधिक ऊँची थी, लेकिन वहाँ से मुझे वह गहरी पतली घाटी साफ दिखाई पड़ती थी जिसमें शेर के होने की सम्भावना थी। मैं उस घाटी से भली-भाँति परिचित था। उसमें बहुत-सी गुफाएँ, टेढ़े-मेढ़े मोड़ और अनेक ऐसे स्थान थे जहाँ शेर आसानी से छिपकर बैठ सकता था। वह सारी घाटी बहुत जटिल, खतरनाक और धोखा देनेवाली थी—ठीक किसी सिद्ध साहूकार की किताबों के पन्नों की तरह।

कृष्ण पक्ष की रातें बीत चुकी थीं। उस दिन शुक्ल पक्ष की तीसरी या चौथी रात थी। चाँद निकला हुआ था और पहाड़ियों के शिखर के पास था। वह बहुत दुखी और उदास दिखाई दे रहा था—चलते हुए रास्ते पर किसी अज्ञात व्यक्ति की कब्र के दीये की लौ-जैसा मन्द। गिरवी रखकर ऋण देनेवाले साहूकार की दुकान का मन्द प्रकाश भी दूसरों के दुर्भाग्य को उतनी स्पष्टता से व्यक्त नहीं करता जितना उस दिन चाँद का मन्द और निष्प्रभ प्रकाश कर रहा था।

पिछले दो दिनों की बादलों की गड़गड़ाहट खत्म हो चुकी थी, किन्तु उसका

अनुप्रभाव अब भी साफ दिखाई पड़ रहा था। पिछले दो दिनों की कठिन यातना के बाद धरती बहुत दुखी और थकी हुई थी। चाँद भी मानो शर्म का मारा क्षितिज के पीछे चला गया था और उसके जाने के बाद धुँधलापन छा गया था।

चाँदनी का समय बहुत छोटा था—फाँसी देनेवाले जल्लाद की उदारता के क्षणों से भी छोटा। वह अपने पीछे घायल-सा अँधेरा छोड़ गया था। अँधेरा गहरा होता गया और आकाश से धरती तक वह अँधेरा एक भारी पर्दे की तरह छा गया। सितारों ने आकाश को वैभवमय बना दिया था और उस दिन के वातावरण में वह ऐसा असंगत लग रहा था जैसे जेल के वार्ड में फूल।

मैं वहाँ बारह बजे से अधिक बैठना नहीं चाहता था, अधिक-से-अधिक एक बजे तक। उसके बाद मुझे गाँव में वापस जाना ही था क्योंकि मैं नहीं चाहता था कि जंगल में मुझे फिर से बुखार चढ़े। लैंडा के साथ हिसाब चुकाने के लिए मेरे पास केवल दो घंटे शेष थे, परन्तु क्या वह आएगा ? वह था कहाँ ? उसकी उपस्थिति का मुझे कहीं भी कोई संकेत नहीं मिल रहा था। जंगली जानवरों ने कहीं भी संकट की घोषणा नहीं की। वे मौन थे। न साम्बर की ढाक-ढाक सुनाई दी और न लकड़बग्घे की हा-आ-आ। डरे हुए गीदड़ों की फी-ई-आ-ओ भी सुनाई नहीं पड़ी, यहाँ तक कि छपके की डरी हुई चीख भी कहीं से नहीं आई और टिटहरी की याचना की पुकार भी मौन थी।

आधी रात बीत गई, जंगल में कोई हलचल नहीं हुई। ओस की बूँदों के टपकने की आवाज और दूर से गीदड़ की पुकार के अतिरिक्त और सब मौन था।

मैंने तब भी आशा नहीं छोड़ी। मैं बहुत आकुलता से उसकी प्रतीक्षा कर रहा था। अपने आस-पास उड़ते हुए हजारों जुगनुओं के झिलमिलाते प्रकाश की भाँति मेरे मन में एक क्षण आशा उभरती और दूसरे क्षण बुझ जाती। आशा और निराशा के इसी चक्र में मैं अपनी मचान से उठ नहीं सका, उसमें स्थिर बैठा रहा।

अन्त में मैंने उस मचान को छोड़ने का निश्चय किया; उस समय बहुत देर हो चुकी थी। मलेरिया की कँपकँपी ने मुझे जकड़ लिया। उस समय सुबह के दो बजे थे, मुझे बुखार आ गया और उसने मुझे किसी लायक नहीं छोड़ा। शेर की ताक में और बैठ सकना मेरे लिए असम्भव हो गया। मैंने विवश होकर मंगता को अपनी बन्दूक थमाई और अपने काँपते हुए शरीर को गर्म करने के विफल प्रयास में अपने आपको उन दो कम्बलों के नीचे इकट्ठा-सा किया जो मैं गाँव से माँगकर अपने साथ लाया था। वहाँ कोई जानवर नहीं आया। बुखार उतरने पर मैं गाँव लौट आया।

गाँव पहुँचते ही मैंने बारू को बुलवा भेजा, किन्तु उसका कहीं कोई पता नहीं चला। घर-घर पूछा गया, सब जगह से यही उत्तर मिला कि कल सुबह के पश्चात् उसे किसी ने नहीं देखा। मैं डर गया। मेरे मन को अशुभ शंकाओं ने घेर लिया। बारू मंगता की खोज में गया था और फिर लौटकर नहीं आया था।

मैंने गाँव के बुजुर्गों को इकट्ठा किया, अपने मन की शंका उनके सम्मुख रख दी। उनका खयाल था कि वह अपनी आदत के अनुसार किसी अन्य गाँव में चला गया होगा

परन्तु जब मैंने उनसे उस क्षेत्र में लैंडा के होने की सम्भावना की बात की तो वे भी डर गए। बारू को खोजने के लिए दो टोलियाँ बनाई गईं और उन्हें दो अलग-अलग दिशाओं में भेजने का निर्णय लिया गया। एक टोली के साथ मैं गया और दूसरी के साथ मंगता।

मुझे मंगता से अलग दूसरी दिशा में गए आध घंटा ही हुआ था कि मंगता ने मुँह से सीटी बजाकर हमें अपनी ओर बुलाया। वह हमें नाले के पार मिला। वह स्थान गाँव से बहुत दूर नहीं था। मंगता और उसके साथी वहाँ हक्के-बक्के, शोक में डूबे हुए खड़े थे। उनके निकट ही, एक झाड़ी के पीछे बारू के शव के कई टुकड़े और आधा खाया हुआ शरीर पड़ा था–निर्दयी प्रकृति की क्रूर क्रीड़ा का नंगा प्रदर्शन और अपनी बाँसुरी से वेदनामय तान छेड़नेवाला वह प्यारा बारू !

बारू ने जैसे ही चलकर नाले को पार किया था, शेर ने उसे दबोच लिया था। शेर उसके शव को खींचकर खुले स्थान पर ले गया था; काँटेदार झाड़ियों पर रक्त से सनी उसकी कमीज के चिथड़े लटक रहे थे, घृणित घटना का प्रत्यक्ष प्रमाण। मेरी जानकारी में वह पहला अवसर था जब लैंडा ने मनुष्य के मांस का आहार किया था। शव का केवल छोटा-सा भाग शेष था, पैरों को छोड़कर शरीर का निचला भाग पूरा खाया हुआ था, धड़ के कुछ टुकड़े इधर-उधर बिखरे पड़े थे और कुछ भाग खाया हुआ था।

शेर वहाँ पर बहुत देर से बैठा हुआ था क्योंकि शिवाफलक के नीचे उसके लेटने के चिह्न भी मौजूद थे। वह स्थान छिपकर बैठने के लिए बहुत अच्छा था। वहाँ से सारा गाँव और उसके आसपास के सभी खेत दिखाई देते थे। ऊपर को आगे बढ़ी हुई शिला ने उस स्थान को वर्षा से बचा रखा था। उसके दोनों किनारों पर झाड़ियाँ थीं, अतः वह ऐसा स्थान था जहाँ शेर आराम से छिपकर बैठ सकता था। कल रात की मूसलाधार वर्षा और मलेरिया के प्रहार के बाद, मैं जब मचान से लौटकर गाँव जा रहा था, उस समय मैंने उस स्थान को पहली बार देखा था और आराम करने के लिए मैं थोड़े से समय उसमें बैठा भी था।

यह देखकर मैं आश्चर्यचकित रह गया कि शेर और मैं एक ही रात में वहाँ आए थे और आकर उसमें विश्राम किया। इस विचार के मन में आते ही मेरी जिज्ञासा जाग्रत हुई, मैं उस स्थान को अच्छी तरह से देखने के लिए धार की ओर पीछे को मुड़ा। मैं यह देखकर स्तब्ध रह गया कि शेर धार के पास से ही मेरा पीछा करता हुआ यहाँ तक आया था। कई एक स्थानों के गहरे कीचड़ में मेरे पैरों के चिह्नों के ऊपर उसके पदचिह्न थे, और कहीं-कहीं वे कुछ हटकर थे। पहाड़ियों के टूटने और गिरने के कारण उनकी वनस्पति नष्ट हो गई थी; पेड़-पौधों से रिक्त पहाड़ नंगे खड़े थे। इसने शेर को छिप-छिपकर पीछा करने के सुभीते से वंचित कर दिया था। परिणामस्वरूप, उसे मेरा पीछा करने में मुझसे कुछ दूर चलना पड़ रहा था। शेर को अपने शिकार पर आक्रमण करने के लिए कम-से-कम तीस गज दूर से भागकर आना होता है। वनस्पति-रिक्त उस स्थान पर उसे यह सुविधा नहीं मिल रही थी। अतः मुझ पर अन्तिम छलाँग लगाने में

उसे बाधा पड़ रही थी। जिस समय मैं उस शिलाफलक के नीचे आराम कर रहा था, वह एक चट्टान के पीछे था और वह चट्टान मुझसे कम-से-कम पचास गज दूर थी। मुझ पर आक्रमण करने का वही एक अच्छा व अन्तिम अवसर था जिसका उसने लाभ नहीं उठाया। मैं जब उस ढँके ढँकाए स्थान से बाहर निकला, वह निराशा लिए वहाँ आकर बैठ गया। उसने अवश्य ही घृणापूर्ण दृष्टि से मुझे नाला पार करके गाँव में जाते देखा होगा; और उसी प्रकार बारू को अपनी ओर आते देखकर प्रसन्न हुआ होगा। बारू को सीधे अपनी ओर आते देखकर वह छिपता-छिपाता नाले के निकट पहुँच गया और जैसे ही उस अभागे बालक ने नाला पार किया वह उसी क्षण उस पर झपट पड़ा।

भाग्य की यह कैसी विडम्बना ! मुझ पर आक्रमण करने के लिए वह धार से मेरे पीछे-पीछे आया था और उसके आक्रमण का विषय बना बेचारा बारू ! उस शेर को ललचानेवाला मैं था, मैं ही उसे ललचाकर गाँव के पास ले आया था और मारा गया वह सरल स्वभाव का बालक। मेरा मन आत्मग्लानि से भर उठा।

नियमित रूप से मुझे बार-बार बुखार आता रहा, तब भी उस शेर की ताक में मैं तीन रातें और तीन दिनों का अधिकांश भाग बारू के शव के पास बैठा रहा। फिर उस शव से इतनी दुर्गन्ध आने लगी कि उसके पास और बैठ सकना सम्भव नहीं रहा। मैंने उस स्थान को छोड़ा जहाँ मैं छिपकर बैठता था और गाँव लौट आया। ऐसा लगता था कि शेर उसे मारने और उसके मांस का आहार करके उस क्षेत्र से बाहर चला गया था। वह मानव-हत्यारे से मानव-भक्षी बन गया था, परन्तु उसने जगह-जगह भ्रमण करने की अपनी पुरानी आदत नहीं छोड़ी थी। यह उस क्षेत्र के लोगों के लिए भावी संकट का लक्षण था।

उस बुखार ने मुझे बहुत कमजोर कर दिया था। बार-बार बैठकर आराम करने के बिना मैं एक मील भी नहीं चल सकता था। मुझमें पहाड़ों, घाटियों व गाँव से गाँव घूमकर उसका पीछा करने की शक्ति नहीं रही थी। मैंने अपने भाग्य को कोसा और घर लौट आया।

मुझे उस कमजोरी की हालत में देखकर मेरी माँ को धक्का-सा लगा। उसके चेहरे पर रोष के साथ-साथ उद्विग्नता के लक्षण मैं देख रहा था।–"क्यों, क्या हुआ ?"...मैंने सोचा कि किसी ने मेरे और उस लड़की के सम्बन्ध में उसके कान भर रखे हैं।

किन्तु वह ऐसी नहीं थी जो बहुत समय तक अपने मन में किसी के प्रति शिकवा-शिकायत बनाए रखें। उनका हृदय बहुत उदार था। उनकी सहानुभूति और स्नेह केवल अपने निकटवर्ती और प्रियजनों के लिए ही नहीं था, बल्कि उस पर सब परिचित और अपरिचित सबका, यहाँ तक कि पालतू पशुओं का भी समान अधिकार था।

सामान्यतया बुढ़ावा जवानी के खँडहरों पर आता है; और खँडहरों को दर्शाता है, किन्तु वृद्धावस्था ने मेरी माँ की मुखाकृति को निखारा था, उसे गरिमामय बनाया था। वृद्धावस्था ने उनके स्वभाव को भी बहुत शान्त और गम्भीर बना दिया था। उनकी नासिकाओं और ठुड्डी के बीच की सुकोमल रेखाओं ने उनके मुख पर ऐसी मुस्कान

भर दी थी कि वह दूसरों को, अपनी गलतियों की क्षमा माँगे बिना क्षमा कर देती थीं। मैं उनके कन्धों पर अपनी बाँहें डालकर, उनकी बड़ी-बड़ी आँखों में सीधे देखने लगा। वह सरल स्वभाव की थीं और बहुत दयालु थीं। कुछ समय तक वह भावहीन आँखों से मुझे देखती रहीं जैसे अँधेरे में कुछ खोज रही हों। फिर उन्होंने उत्सुकता के साथ अपनी छाती से लगा लिया।

"तुमने वापस आने में इतना समय क्यों लिया ? तुमने तो कहा था कि तुम दो दिन में लौटकर आ जाओगे। क्या तुम्हें अपनी माँ की कुछ भी परवाह नहीं ? और देखो, तुमने अपना क्या हाल बना रखा है। तुम तो पूरे भूत दिखाई पड़ रहे हो, भयानक विभीषिका जैसे ! क्या तुम बीमार थे ?"

"कुछ विशेष नहीं, माँ। चिन्ता मत करो; मुझे हल्का-सा मलेरिया हो गया था। उसी के कारण मैं जल्दी लौटकर नहीं आ सका। उसने मुझे वहीं रोक रखा और कमजोर कर दिया।"

"किन्तु मुझे तो किसी ने कुछ नहीं बताया। वैसे वे ऊटपटाँग बातें करते ही जा रहे थे। तुमने भी तो मुझे कोई सन्देशा नहीं भेजा।"

मलेरिया असुविधाजनक तो होता ही है; पर ऐसा कुछ नहीं था कि मैं आपके पास सूचना भेजता। पिछली बार आपने मेरी देखभाल की थी और मुझे कितनी जल्दी ठीक कर दिया था। कर दिया था न ?...इसीलिए मैं निश्चिन्त रहा। मैं जानता था कि घर पहुँचते ही मेरी जादूगरनी माँ फिर से वही चमत्कार कर दिखाएगी।"

"तुम बीमार थे, फिर झील में इतने दिन क्यों रुके रहे ? वह स्थान हमारे घर के इतना करीब है कि तुम चाहते तो आसानी से घर लौट आ सकते थे, और मुझे चिन्ता से बचा सकते थे।...शायद तुम्हें वहाँ पर मलेरिया का कोई और उपचारक मिल गया था।...क्यों ?"

अपने एक हाथ से मैंने उनकी ठुड्डी पकड़ी और दूसरे से उनके लाल-लाल गाल पर हँसते-हँसते चुटकी भरी। वह सोलह वर्ष की तरुणी-समान हिचकिचाईं और उसी आयु की लड़कियों की भाँति प्यारभरी आँखों से मुझे देखती रहीं।

"तुम बहुत नटखट हो, बिल्कुल अपने पिता की तरह।" और फिर कृत्रिम क्रोध की मुद्रा में उन्होंने कहा, 'भगवान के लिए अपने इन पंजों को दूर रखो; इनसे कन्धों को चोट लग रही है और उससे भी ज्यादा इनसे सड़ी दुर्गन्ध आ रही है।"

"आप ईर्ष्यालु हैं, माँ, पिताजी की बिगाड़ी हुईं। लेकिन आपसे मुझे बहुत प्यारी गन्ध आ रही है, आप सचमुच बहुत प्यारी लग रही हैं और आपकी गन्ध भी कुमुदिनी जैसी है।"

"अपनी यह बकबक बन्द करो। तुम सचमुच ही बहुत निकम्मे और बकवादी हो; इतने बिगड़े हुए स्वास्थ्य में भी तुम्हें मुझसे दूर नहीं रहना चाहिए था और वह भी झील में। वहाँ से तो कोई भी कुछ घंटे पैदल चलकर यहाँ पहुँच सकता है।"

"माँ, यह सम्भव नहीं था। मैंने आपको बताया है न ? उन गरीब गाँववालों को

मैं लैंडा की दया पर छोड़कर कैसे आ सकता था ?...आपको भी तो यह अच्छा नहीं लगता, आप स्वयं ही बताओ, क्या अच्छा लगता ? परन्तु बहुत प्रयास करने पर भी मैं उन्हें लैंडा के संकट से मुक्त नहीं कर पाया; और तो और, मैं बारू को भी बचा नहीं पाया। उसकी दुखद मृत्यु के सम्बन्ध में आपने सुना होगा; क्यों सुना है न ?''

''हाँ, उस बेचारे बालक के बारे में मैंने सुना है। वह होनहार बालक था। उसकी मृत्यु का मुझे बहुत दुःख है। मुझे उसकी माँ का बुरा लगा करता था जो बेचारी युवावस्था में ही चल बसी थी, किन्तु अब नहीं। भगवान ने उसे अपनी शरण में लेकर उसे अपने पुत्र की दुखदायी मृत्यु के दुःख से बचा लिया। हाँ, बेटे, मुझे उसकी मृत्यु का समाचार मिला था, और, और भी कुछ समाचार मिले थे जो उतने ही कष्टकारी थे पर उतने शोकाकुल नहीं।''

उनकी आखिरी बात को अनसुना करते हुए मैंने उनके मुख से एक लट हटाई और उनके मुँह को चूम लिया।

''दुखी मत हो माँ; मुझे जरा मलेरिया से छुटकारा पाने दें। आपकी देख-रेख में स्वस्थ होकर मैं उस लैंडा की खाल को आपके कमरे में बिछाने के लिए ले आऊँगा, यह मेरा वायदा है।''

''ओह, जैसे कि मैं उस घृणित लैंडा की खाल को अपने कमरे में रखूँगी। नहीं, धन्यवाद, उसे अपने पिता को दे देना। केवल उन्हें ही ऐसी भयंकर चीजों में रुचि है, मुझे नहीं। और, तुम्हें मैं बता दूँ कि तुम बहुत मूर्ख हो, यद्यपि अपने आपको तुम बहुत समझदार समझते हो। मुझसे कुछ छिपाओ नहीं; तुम छिपा भी तो नहीं सकते; तुम्हारा चेहरा ही तुम्हारा शत्रु है। जो कुछ तुम्हारे मन में होता है, तुम्हारा चेहरा उसे खुलकर बता देता है। क्या तुम्हें इसका पता नहीं ?''

''आप क्या कह रही हैं, मैं नहीं जानता। मैंने खिन्न भाव से कहा। मैं केवल यह जानता हूँ कि मैं संसार में सबसे अधिक प्यार आपको करता हूँ।''

''ठीक है, ठीक है; अब बोलना बन्द करो और जल्दी से नहाकर कपड़े बदल लो। ओह मेरे भगवान, तुमसे कैसी बुरी गन्ध आ रही है—बकरियों और गड़रियों-जैसी गन्ध।''

उन्होंने मेरा माथा चूमा और प्यार से मुझे पीछे हटा दिया।

''खूब मल-मलकर नहाना, लगता है तुम्हें अपने आपको साफ करने के लिए बहुत-सी फिनैल और कुत्ता-साबुन चाहिए। और तब भी कहा नहीं जा सकता कि यह गन्दी गन्ध जाएगी या नहीं।'' उन्होंने मुस्कुराते हुए कहा और मैं समझ गया कि उन्होंने मुझे क्षमा कर दिया है।

6

उन दिनों मलेरिया की एक ही दवाई होती थी—कुनीन मिक्सचर। वह तीन-तीन घंटों के बाद काफी बड़ी मात्रा में पीनी पड़ती थी। उस गँदले द्रव्य को देखते ही मेरा जी

मिचलाने लगता था। देसी दवाइयाँ भी थीं—गूलो और चरैता। वे उससे भी बुरी थीं। उनमें कुनीन के कड़ुवेपन के अतिरिक्त घृणित गन्ध भी थी। वे दवाइयाँ बीमारी से भी बुरी थीं। उनसे बचने के लिए मैंने वे सब यत्न किए जो मैं कर सकता था। परिणामस्वरूप मैं उस वर्ष बहुत समय तक मलेरिया से पीड़ित रहा। पहले मुझे निश्चित अन्तराल के साथ बुखार आता था, फिर मलेरिया पुराना अर्थात् क्रोनिक हो गया। मुझे हर समय, दिन और रात हल्का-हल्का बुखार रहने लगा, मेरा जिगर खराब हो गया, और तिल्ली भी बढ़ गई। मुझे अपनी कृषि भूमि से पन्द्रह मील दूर अस्पताल भेज दिया गया। मुझे वहाँ एक महीने से अधिक रहना पड़ा।

मैं ठीक होकर घर लौटा, उस समय भी मैं बहुत कमजोर था। वर्षा ऋतु बीत गई थी, शीतकाल आरम्भ हो गया था। गेहूँ की नई नीले-हरे रंग की कच्ची फसल ने धरती को ढक रखा था। फसल बहुत स्वस्थ और प्रफुल्ल थी, सबके लिए खुशहाली का सन्देश लिए हुए थी।

मंगता ने मुझे लैंडा के बारे में सबकुछ बताया। उसने जो कुछ कहा वह शेक्सपियर के टेम्पेस्ट नामक नाटक के प्रथम दृश्य की भाँति अति भयंकर था। लैंडा मनुष्यों का मांसाहार करने लगा था। सारी जनता को उसने दाँव पर लगा रखा था। वह वहाँ की जनता के लिए शाप बन गया था। यद्यपि उसे भैंस का मांस अधिक पसन्द था लेकिन उसे अपने आहार को बदलने में कोई संकोच नहीं था। वह बार-बार मनुष्यों को मारकर उनके मांस का आहार करने लगा था क्योंकि उसे आसानी से उपलब्ध किया जा सकता था। वह उस क्षेत्र के लोगों के लिए दोहरा शाप बन गया था और सुरक्षा के खत्म हो जाने के कारण उनका जीना दूभर हो गया था।

मेरी अनुपस्थिति में उसे खत्म करने के कुछ चोरी छिपे प्रयास किए गए थे, किन्तु उन प्रयासों में एक शिकारी के दुर्घटनाग्रस्त हो जाने से उनका भी शीघ्र ही अन्त हो गया। एक शोकातुर गाँववाले ने, जिसके इकलौते बेटे को उस राक्षस ने मार डाला था, उसका पीछा किया था परन्तु वह लौटकर नहीं आया। दो-तीन दिनों के बाद उसकी बन्दूक जंगल में पड़ी मिली और मेरे पास की एक झाड़ी में उसके शव के कुछ टुकड़े और उसका खाया हुआ शरीर मिला। वह उसको मारने का अन्तिम प्रयास था, उसके बाद किसी ने उसे मारने का साहस नहीं किया और उसे उस क्षेत्र के निवासियों को संकट में डालने की निर्बाध आजादी मिल गई।

उस शिकारी के मारे जाने के बाद उसे अपने विनाशकारी कार्यों को करने की पूरी छुट्टी मिल गई थी, क्योंकि उसके सम्बन्ध में लोगों में अनेक मिथ्या-विश्वास फैल गए थे। वे उसे किसी अशान्त देवता की आत्मा कहने लगे थे जो अपनी स्वेच्छा से किसी भी अन्य जीव का रूप धारण कर सकता था। चूँकि वह आत्मा थी, इसलिए उसे मार सकने का तो कोई प्रश्न ही नहीं था। लोगों में धारणा बन गई थी कि जो कोई उसे मारने की धृष्टता करेगा या करने की सोचेगा, वह स्वयं संकटग्रस्त हो जाएगा। इस प्रकार की अनेक धारणाएँ उस क्षेत्र में फैल गई थीं। मंगता जब मुझे वे कहानियाँ बता

रहा था तब स्वयं भी अपनी कल्पना से उसमें बहुत कुछ जोड़ता जा रहा था। यह मानना ही होगा कि उन भयप्रद कहानियों को सुनते समय मंगता ने सनसनी फैलानेवाली कहानियों के सम्बन्ध में अपनी रुचि और कल्पना का खुलकर परिचय दिया।

अपनी मनघड़न्त कहानियों में उसने एक विधवा की कहानी भी सुनाई जिसे मैं कार्यवश जानता था। उसका नाम चम्पा था और चम्पा की तरह उसके आकर्षण की सुगन्ध बहुत मादक थी। वह अभिमानी स्वभाव की थी और अकेली एक झोंपड़ी में रहती थी। उसकी आयु यद्यपि तीस-चालीस वर्ष की थी, लेकिन उसके चेहरे में ऐसी कोई गहराइयाँ नहीं थीं जिनमें सदाचार के गुण शरण पा सकते। सदाचार के गुण, उल्लुओं की तरह खँडहरों में आवास करते हैं और वहाँ से चिल्ला-चिल्लाकर दूसरों को धिक्कारते रहते हैं। उसकी सुन्दरता में अभी तक कोई कमी नहीं आई थी, इसलिए वह ईर्ष्या, द्वेष और डाह से मुक्त थी। उसके आकर्षण ने गाँव के युवकों को मतवाला बना रखा था।

मंगता के कहे अनुसार उसका सबसे नया प्रेमी एक नौजवान चरवाहा था जो माना हुआ आततायी था और पास के गाँव में रहता था। मंगता ने कहा कि एक सन्ध्या को उसने अपने प्रेमी को एक विशेष गाना गाते हुए सुना। वह गाना उनके मिलने का पूर्वनिश्चित संकेत था। गाना सुनते ही वह उस जंगल में पूर्वनिश्चित स्थान पर गई। उसके प्रेमी ने उसे कुछ दूरी से देखा और उसने उसे अपने पीछे-पीछे जंगल में आने का इशारा किया, और फिर कुछ आगे जाकर वह शेर में बदल गया और उस विधवा को जीवित ही खा गया।

कहानी यहीं खत्म नहीं हुई। कहानी का दूसरा भाग भी था, काफी उलझा हुआ और इधर-उधर भटकता-सा, जो संक्षेप में इस प्रकार था। विछोह से पीड़ित होकर उस प्रेमी ने अपनी प्रेयसी की मृत्यु का बदला लेने के भाव से उसके शव के पास मचान बनाई और उसमें बैठ गया। शेर एक बड़े पक्षी में बदल गया और उड़कर उसकी मचान में जा पहुँचा और उसे नीचे धकेल दिया। वह पक्षी फिर शेर में बदल गया और उसे भी खा गया। (मंगता को विश्वास था कि शेर ने उसे जिन्दा नहीं खाया था, उसने अपनी जाति-नरजाति के साथ पक्षपात किया था)।

दिन बीतते गए, बहुत लम्बे-लम्बे और उदासीन। गोधूलि के मन्द प्रकाश में पत्थर की खोई हुई काली दीवार की तरह मैं निष्क्रिय जीवन की ऊब और उदासी से घिरकर मानसिक खिन्नता में डूब गया। मुझे चलने-फिरने योग्य होने में एक मास से भी अधिक समय लग गया, तत्पश्चात् मैंने एक महीना कुत्तों को साथ लेकर खेतों में तीतर और जंगली मुर्गों का शिकार करने में व्यतीत किया। इस सारी अवधि में मुझे इधर-उधर से लैंडा की उद्दंडता और क्रूरता के समाचार मिलते रहे, कुछ सच्चे, कुछ झूठे और कुछ बढ़ा-चढ़ाकर।

एक और महीना बीता, खेतों में रबी की फसलें इतनी बड़ी हो गई थीं कि खरगोश उनमें शरण ले सकते थे। चने के पौधों में नीले-हरे फूल आ गए थे; सरसों के पौधों

पर पीले फूल चमक रहे थे; गेहूँ की नरम बालें घुटनों तक ऊँची हो गई थीं; सफेद शिखरवाली छप्पर बनाने की घास पर 'लाल मुनियों' के झुंड अपनी मधुर आवाज में लगातार चैं-चैं करते सुनाई पड़ते थे; और फूलोंवाले पौधों पर मधुमक्खियाँ मँडरा रही थीं। लैंडा के पीछे जाने की अनुमति न होने के कारण मैं गाँव में उद्विग्न और उदास पड़ा रहता था।

उन्हीं दिनों जब मैं निष्क्रियता के कारण बहुत उदास था, चाचा डंका हमारे घर आए। उसका सही नाम शेरू था, शेर सिंह का संक्षिप्त रूप, किन्तु गाँव के सभी लोग उसे डंका के नाम से पुकारते थे क्योंकि समझदारी की दृष्टि से जिस बात को गुप्त रखना या धीरे से कहना उचित होता था, वह उसे डंके की चोट कहता था, उसका ढिंढोरा पीट देता था। वह हमारे गाँव का मोची था, शिष्टाचार में पूरा स्वाभिमानी और हास्यप्रिय। उसकी आयु साठ वर्ष से कुछ अधिक थी, शरीर पतला था और कद लम्बा और पीठ झुकी हुई।

उसकी तीन पत्नियाँ थीं, जिनमें से दो की काले बुखार से मृत्यु हो चुकी थी। वह स्वयं भी अनेक दुर्घटनाओं का शिकार हुआ था परन्तु भाग्य ने उसका साथ दिया और वह बाल-बाल बच गया, एक दुर्घटना में वह एक पहाड़ी की सीधी ऊँची ढाँग से नीचे गिरा था, एक बार आक्रोश से भरे रीछ ने उस पर आक्रमण किया था और सब बुरी घटनाएँ तो वे थीं जब वह अच्छी परिपक्व आयु में दो बालिकाओं के 'प्रेम' में उलझ गया था। इन सब दुर्घटनाओं से वह बिना किसी खरोंच के साफ-साफ बच गया था। उसके अपने दस बच्चे थे, और उनके अतिरिक्त अनेक अवैध बालक भी थे।

वह पुरानी रुचियों को मान्यता देता था और नवयुवतियों की ओछी रुचियों से बहुत प्रसन्न था क्योंकि उसके अनुसार वे सुन्दर, सरूप, ऋतु-अनुरूप हाथ के बने जूतों की अपेक्षा मशीन से बने साधारण जूतों का पहनना अधिक पसन्द करती थीं।

वह हमारे घर प्रायः आया करता था, किन्तु सूर्यास्त होने से पहले नहीं। उसका आकस्मिक आना उस समय होता था जब मेरे पिता बरामदे में बैठकर मद्यपान करते थे। उनका चहेता कुत्ता, ड्यूक, उनके पैरों के पास इकट्ठा-सा होकर लेटा रहता था। चाचा डंका कमर तक झुककर घर में ऐसे प्रवेश करता था जैसे साठ वर्ष की आयु का बोझ उसके लिए और सहन करना कठिन हो गया था। वह भालू की तरह कराहते और एक टाँग-बँधे घोड़े की तरह लँगड़ाते हुए घर में प्रवेश करता था। मेरे पिता रईस जमींदार थे; वह उसके इस ढोंग को अच्छी तरह से समझते थे तथापि सहानुभूति के साथ उसके स्वास्थ्य के विषय में पूछते थे, और वह और अधिक 'हूँ, हाँ' करते हुए उनके अनुग्रह को अंगीकार करता था और उनके पैरों के पास व्याकुल-सा बैठ जाता था।

ड्यूक की पीठ पर हाथ फेरते हुए वह कहता, "साहब, मुझे इस कुत्ते से जो आपके चरणों में पड़ा है, ईर्ष्या होती है। अवश्य ही यह इसके पूर्वजन्मों के अच्छे कर्मों का फल है जो इस जन्म में इसे आपका इतना प्यार मिल रहा है। ईश्वर महान है और उसके पुरस्कृत करने के तरीके भी निराले हैं।"

"ड्यूक अच्छा कुत्ता है," अपनी ठुड्डी के बालों को सहलाते हुए पिताजी ने कहा। "किन्तु मेरी तरह यह भी बूढ़ा हो रहा है और हम दोनों को अपनी बूढ़ी अस्थियों को शक्तिवर्द्धक औषधियों की आवश्यकता है। खेद है, ड्यूक को यह औषधि पसन्द नहीं, पर तुम्हें तो इससे कोई परहेज नहीं, सत्तर वर्ष के युवक कहो, क्या तुम्हें कोई परहेज है ?"

"सत्तर का नहीं, साहब, केवल अड़सठ का हूँ। आप कितने दयालु हैं। आप तो मुझे अमृत दे रहे हैं, मैं कैसे इनकार कर सकता हूँ ? आपके हाथों से मैं विष भी इनकार नहीं कर सकता।"

औपचारिकता हेतु की गई निराधार बातों का सिलसिला जब खत्म हो जाता तो वह अपनी जेब से एल्युमिनियम का एक प्याला निकालता, उसमें मदिरा लेता और एक ही घूँट में उसे खाली कर देता।...फिर कुछ समय तक वह अपनी मूँछों से लगी मदिरा को चूसता रहता।

रात में बहुत देर तक वह बैठा रहता, जब तक नशे से उसका चेहरा दमकने नहीं लगता और उसकी गपशप खत्म नहीं हो जाती, गपशप और मदिरा का यह क्रम चलता रहता। वह हमारे घर हर चौथे दिन आता था, कहने के लिए वह घोड़े की काठी, उसके अन्य साजोसामान व जूतों के सम्बन्ध में पूछने के लिए आता था किन्तु उसके आने का यथार्थ कारण गपशप करना और अपनी बूढ़ी हड्डियों को गर्म करना (उसके अपने शब्द) होता था। नियमित दिन पर उसके न आने से हमें उसके स्वास्थ्य के सम्बन्ध में चिन्ता होने लगती थी, और उसी तरह उसके अनिश्चित दिन पर आने से मन में कई प्रकार की शंकाएँ पैदा होती थीं। हम लोगों, तरुण बालक और बालिकाओं के लिए उसका अनिश्चित समय पर आना उत्सुकता और उत्तेजना का विषय होता था क्योंकि वह प्रायः हमारे लिए विशेष समाचार व गपशप लेकर आता था।

एक दिन चाचा डंका सुबह उस समय आ गया जब मैं बिस्तर में ही था। उस दिन बहुत ठंड थी, कोहरा छाया हुआ था, तुषार के नुकीले कण उसकी दाढ़ी और मूँछों से लटक रहे थे। अपनी बिखरी हुई दाढ़ी के साथ वह ऐसा लग रहा था जैसा क्रिसमस-डे पर क्रिसमस फादर—दिन-भर उपहार बाँटने के बाद थका-हारा और सर्दी से सिकुड़ा हुआ।

मैं उसे अपने कमरे में ले गया, मदिरा डालकर उसे एक प्याला गर्म चाय दी। उससे उसकी जबान खुली और वह बक-बक करने लगा।

उसने बताया कि पिछली रात साम्बर के एक जोड़े ने उसके खेत की सारी फसल नष्ट कर डाली, फसल खाकर खत्म कर दी है, उसमें मई के महीने में काटने के लिए कुछ भी नहीं बचा।

वह रुँधे कंठ से बोलता गया, "गेहूँ घुटनों तक हो गया था, उसकी बालें घनी और गहरे रंग की थीं। मुझे आशा थी कि इस बार फसल बहुत अच्छी होगी; मैं साहूकार के ऋण का बहुत-सा अंश चुका पाऊँगा, और उसके बाद भी मेरे पास इतना अनाज

बच जाएगा कि मैं खरीफ की फसल तक अपना निर्वाह कर लूँगा। अब मेरा क्या होगा ?...मैं कैसे जमींदार को भूमि-कर दे पाऊँगा और कैसे सरकारी कर चुकाऊँगा ? साहूकार को मैं पहला ऋण तो दे नहीं पाऊँगा और उससे और ऋण माँगना पड़ेगा।...क्या वह मेरा विश्वास करेगा ?...ओह भगवान ! मैं क्या करूँ ?...लोग अब हाथों के बने जूते खरीदते नहीं। वे मशीनों से बने भद्दे जूते पहनना पसन्द करते हैं। मैं पिछले छः महीनों में आधा दर्जन से अधिक जूता-जोड़ी नहीं बेच पाया। क्या छः जोड़े जूतों की कमाई पर, एक महीने के लिए भी बारह भूखे आदमियों का पेट पाल सकता है ?''

मैंने उसे बीच में टोकते हुए कहा, ''चाचा, तुम साम्बर की बात कर रहे थे। वे कहाँ हैं ?''

''हाँ, साम्बर,'' चिन्ताग्रस्त आँखों और उदासीन आवाज में वह बोला, उस समय वह ऐसा लग रहा था जैसे अपनी झोंपड़ी के द्वार पर वह भूखे भेड़िए की आवाज और बेलिफ के पैरों की आहट सुन रहा था। ''उन धूर्तों ने मेरी फसल नष्ट कर डाली है। एक घंटा पहले ही मैंने उन्हें खेत से खदेड़कर टिबरी में भगा दिया है।''

टिबरी हमारे घर से एक मील से भी कम दूर थी। वह हमारी निजी शिकारगाह थी। उसकी चढ़ाई हमारी कृषि-भूमि के किनारे-किनारे से आरम्भ होती थी, और हल्के-हल्के उतार-चढ़ाव के साथ ऊपर धार पर पहुँच जाती थी। उसकी धार एक मील लम्बी और आधा मील चौड़ी थी और प्रायः समतल थी। वह क्षेत्र घनी झाड़ियों का जंगल था; उसमें बहुत से लाल मुर्गे, काले तीतर, मोर और काकड़ थे। उसमें जंगली रीझ, साम्बर, और यदाकदा बघेरे भी आ जाते थे, और बहुत वर्ष पहले उसमें शेर भी आ जाया करते थे।

वे साम्बर टिबरी की सुरक्षा में चले गए थे। मेरे लिए पिताजी से वहाँ पर शिकार की अनुमति प्राप्त कर लेना आसान नहीं था। मैंने माँ से अनुरोध किया कि वह मुझे उनसे अनुमति दिलवा दें। बहुत अनमने मन से वह राजी हो गईं। मेरे पिता इसके लिए तैयार नहीं थे किन्तु वह कठोर दिल भी नहीं थे। अस्वस्थ होने के कारण मैं बहुत समय से शिकार करने नहीं गया था और बहुत उदास रहता था। इन्हें देखते हुए, उन्होंने माँ के कहने से अनुमति दे दी।

बन्दूकों की अलमारी में से जो पहली बन्दूक मेरे हाथ लगी, मैंने उठा ली, और अलमारी की दराज से चार गोलियाँ भी ले लीं, और चाचा डंका के पास पहुँचने के लिए मैं जल्दी से बाहर निकल गया। मैं अपने कपड़े व जूते बदलने के लिए भी कमरे में नहीं रुका। जो बन्दूक मेरे हाथ में आई थी वह कोम्बीनेशन बन्दूक थी जिसकी बाईं नली .500 एक्सप्रेस राइफल थी और दाईं नली .12 बोर स्मूथ, और उसका चैम्बर सवा तीन इंच का था। मेरे पिता की बहुत मनःपसन्द बन्दूक थी जिससे उन्होंने भारत में और अफ्रीका में अनेक प्रकार के जानवरों का शिकार किया था।

गाँव से हँकारों को इकट्ठा करने में और उन्हें हाँके का उद्देश्य और गतिविधियों

के समझने में जो समय लगा, उतने में कोहरा छट गया था। टीन की छतों, पेड़ों के शिखरों और धरती पर पाले की जो सफेद चादर छाई हुई थी, उसमें भी फटन आ गई थी; पाले के पिघले हुए जल-कणों में शीत से काँपते हुए सूर्य की लाल प्रतिछाया झिलमिला रही थी।

अपने आपको घुटनों तक ऊँची घास में चलने के कष्ट से तथा खेती पर पड़ी ओस से भीगने से बचाने के लिए मैं कृषि-भूमि के किनारे की मेंड़ पर चलने लगा। इससे मुझे खड़ी फसल में चलना नहीं पड़ा और हम उस खड्ड में पहुँच गए जो टिबरी के सामने थी। मैं वहीं पर एक चट्टान के पीछे बैठ गया और हँकारों को साम्बर को निकालकर खड्ड में ले आने के लिए सीधे पहाड़ी पर भेज दिया।

सूर्य उदय हो चुका था, तथापि खड्ड में अँधेरा था और बहुत ठंड थी। सामनेवाली पहाड़ी ने सूर्य के प्रकाश को खड्ड में आने से रोक रखा था। आकाश में सूर्य इतना ऊँचा नहीं उठा था कि वह पहाड़ी की ओट में स्थित खड्ड को प्रकाशमान् कर सकता। घास पर बिछे हुए मकड़ियों के जाले अभी तक ओस-रूपी मोतियों से सुशोभित नहीं हुए थे क्योंकि घास पर अभी भी पाला पड़ा हुआ था। छपके अपनी ऊँची आवाज में चौक-चौक कर रहे थे मानो उन्हें इस बात का विश्वास नहीं था कि रात बीत चुकी है। लेकिन सारिका नामक पक्षी अपनी मधुर आवाज में आनन्दपूर्वक बोल रहे थे और जंगल के लाल मुर्गे भी अपनी ऊँची आवाज में प्रभात के आगमन का स्वागत कर रहे थे।

हाँका शुरू हुआ, मुझे हँकारों का शोरगुल सुनाई पड़ रहा था; वह पहले मन्द था और फिर पहाड़ी के पार से काफी ऊँचा सुनाई पड़ने लगा। वे जितना मेरी और पहाड़ी की ओर आते गए उतना ही उनका शोरगुल ऊँचा होता गया, और उसी के अनुरूप मेरी उत्तेजना में भी वृद्धि होती गई। नीचे खड्ड में खड़े, ठंड से ठिठुरते और उत्तेजना से जलते हुए मुझे ऐसा कुछ लगा कि घनी काँटेदार घास और उलझी हुई झाड़ियाँ हाँके की प्रगति में बाधा डाल रही थीं। भारी बन्दूक की ठंडी स्टील मेरी उँगलियों को गहरी चोट पहुँचा रही थी और ओस से भीगे मेरे जूतों से मेरे पैरों की सुन्न हुई उँगलियों में पीड़ा हो रही थी।

पहाड़ी पर उनका शोर ऊँचा और स्पष्ट हो गया। उनमें से मैं कुछ आवाजों को पहचान भी रहा था। तभी एक हँकारा पर्वत की धार पर दिखाई दिया और उसके पीछे अन्य हँकारे भी जल्दी ही सामने आ गए। वे एक पंक्ति में उस क्षेत्र की पूरी चौड़ाई में फैले हुए थे। वे रास्ते की सब घनी झाड़ियों को पीटते हुए, उनमें पत्थर फेंकते हुए और चट्टानों को उनकी ओर लुढ़काते हुए मेरी ओर बढ़ रहे थे।

मैं ठंड को और अपने हाथ-पैरों की कँपकँपी को भूल गया यद्यपि उस समय भी मेरे श्वासोच्छ्वासों की दूधिया भाप मेरी नासिकाओं के सामने तैर रही थी। हँकारों के शोर में मेरे हृदय की धड़कनों ने भी अपना शोर करना शुरू किया—लेकिन मुझे अपने हृदय की धड़कनों का शोर हँकारों के शोर से ऊँचा लग रहा था।

सामनेवाली घाटी से जंगली लाल मुर्गे और मोर एक साथ बाहर निकले और अपने

पंखों को फड़फड़ाते और कूकते हुए तेजी से पहाड़ी की ओट में चले गए। काले तीतरों का एक जोड़ा अपनी गर्दनें उठाए और पूँछें लटकाए तेजी से खड्ड में चला गया। सफेद कलगीवाले एक मोर ने अपनी गर्दन मोड़ी, कटाक्षभरी दृष्टि से इधर-उधर देखा और फिर मोरनी के साथ तीव्र गति से उड़कर उस चट्टान पर आ गए जिसके पीछे मैं बैठा था। मुझे देखते ही उन्होंने हवा में कलैया खाईं, मेरे मुँह पर हवा फेंकते हुए तेजी से उड़ गए। झाड़ियों के पीछे से उन्होंने जिंग-जिंग, घिच-घिच, जिंग-जिंग, घिच-घिच-घिच की आवाज में मुझे मन भरकर कोसा।

पहाड़ी पर हँकारों का शोर सहसा बढ़ गया, उसने कोलाहली उपद्रव का रूप ले लिया। उसकी प्रतिध्वनि जोर-जोर से हवा में गूँजने लगी। तभी धार के पास से मैंने एक साम्बर को झाड़ियों से निकल भागते हुए देखा; उसके पीछे-पीछे दूसरा साम्बर भाग रहा था। गिरती हुई चट्टानों की भाँति वे तेजी से भागते हुए पहाड़ी की ढलान से नीचे उतर रहे थे। जब तक मैं अपनी बन्दूक को उनकी सीध में लाता, वे रास्ते की एक झाड़ी के पीछे विलुप्त हो गए।

''आए, आए,'' हँकारे चिल्लाए। परन्तु कहाँ ?...मुझे वे कहीं दिखाई नहीं पड़े। ''होशियार रहना, होशियार रहना, वो आए।'' हाय भगवान, वो कहाँ...इससे पहले कि मेरे मन में यह वाक्य पूरा होता, खड्ड के एक किनारे से एक झाड़ी जोर से हिली और उसमें से एक बहुत बड़ा साम्बर अपने पूरे विस्तार में उछलता हुआ बाहर निकला। मैंने तुरन्त अपनी बन्दूक घुमाई और राइफल की साइट्स को उसकी सीध में लाया और उसकी छाती से आगे ले गया और निशाने को उसकी नासिका से दो फुट लेकर बन्दूक की लिबलिबी दबा दी। राइफल चलने की ऊँची आवाज हुई, साम्बर लड़खड़ाती टाँगों से भागता हुआ थोड़ा आगे गया फिर धड़ाम से धरती पर गिर पड़ा। उसी क्षण दूसरे साम्बर ने तेज भागते हुए खड्ड पार की। मैंने उस पर दूसरी नली की गोली चलाई जो बकशॉट थी, (प्रोपैलेंट के पाँच ड्राम चार्ज के ऊपर एस.जी. के बारह छर्रे)। वह सफल नहीं हुई। वह क्षण-भर के लिए नीचे गिरा; इससे पहले कि मैं बन्दूक को फिर भर पाता, वह मेरे पीछे की झाड़ियों में घुस गया।

मुझे चढ़ती हुई ढलान की झाड़ियों का इधर-उधर हटना और घास हिलना दिखाई दे रहा था, लेकिन साम्बर दिखाई नहीं दिया। वह बहुत झुककर, लगभग धरती के साथ लगकर तेजी से भाग रहा था। वह पचास गज से भी अधिक आगे निकल गया था और मुझे एक बार भी नजर नहीं आया था। उसकी पहली झलक मुझे उस समय दिखी थी जब वह निचली पहाड़ी को पार करने के बाद लगभग अस्सी गज दूर की एक चट्टान को पार करने का प्रयास कर रहा था। उस समय वह क्षण-भर, बस आँख-भर झपकने के समय के लिए वहाँ रुका था, मैंने उस पर बाईं नली की राइफल की गोली चलाई थी। गोली चलने से चट्टान के कुछ कण हवा में उड़े थे; स्पष्टतया मेरा निशाना चूक गया था।

मैं दो हँकारों को अपने साथ लेकर साम्बर की खोज में चल पड़ा। शेष हँकारों

को मैंने मृत साम्बर को गाँव ले जाने के लिए वहीं छोड़ दिया। घायल साम्बर जिस रास्ते से गया था, वह उसके रक्त के लाल छींटों से भरा पड़ा था। इस बुरी तरह से घायल होने पर भी वह हठी एक मील से अधिक चलता गया था, फिर घने वृक्षोंवाली तीखी चढ़ाई चढ़कर वह घनी झाड़ियों में घुस गया था।

इस सारे समय में उसने मुझे गोली चलाने का एक भी अवसर नहीं दिया। रक्त के बहुत बह जाने के कारण वह इतना कमजोर हो गया था कि उसे बीच-बीच में बैठना भी पड़ा था, तब भी इससे पहले कि मैं उसके निकट पहुँचकर उस पर निशाना ले सकता, वह उठकर भाग जाता था। मैं अपने साथ केवल चार गोलियाँ लेकर आया था और उनमें से मेरे पास केवल एक ही गोली बची थी, और उस .12 बोर की गोली में एस.जी. के छर्रे थे। उनकी मार का विस्तार लगभग तीस गज था, और उस साम्बर ने मुझे कभी भी अपने इतना निकट नहीं आने दिया।

साम्बर ने जिन झाड़ियों में आश्रय ले रखा था वह पहाड़ी के शिखर से बहुत नीचे तक फैली हुई थीं। सामने का झाड़ी-कुंज बहुत कुटिल और घुर्मीला था, वह साल-वृक्षों का एक घना जंगल था। उन वृक्षों के ऊपर माल्जूहान की बेलें लटक रही थीं। तरह-तरह की वनस्पति से भरा वह सारा क्षेत्र ऐसा था जिसमें सूर्य का प्रकाश भी प्रवेश नहीं कर सकता था। वहाँ के पेड़ों के तने पतले थे और पेड़ बहुत ऊँचे थे जिससे कि उन्हें जीवित रहने के लिए सूर्य का प्रकाश उपलब्ध हो सके। विपरीत दिशा की स्थिति उससे भी खराब थी। वहाँ घने व ऊँचे पेड़ों के नीचे मीलों तक अनेक प्रकार की अभेद्य झाड़ियाँ थीं जिनके अन्दर प्रवेश करना लगभग असम्भव था।

साम्बर को गन्ध, रक्त और पदचिह्नों के आधार पर मैं उसे खोजने का प्रयास करता रहा। अन्त में मैं बहुत थक गया और मुझे बहुत भूख लग रही थी। मेरे शयनकक्ष के नरम और नाजुक जूतों की धज्जियाँ उड़ गई थीं, मेरे कपड़े फटकर चीथड़े हो गए थे, पाजामे की कुछ धज्जियाँ काँटेदार झाड़ियों पर लटक रही थीं और कुछ फीते-से बनकर मेरे शरीर पर।

उस समय मुझमें साम्बर के रक्त और पदचिह्नों के आधार पर, घनी और उलझी हुई झाड़ियों के उस क्षेत्र में प्रवेश करने की शक्ति नहीं थी। इसके अतिरिक्त मुझे यह भी विश्वास नहीं था कि उस क्षेत्र में उसका पीछा करने से वह मुझे मेरी गोली की मार के अन्दर मिल भी पाएगा। इसलिए मैंने अपनी व्यूहरचना को बदलने का निर्णय लिया। उसके चिह्नों के सहारे उसका पीछा करने के स्थान पर मैंने उसके भाग निकलने के रास्ते से आगे जाने का निश्चय किया जिससे कि उसके झाड़ी-कुंज से बाहर निकलने पर उस पर निशाना ले सकूँ। मैंने अपनी यह योजना हँकारों को समझा दी और उन्हें उस टुकड़े में हाँका लगाने के लिए पीछे छोड़कर स्वयं झाड़ी-कुंज के किनारे-किनारे चलकर धार पर चढ़ गया। वहाँ पहाड़ी में बहुत से तीखे कट थे और उनके जोड़-तोड़ से वह अर्धवृत्ताकार बनी हुई थी। पानी से कटे हुए उस क्षेत्र को, जिसमें बहुत-सी झाड़ियाँ और घने वृक्ष थे, कादली वन कहते थे। उस वन में बहुत से वन-प्राणी, यहाँ तक कि शेर

भी हुआ करते थे।

उस पहाड़ी क्षेत्र की एक पतली-सी काट नीचे झाड़ी-कुंज के उस क्षेत्र तक जाती थी जहाँ साम्बर ने आश्रय ले रखा था। वह काट समतल भूमि के साथ लगी हुई थी जो करीब तीस गज लम्बी और दस गज चौड़ी थी। इस भूमि खंड के मध्य में, एक सिरे से दूसरे सिरे तक वन-प्राणियों के आने-जाने का एक पतला रास्ता था जो आगे जाकर जंगल में चला जाता था। उसी पथ के किनारे पर मैं उस स्थान पर बैठ गया जहाँ से वह गोल-सा मोड़ लेकर टूटती हुई धार की सीमा से पार चला जाता था। मेरे सामने लगभग तीस गज का टुकड़ा ऐसा था जो बिल्कुल सूखा, रूखा और नंगा था। वहाँ पर ऐसी नाटी झाड़ियाँ भी नहीं थीं जो उसकी रुक्षता को कुछ कम कर सकतीं। उस पर कहीं-कहीं नाममात्र को रूखी-सी घटिया घास दिखाई देती थी। ढलान के किनारे से दस गज दूर, वन-प्राणियों के पथ के बीच, भद्दे मस्से की तरह, ऊपर को उठी हुए एक बाँबी, अर्थात् दीमकों का घर था। मैंने मन-ही-मन यह निश्चय किया कि साम्बर अगर उधर से निकला तो मैं वहीं से उस पर निशाना लूँगा, उससे पहले नहीं।

वहाँ पर ऐसा कुछ नहीं था जिसके पीछे मैं छिपकर बैठ सकता। मेरे रात के सफेद कुरते-पैजामे के बचे-खुचे चिथड़े भी मुझे छिपाने में सहायक नहीं थे। इसलिए अपने आपको छिपाने के उद्देश्य से मैं धरती पर लेट गया जिसकी मिट्टी का रंग मेरे मैले-कुचैले कपड़ों जैसा मटमैला था। अपने आपको छिपाने का मेरा यह प्रयास अपने आपको धोखा देना था, यह ठीक वैसा ही था जैसा पत्र के नीचे लिखा हुआ, 'आपका हितैषी।' यहाँ साम्बर के निकलने की आशा थी, वह स्थान मुझसे लगभग दस गज दूर था। साम्बरों की दृष्टि इतनी कमजोर नहीं होती कि वह मुझे इतनी दूर से देख न सकता। परन्तु मेरे पास और कोई उपाय नहीं था। मेरे सामने केवल दो विकल्प थे– उसके आने की प्रतीक्षा करना या उसका विचार छोड़कर चले जाना। परन्तु मैं उस अवसर को कदापि छोड़ नहीं सकता था; मेरा उसे पाने का वह अन्तिम अवसर था। उससे आगे का वन घनी और उलझी हुई झाड़ियों का क्षेत्र था। अगर एक बार वह उसमें घुस गया तो उसे पा सकना असम्भव था। इससे भी अधिक कष्टकारी यह था कि उसे जीवित छोड़ देने के अर्थ उसे धीरे-धीरे घाव की पीड़ा के साथ मरने के लिए छोड़ देना था। मेरे लिए उसे उस अवस्था में छोड़ देने का विचार ही घृणित था। अतएव मैंने वहाँ बैठकर उसकी प्रतीक्षा करने का निर्णय लिया।

सूर्य अब सीधा सिर पर नहीं था, वह पश्चिम की ओर झुक गया था। उसकी सुनहरी किरणें पेड़ों व पर्वतों के शिखर पर तिरछी पड़ रही थीं। झाड़ियों और चट्टानों के नीचे सिमटी हुई उनकी प्रतिछाया अब धीरे-धीरे बाहर निकलने लगी थी। मेरी छाया भी धब्बे के रूप में मेरे पास अपनी उपस्थिति का परिचय दे रही थी।

मुझे वहाँ बैठे बहुत समय नहीं हुआ था जब हँकारों ने चिल्लाना शुरू किया, ''उठ गया, उठ गया, सीधा आ रहा है।'' क्षण-भर में वह ऊपर चढ़ आया और बाहर निकला, बंजर स्थल पर एक चौकड़ी भरकर वह सीधे मेरी ओर आने लगा। मैंने अपनी बन्दूक

तैयार कर रखी थी, उसे अपने कन्धे से लगा रखा था, उसकी लिबलिबी पर भी उँगली मोड़कर उस पर हल्का-सा दबाव दे रखा था।–उसने दूसरी चौकड़ी भरी, वह दीमकों की बाँबी के पास से निकलने ही वाला था जब मैंने उसके पीछे उतने ही बड़े और भारी जानवर को उसी पथ पर उछाल भरकर आते देखा, उस समय मैं अपनी बन्दूक की लिबलिबी पर अन्तिम दबाव देने ही वाला था, मैंने तुरन्त अपनी उँगली रोकी और उस आकस्मिक आगन्तुक पर नजर डाली। मैं उसे तुरन्त पहचान गया–वह शेर था। मैंने साम्बर से अपनी बन्दूक हटाई और उसे उस आकस्मिक आनेवाले की छाती की सीध में ले गया। जैसे ही वह थोड़ा बाईं ओर को होकर बाँबी के आगे निकला (उसी दिशा में जिस ओर साम्बर मुझे देखकर भाग गया था) मैंने बन्दूक की लिबलिबी पर आवश्यक दबाव दिया। मेरी बन्दूक चली, वह उछला, एक पलटी खाई, पीठ के बल नीचे गिरा और फिर उठकर पूरा बाईं ओर मुड़कर वन के किनारे आगे निकल गया। उसके बाद वह मुझे दिखाई नहीं दिया, धार से लगी घनी झाड़ियों ने मेरी दृष्टि रोक रखी थी।

उस समय की गर्मागर्मी में मैं यह समझ नहीं पाया कि वह स्थिति मेरे लिए कितनी संकटमय हो सकती थी। बिना कुछ सोचे-समझे मैं भागकर उस स्थान पर चला गया जहाँ पर वह पीठ के बल धरती पर गिरा था। धूप से तपती उस धरती पर एक हड्डी का छोटा-सा टुकड़ा, दो-एक चर्बी के टुकड़े और बहुत सारे खाल के बाल पड़े थे। उन्हें देखकर मैं बहुत प्रसन्न हुआ, उत्तेजित हो उठा और इतना प्रमत्त कि अपनी सुध-बुध खो बैठा।

एक बार मैंने एक धर्म-विशेष के पेशावर प्रवक्ता को अपने श्रोताओं से कहते सुना था–''आरम्भ में अज्ञान है और अन्त में भी अज्ञान। यह अटल सच्चाई है, इसका कोई विकल्प नहीं। ज्ञान की प्रावस्था क्षणभंगुर है, ज्ञान मन को भ्रम में डालनेवाला मायाजाल है। इसलिए इस पर भरोसा नहीं किया जा सकता। इससे बचकर रहना ही उत्तम है। जो मनुष्य ज्ञान का मार्ग अपनाते हैं, वे भ्रमों के मायाजाल में फँस जाते हैं और बहुत कष्ट भोगते हैं। वास्तव में ज्ञान से मोह करनेवाले का विनाश होता है, वह सदा के लिए भ्रमों में खो जाता है।''

'कैसी आनन्दमयी मूर्खता है यह !' मैंने मन-ही-मन कहा था। मैं नहीं जानता था कि उस धर्म के अनुयायी बनने के गुण मेरे मन में विद्यमान थे। इससे पहले कि मैं उस धर्म का अनुयायी बनता, उस शेर को देखते ही मेरी सारी बुद्धिमत्ता गायब हो गई। मैं बिल्कुल मूर्ख बन गया। उस धर्म की सच्चाई को सिद्ध करते हुए मैं हाथ में खाली बन्दूक लेकर, शेर का पीछा करने लगा। उसके रक्त-चिह्नों के साथ-साथ चलता हुआ मैं पहाड़ी के उस भाग पर पहुँच गया जहाँ अन्तिम बार मैंने उसे देखा था। वहाँ झाड़ियों में चढ़ते हुए मुझे छः हँकारे भी मिल गए। मैंने उन्हें सारी घटना कह सुनाई। वे डरे नहीं अपितु बहुत उत्साहित हो उठे। उन्होंने मुझसे जिस विश्वास का परिचय दिया, उसके आधार पर मैं कह सकता हूँ कि उस धर्म के अनुयायी बनने का अधिकार उन दोनों लड़कों, अर्थात् हँकारों को मुझसे कहीं अधिक था।

हमने अपनी खोज जारी रखी। हम कुछ ही कदम आगे गए थे कि हमें एक ताजी फटन दिखाई दी, वहाँ से बहुत-सी मिट्टी टूटकर खड्ड में गिरी थी। हमने सोचा कि वह शेर वहाँ से नीचे गिरा होगा और वह मिट्टी उसके लुढ़कने के साथ नीचे गिरी होगी। और वह फटन उसके गिरने का चिह्न था। हमने झाड़ियोंवाले क्षेत्र को छोड़कर लम्बा रास्ता लेना उचित समझा और उस लम्बे रास्ते से नीचे नाले में वहाँ उतर आए जो उस खड़ी चट्टान के बिल्कुल पास थी। हमने उस नाले को, और विशेषकर उसमें छिपनेवाले सब स्थानों को छान मारा, किन्तु शेर कहीं नहीं मिला, न जीवित और न मरा हुआ। उस फटन के पास नाले में एक बड़ी चट्टान उलटी पड़ी थी, और उसके ऊपर धरती के टूटने का एक ताजा निशान था। हमने सोचा कि वहीं से वह शेर रास्ते की झाड़ियों और घास को उखाड़ते हुए नीचे गिरा था, किन्तु हमें नहीं मिला।

हमें बहुत निराशा हुई। नीचे पड़ी उस चट्टान को देखकर हम धोखा खा गए थे, और सोचने लगे थे कि वह नाले में था। हमें यह बाद में पता चला कि वह चट्टान उसके अन्धाधुन्ध दौड़ने से उखड़कर नीचे गिरी थी। हम उसे नाले में खोज रहे थे जबकि वह पहाड़ी के शिखर पर था। मुझमें फिर से पहाड़ी के शिखर पर चढ़ने की शक्ति नहीं थी, फलतः इससे पहले कि मैं उसकी और खोज करता, मैंने भोजन करने के लिए और विशेषकर गोलियाँ लेने के लिए घर जाने का निश्चय किया।

मैं जैसे ही घर पहुँचा, पिताजी मुझे आँगन के फाटक पर मिल गए। मैंने उन्हें सारी घटना कह सुनाई; उसे सुनते ही वह आगबबूला हो उठे।

"बहुत बढ़िया इंसान हो तुम," उन्होंने कहा, "दूसरों को संकट में डालकर स्वयं भागकर घर आ गए।"

"परन्तु, पिताजी, वहाँ कोई नहीं था। केवल हम तीनों थे और हम आ गए हैं।"

"मूर्ख हो तुम, कैसे कह सकते हो अब वहाँ कोई नहीं है।...हो सकता है जब तुम वहाँ थे उस समय वहाँ कोई नहीं था...और अब वह समय है जब गाँव के लोग जंगल में ईंधन बटोरने और घास लेने के लिए जाते हैं। वह स्थान जम्बी गाँव से दूर नहीं है, वहाँ के चरवाहे अपने पशुओं को लेकर उस जंगल में जाते हैं। क्या तुम यह भी नहीं सोच सकते कि यदि कोई आदमी गलती से उस क्षेत्र में चला गया जहाँ तुम्हारा जख्मी किया हुआ शेर पड़ा है तो उसका क्या होगा।"

"लेकिन मुझे भूख लगी थी और मेरे पास गोलियाँ भी नहीं थीं।"

"मैंने आज तक नहीं सुना कि कोई एक समय भोजन न करने से मर गया हो," वे कहते गए। "तुम जो चाहो अपनी जिन्दगी के साथ कर सकते हो; इसकी तुम्हें पूरी आजादी है...चाहो तो आत्महत्या भी कर सकते हो।...यह तुम्हारी अपनी अकल है; किन्तु दूसरों की जिन्दगी से खिलवाड़ करने का तुम्हें कोई अधिकार नहीं।...और यही तुमने आज किया है। तुमने इस इलाके के सब लोगों को उस जख्मी शेर की दया पर छोड़ दिया है।...कैसा अनर्थ किया है तुमने ? यह बहुत शोचनीय है।...तुम्हारे कारण मैं बहुत लज्जित हूँ।"

"क्षमा करें, पिताजी।...मुझे ऐसा करना नहीं चाहिए था।" मैंने सच्चे मन से पश्चात्ताप व्यक्त करते हुए कहा।

"ठीक है," उन्होंने कुछ नरम स्वर में कहा, "तुम्हें ऐसा कभी नहीं करना चाहिए था।...जाओ और जाकर खतरे को खत्म करो जो तुमने दूसरों के लिए खड़ा कर दिया है।"

मेरे पश्चात्ताप व्यक्त करने से उनका क्रोध कुछ कम हुआ। वे मुझे अपने साथ अन्दर ले गए और मेरे लिए गोलियाँ छाँटने लगे, और कहा :

"याद रखो, जानवर से मारे जाना मनुष्य के लिए कोई गर्व की बात नहीं–शेर से मारे जाने में भी नहीं। मनुष्य की बुद्धि सब जानवरों से उन्नत है। किसी भी समस्या को सुलझाने में बुद्धि काम आती है, मांसल शक्ति नहीं। जहाँ तक मैं जानता हूँ, शिकार में जब भी कोई दुर्घटना होती है, उसका कारण शिकारी की अपनी नादानी होती है।"...कुछ रुककर वह फिर कहने लगे, "शेरों के विषय में आदिवासियों के विवेकपूर्ण और यथार्थवत् विचारों को तुम जानते हो न ?...उनका कहना है, शेर भारी शरीर की बिल्ली है–कुलीन और लजीली। इससे न कुछ अधिक और न कुछ कम।...किन्तु जब शेर घायल हो जाता है तो वह वैसा ही बन जाता है जैसी लोगों के मन में उसके प्रति धारणा है–अति भयंकर, भय का साकार रूप, खून का प्यासा, हत्यारा। उनका यह कहना बिल्कुल सही है, याद रखने योग्य है।...क्यों, है न यह सही ?

"अच्छा अब तुम जाओ, समय नष्ट न करो। अभी काफी दिन शेष है। मुझे तुम पर भरोसा है।...भरोसे को बनाए रखना।...मुझे आशा है कि तुम जल्दी ही लौट आओगे।...जल्दी आने की कोशिश करना।...हम आज जल्दी खाना खाएँगे। तुम्हारी माँ तुम्हारे लिए खास खाना बना रही है।...तुम्हारी मनपसन्द का खाना।"

"वह जो बना रही हैं, मैं उसका अनुमान लगा सकता हूँ, परन्तु उसके लिए बहुत प्रतीक्षा करनी होगी। स्वादिष्ट भोजन की प्रतीक्षा करने के स्थान पर, इस समय रूखी-सूखी रोटी ही अच्छी है।"

"तुम बेईमान हो, महा दुष्ट।" उन्होंने मुस्कुराते हुए कहा। "जाओ, इससे पहले कि मैं तुम्हारे कान ऐंठूँ, तुम यहाँ से भाग जाओ।"

मैंने मंगता को उसके घर से बुलवा भेजा। अपनी चिथड़ा कमीज के ऊपर खाकी जैकट पहन ली, बहन से खाने के लिए छोटी-मोटी चीजें लेकर उन्हें चुपके से अपनी जेबों में डाल लिया। गाँव से कुछ और हँकारे लिए और कादली वन में उस जख्मी शेर की खोज करने के लिए निकल पड़ा।

चाचा डंका बड़ी आयु के थे। परिस्थितियोंवश उन्हें कड़ा परिश्रम करना पड़ता था, तथापि उन्होंने हमारे साथ आने का हठ किया और हम सबसे आगे-आगे चलने लगे।

"मेरे जीवन के बहुत दिन बाकी नहीं हैं।–और मुझे इन्हें बढ़ाने की इच्छा भी नहीं

हैं।—आखिर जीवित क्यों रहना ?...किसके लिए ?...इस पीढ़ी के गँवारों के लिए जिन्हें अच्छे और बुरे जूता-जोड़ी में भेद करना भी नहीं आता !...नहीं, धन्यवाद; मैं और जीवित नहीं रहना चाहता, इसीलिए तो आप सबके आगे चल रहा हूँ। अच्छा है, शेर मुझे मार डाले। उसने यदि ऐसा किया तो वह मुझ पर उपकार करेगा, मैं उसका आभारी हूँगा।''

''परन्तु क्यों ?...इस संसार को छोड़ने के लिए तुम इतने उतावले क्यों हो ?''—शहाबुद्दीन ने कहा। वह हमारे गाँव का नाई था और हमारे साथ एक हँकारे के रूप में आया था। ''तब उन सब युवतियों का क्या होगा जो तुम्हारे पास जूतों के लिए आती हैं ?...तुम मर जाओगे तो वे क्या करेंगी ?''

''तुम इसकी चिन्ता मत करो। वे फैक्टरियों के बने सस्ते और चमकते हुए जूते ले लेंगी। शहरों में उनसे दुकानें भरी पड़ी हैं।''

जूते तो उन्हें अवश्य मिल जाएँगे और शायद तुम्हारे बनाए हुए जूतों से अच्छे।...तुम्हारे बनाए हुए भद्दे जूतों की चाह किसको है। वे तुम्हारे पास तुम्हारे ऐंठे हाथों के स्पर्श के लिए आती हैं, माप लेते समय उनकी नंगी टाँगों को तुम्हारा सहलाना अच्छा लगता है। इस सीधी-साधी निष्पाप खुशी से उन्हें वंचित मत करो। हाँ, हाँ, ऐसा मत करना।''

सब लोग जोर से हँस पड़े, चाचा डंका का तो हँसते-हँसते साँस फूल गया। फिर, वह झूठी-सी धमकी देते हुए कहने लगा, ''भेड़े मूँड़नेवाले, तू अपना मुँह बन्द रख।...जूता बनाना एक कला है, यह भेड़े मूँड़ने और कद्दू छीलने जैसा धन्धा नहीं है। और, तुम तो उसे भी ठीक तरह से करने में अक्षम हो। मेरे काम की बारीकी और गूढ़ता को तुम क्या जानो ?''

''हा-हा...हा, तुम मेरे धन्धे के बारे में बोल रहे हो। जरा अवसर तो दो और फिर देखो मेरी कला-कुशलता। मैं तेरे नारियल जैसे मुखड़े को चमकता हुआ टमाटर बना दूँगा, और वह मुफ्त, बिना कुछ लिए। आखिर तुम मेरे सबसे अच्छे मित्र जो ठहरे।''

''अवश्य ही, तुम अपने औजारों के साथ जादूगर जो हो ! तुम्हारी कार्यकुशलता को कौन नहीं जानता ?''

''एक बार अवसर देकर तो देखो। सच कहता हूँ, अपने चेहरे से मुझे यह जंगली घास निकाल देने दो। हो सकता है तुम ऊपर जहाँ जाना चाहते हो, वहाँ की युवतियों को सफाई अधिक पसन्द हो। वे अच्छी हजामत किए हुए चेहरों को पसन्द करती हों।''

''अच्छी हजामत की बात करते हो तुम !'' फिर अन्य साथियों को सम्बोधित करते हुए वह कहने लगा, ''क्या तुम लोग जानते हो यह अपने उस्तरे के साथ कितना कुशल है ?...जब कभी भी यह किसी की त्वचा पर अपना उस्तरा चलाता है, तो अपने हस्ताक्षर भी उसमें खोद देता है; उसके बाद खून रोकने के लिए उन घावों पर चूना पोत देता है जिसे यह सदा अपने साथ रखता है और उसे मलहम कहता है। हजामत करते हुए यह चेहरों पर घाव करता जाता है और उन पर अपनी मलहम लगाता जाता है जब

तक चेहरे सफेद मुखौटा नहीं बन जाते। आगे और सुनो, ग्राहक जब इसे मेहनताना देता है तो यह कहकर उसे लेने से इनकार कर देता है कि उससे अधिक खर्चा तो मलहम पर हो गया है; मेहनताने के साथ मलहम की कीमत भी तो मिलनी चाहिए, क्यों, है न यह बढ़िया बात ?"

इस प्रकार हँसते और मजाक करते हुए (सम्भवतः अपनी घबराहट को छिपाने के लिए) हम कादली वन के पास नीचे नाले पर पहुँच गए। वहाँ से हमने धार पर चढ़ना आरम्भ किया। चाचा डंका, जो पहले सबसे आगे चल रहा था, धीरे-धीरे पीछे होता जा रहा था। (शहाबुद्दीन का कहना था कि इसका कारण उसकी वृद्धावस्था थी, भीरुता नहीं)। जब हम धार पर पहुँचे उस समय चाचा डंका सबसे पीछे था और वह भी बहुत अन्तर पर।

हम सीधे उस स्थान पर गए जहाँ शेर को मेरी गोली लगी थी। हँकारों को मैंने दीमकों की बाँबी पर छोड़ा और स्वयं यह निश्चित करने के लिए कि शेर किस ओर गया था, मैं आगे गया। मुझे उसके रक्त-चिह्न मिले लेकिन वे बाँबी से बहुत दूर तक नहीं थे। रक्त लाल था और काफी मात्रा में था। इससे व्यक्त होता था कि गोली उसके फेफड़े पर लगी थी। वह रक्त फेफड़े का था। यदि रक्त उसके शरीर के पिछले भाग का होता तो वह पतला और लिसलिसा होता और यदि वह अन्तड़ियों का होता तो वह गुलाबी रंग का रिसता हुआ होता। मैं इस बात का अनुमान नहीं लगा पाया कि वह घाव कैसा और कितना गम्भीर था। किन्तु यह निश्चित था कि गोली उसके फेफड़े पर लगी थी। और उसकी मृत्यु होनी निश्चित थी, वह जल्दी भी हो सकती थी और कुछ समय बाद भी। मैं यह भी कह सकता था कि उसकी मृत्यु श्वास रुकने से होगी। फेफड़े के अतिरिक्त यदि उसके कन्धे की हड्डी भी टूटी थी (जैसा हड्डी के उस टुकड़े से लगता था जो बाँबी के पास मुझे मिला था) तो उत्पात करने की उसकी क्षमता बहुत कम हो गई थी। इसके अतिरिक्त, मुझे यह भी लग रहा था कि उसने आश्रय निकटवर्ती धार पर ही लिया होगा क्योंकि उस चोट के लगने के बाद उसके लिए तीखी चढ़ाई चढ़ना कठिन था। वह रेंगते हुए हल्की चढ़ाई तो चढ़ सकता था किन्तु वह भी इस पर निर्भर करता था कि उसके कन्धे की चोट कैसी थी।

मैंने उस स्थिति के धनात्मक और ऋणात्मक, दोनों पहलुओं पर गम्भीरतापूर्वक विचार किया और धार के नीचे के नाले की ओर से हाँका लगवाने की योजना बनाई। मैंने अपने लिए वहीं पर, धार के नीचे, नाले के निकट बैठने का निर्णय लिया। इस योजना से हँकारों के लिए संकट की सम्भावना न्यूनतम हो जाती थी, क्योंकि झाड़ियों के वन में प्रवेश किए बिना ही वे उस क्षेत्र को पूरी तरह से छान सकते थे। किन्तु हाँका लगवाने से पूर्व मैं विश्वसनीय रूप से यह जान लेना चाहता था कि वह शेर था कहाँ। क्या वह झाड़ी-वन में छिपा बैठा था या धार के किसी अन्य स्थान पर।

मेरे सामने, मुझसे लगभग तीस गज पर, धार में एक तीखा मोड़ था जहाँ से झाड़ियों से ढकी एक फटन धीरे-धीरे नाले पर उतरती थी। उसने उस भ्रान्तिपूर्ण स्थान

को और भी उलझा रखा था। वह स्थान ऐसा, जहाँ शेर धार से नीचे आकर आश्रय ले सकता था। उस मोड़ को ध्यान से देखे और समझे बिना यह कहना कठिन था कि शेर किस दिशा में गया था। इस जानकारी के बिना हाँका खतरनाक हो सकता था; और कुछ नहीं तो वह समय का अपव्यय अवश्य था, और मेरे पास समय बहुत कम था।

धार का उस मोड़ तक का क्षेत्र वनस्पति से रिक्त था। वहाँ पर केवल भाभर घास के कुछ छितराए हुए गुच्छे थे और वे भी ऐसे थे मानो जीवित रहने के लिए संघर्ष कर रहे हों। वह पतली, लम्बे तन्तुओंवाली भाभर घास यद्यपि किसी भी मनुष्य को तेज-तेज चलने के लिए ललचा सकती थी, वह खरगोश से बड़े किसी भी जीव को छिपा नहीं सकती थी। धार पर रक्त की मात्रा बहुत थी, मैं रक्तचिह्नों के साथ-साथ चलता गया, जानवरों के आने-जानेवाले पथ पर उसका छिड़काव केवल एक ही दिशा में था। इससे पता चलता था कि गोली उसको लगी थी, उसके शरीर के अन्दर गई थी किन्तु वह दूसरी ओर से बाहर नहीं निकली थी। मैंने वह मोड़ पार किया, और थोड़ा-सा आगे जाने के बाद वे रक्तचिह्न गायब हो गए। 'तो क्या वह वहाँ से नीचे झाड़ी-वन में चला गया था ?'...मैं सोचने लगा।...मैं कुछ कदम नीचे की ओर गया और रक्त-चिह्नों को खोजने लगा, परन्तु वे वहाँ नहीं मिले। मैं लौटकर ऊपर आ गया और वहाँ भी रक्त-चिह्न कहीं नजर नहीं आए। क्या विचित्र बात है !–वह गया तो किधर गया ?...धरती तो निगल नहीं सकती।...हो सकता है, रक्त बहना बन्द हो गया हो परन्तु इतनी जल्दी कैसे ?...कुछ ही कदम पीछे वह इतना अधिक था और इतने जोर से बह रहा था...शायद चर्बी के टुकड़ों ने घाव का मुँह बन्द कर दिया हो और रक्त के प्रवाह को रोक दिया हो, परन्तु ऐसा होता तो नहीं।

मैं धार पर निरुत्तर खड़ा रहा, और मन-ही-मन रक्तचिह्नों के विलुप्त हो जाने के कारण को सोचने लगा। मेरे आसपास पूर्ण मौन था, सबकुछ शान्त था, हवा भी स्थिर थी। सन्ध्या समय के सूर्य की तिरछी किरणें आनेवाली रात्रि के शीत को रोकने का विफल प्रयास कर रही थीं, तभी सहसा हवा का एक झोंका आया, उसने पहले पेड़ों के शिखर को हिलाया और फिर मेरी नासिकाओं को स्पर्श किया; मुझे एक धक्का लगा। वह गन्ध तेज थी, मेरी जानी-पहचानी थी, वह गन्ध शेर की थी।

मुझे शेर के वहीं कहीं बहुत निकट होने का सन्देह हुआ। मैं बिना पीछे मुड़े, तैयार बन्दूक को हाथ में थामे उलटे पाँव चलते-चलते पीछे हटा। मुझे लगा कि वह किसी भी क्षण मुझ पर आक्रमण कर सकता है, अथवा वह वहीं कहीं मरा पड़ा है। उस स्थिति में मेरे लिए असावधान होने का प्रश्न ही नहीं था। गिरने के भय से मैं अत्यधिक सतर्कता के साथ गड्ढों और घास के रेशों से अपने आपको बचाते हुए, उलटे पाँवों से चलता हुआ मोड़ पर पहुँच गया। क्षण-भर के लिए मैं वहाँ रुका, इधर-उधर देखा और फिर पीछे पलटकर भागता-भागता बाँबी पर पहुँच गया। मैंने हँकारों को अपने सन्देह के सम्बन्ध में बताया, उन्हें वहीं खड़े रहने के लिए कहा। मंगता और मैं स्थिति का संवेक्षण करने के लिए आगे गए। हँकारे मुझसे सहमत नहीं थे। उनका कहना था

कि शेर जीवित नहीं है, यदि वह जीवित होता तो मुझे कभी भी अपने निकट इतना न आने देता कि मैं उसे सूँघ सकता।

मेरे रोकने पर भी वे सब मेरे साथ चल पड़े; मैं सबसे आगे था और मंगता मुझसे दो गज पीछे किन्तु तेज-तेज चलते हुए वह औरों से दस गज आगे हो गया। चाचा डंका सबसे पीछे था और वह भी बहुत अन्तर पर। मैं मोड़ से लगभग बीस गज ही आगे गया था जब वह दुर्गन्ध बहुत तेज हो गई थी–लगभग असहनीय। मंगता उस समय मुझसे करीब पाँच गज पीछे था। चाचा डंका को छोड़कर अन्य सब हँकारे, घबराहट के कारण झुरमुट बनाकर मोड़ के पास खड़े थे। मैंने एक कदम और लिया और एक गड्ढे के किनारे के पास पहुँच गया। वह गड्ढा मेरे रास्ते के बीचोंबीच था और ऊपर से लटकती हुई भाभर घास के गुच्छों से ऐसा ढका हुआ था कि किसी को उसके होने का सन्देह भी नहीं हो सकता था। वह केवल उसी दिशा से दिखाई दे रहा था जिधर मैं खड़ा था। वह सीधा छः फुट गहरा था और उसका निकटवर्ती किनारा मुझसे पाँच फुट दूर था। वहाँ पर गन्ध असहनीय थी। इसलिए उस गड्ढे का अच्छी तरह से संवेक्षण करना जरूरी था। मैं उसके किनारे के निकट गया और कमर झुकाकर, अपनी बन्दूक की नली से उसकी घास को इधर-उधर हटाया और उसमें झाँका। वहाँ पर मुझे शेर लेटा हुआ दिखाई दिया। मैंने अपना एक पैर किनारे पर रखा और अपना सन्तुलन बनाए रखने के लिए दूसरे पैर को पीछे टिकाया, और उसमें झुककर देखा। उसमें झुककर देखते ही मैं खुशी से चिल्ला उठा, "शेर यहाँ है, यहाँ नीचे इस गड्ढे में, मरा पड़ा है।"

मेरे वाक्य के अन्तिम शब्द अभी मेरे अधरों पर ही थे कि मेरे अगले पैर के नीचे से गड्ढे का किनारा टूटा और नीचे गड्ढे में जा गिरा। यदि मैंने अपने दूसरे पैर पर अपने शरीर का वजन न डाल रखा होता तो मैं सीधे नीचे गिर सकता था। मैं गड्ढे के किनारे पर गिरा और मेरे पैर के नीचे से टूटे किनारे की ढेर सारी मिट्टी शेर के ऊपर जा गिरी। वह गरजा–अत्यन्त भयंकर, खून सुखा देनेवाली गर्जन जिसने मेरे आस-पास की धरती हिला दी। मैं बिना सोचे-समझे प्रतिवर्तित रूप से उस गड्ढे के किनारे पर गया, अपनी बन्दूक की नली को गड्ढे में झुकाया और लिबलिबी पर मुड़ी उँगली से उसे जोर से दबाया। मेरी ये सारी क्रियाएँ अनैच्छिक थीं, जो त्वरित रूप से अपने आप होती गईं। इन्हें करने में मेरी इच्छा या चेतना का कोई हाथ नहीं था। मुझे बन्दूक के चलने की आवाज सुनाई नहीं पड़ी। यह कहना कठिन है कि उसका कारण घबराहट थी या शेर की ऊँची गर्जन। लेकिन मेरी बन्दूक मेरे हाथ में उछली थी, उससे लिबलिबी पर लगी मेरी उँगली पर चोट भी लगी थी और मेरी फैली हुई बाँहों को पीछे किया था।

मेरी बन्दूक से एस.जी. की गोली उसकी पीठ पर लगी थी, बन्दूक की नली उसके शरीर को लगभग स्पर्श कर रही थी। (इससे व्यक्त होता है कि मेरी गोली उस पर उस समय लगी थी जब मिट्टी के ढेलों से विचलित होकर वह उठकर बैठ गया था)। गोली

ने उसकी सुषुम्ना के निचले भाग पर आघात किया था और उससे उसके शरीर के पिछले भाग को लकवा मार गया था। वह कुत्ते की भाँति पैरों पर उठकर बैठा हुआ था। उसका दायाँ कन्धा जो मेरी पहली गोली से टूट चुका था, उसके वजन को सँभाल नहीं सकता था। उसने अपने अगले पंजे नीचे डाल दिए और क्रोधभरी गर्जनों से हवा को चीरने लगा।

जिस व्यक्ति ने शेर को क्रोध में गर्जते नहीं सुना, वह उसकी तीक्ष्णता और भयप्रदता की कल्पना भी नहीं कर सकता; उस समय ऐसा लगता है कि पैरों के नीचे धरती हिल रही है। उसकी गर्जनों में जो उग्रता, क्रूरता, उत्पात-क्षमता और भयप्रदता होती है, शब्द उसके छोटे से अंश को भी व्यक्त नहीं कर सकते। वह बादलों की गड़गड़ाहट की तरह वायुमंडल में गूँजती है, और तूफान की तरह वायु को पीटती हुई चारों ओर फैल जाती है—उसकी गर्जनों के तूफान की राह में जो भी आता है, चूर-चूर हो जाता है।

मैंने जल्दी से अपनी टाँगें सीधी कीं और अपनी बन्दूक को उसके सिर की सीध में लगाकर अपने आपको बैठने की स्थिति में ले आया। मैं जानता था कि वह अपनी जगह से हिल नहीं सकता। उसकी क्रोध से भरी नीली आँखें मुझ पर लगी हुई थीं, प्रत्येक गर्जन के साथ उसके मुँह से रक्त का स्राव हो रहा था और उसके छींटे मेरी बन्दूक की नली पर पड़ रहे थे।

तभी पास से एक गोली चली और मेरे निकट धरती पर आ लगी, मैं बाल-बाल बचा। मैंने इधर-उधर देखा और मुझे एक बहुत ही वाहियात दृश्य देखने को मिला। बहुत से हँकारे, झुंड में एक रुणी वृक्ष के नीचे खड़े थे। जब उस वृक्ष पर करीब आधे दर्जन हँकारे चढ़ जाते थे तो वह वृक्ष उनके बोझ से नीचे झुक आता था। उस समय उस वृक्ष की ऊपर की शाखाओं पर बैठे हँकारे नीचे गिर पड़ते थे। वजन कम होते ही वृक्ष ऊपर को उठता और नीचे की शाखाओं पर चढ़े हुए हँकारे ऊपर चढ़ने लगते; पेड़ फिर नीचे झुक आता और ऊपर की शाखाओं पर बैठे हँकारे धरती पर गिर जाते और दूसरे उस पर चढ़ने लगते। यह आपाधापी और झपटा-झपटी का खेल, बच्चों के पार्क का मैरी-गो-राऊंड व सी-सौ की तरह चल रहा था, देखने में वह जितना निकम्मा और भद्दा था, उतना ही हास्यप्रद भी था। उन हँकारों में एक के पास मज्ज़ल-लोडिंग बन्दूक थी। इस झपटा-झपटी में वह उसके हाथ से छूट गई और गोली चल गई। मेरे लिए वह घटना प्राण-घातक हो सकती थी, पर मैं बच गया।

इतने में गर्जनें और अधिक ऊँची और उग्र हो गईं। उसकी आँखों की क्रोधाग्नि भी बहुत बढ़ गई। तब सहसा वह अपने पंजे पर झपटा और उसमें उसने अपने भयंकर दाँत घुसा दिए और उसे चूर-चूर कर डाला। वह दृश्य बहुत ही भयानक था। मुझे लगा जैसे कोई ठंडी वस्तु मेरी रीढ़ की हड्डी को नोच रही है, मैं सिर से पाँव तक काँप गया। मैंने जल्दी से अपनी बन्दूक की दूसरी नली से .570 एक्सप्रेस कारतूस की .500 ग्रेन की गोली उसके सिर के निकट चला दी। अढाई टन की शक्ति से वह भारी हथौड़े की तरह उसके सिर पर लगी और उसे चूर-चूर कर डाला।

उसके शरीर के अन्तिम संकोच जल्दी खत्म हो गए। मैंने पुकारकर हँकारों को बताया कि वह मर गया है, परन्तु ऐसा लगा कि किसी को उस सूचना में रुचि नहीं थी। मैं दोबारा चिल्लाया जिससे कि वे मेरी आवाज सुन लें, लेकिन किसी ने परवाह नहीं की। मैंने फिर पूरी शक्ति से चिल्लाकर उन्हें पास आने को कहा, कोई नहीं आया।

मैं अधीर हो उठा, गड्ढे में कूदा, उसकी दुम को पकड़ने की कोशिश करने लगा जिससे कि उसे हिलाकर मैं उन्हें विश्वास दिला सकूँ कि वह मर चुका है।... अविश्वसनीय ! उस शेर की दुम थी ही नहीं। दुम के स्थान पर एक तुच्छ-सा ठूँठ था–मुश्किल से एक फुट लम्बा।...'यह क्या ? इसकी दुम को क्या हो गया ? कहीं मैंने अपनी गोली से उसे काट तो नहीं डाला...यह बुरा हुआ, इतना बड़ा शेर–अपनी जाति का एक अनूठा प्रतिरूप, और मैंने उसकी सुन्दरता बिगाड़ दी।' मैं इस सोच में पड़ा था।...'पर नहीं, उस ठूँठ के नीचे कोई ताजा घाव नहीं था, वहाँ तो केवल एक पुराने घाव का चिह्न था–भद्दा, कठोर और एक रुपए जितना बड़ा जो बहुत समय पहले ठीक हो चुका था'। तब एकाएक मुझे याद आया, कि जो शेर मेरे पैरों के पास पड़ा है, वह और कोई नहीं, लैंडा है। वह खून का प्यासा जालिम लैंडा है जिसने अनेक लोगों की हत्याओं के साथ मेरे मित्र बारू की भी हत्या कर रखी थी।

हमने दो स्ट्रैचर बनाए, एक लैंडा को उठाकर घर ले जाने के लिए और दूसरा चाचा डंका के लिए। मृत्यु चाहनेवाला वह बहादुर शेर की पहली गर्जन सुनते ही अपना होश-हवास गँवा बैठा था। वह डर के मारे एक ऊँची चट्टान से नीचे कूद गया था जिससे उसके कूल्हे की हड्डी विस्थापित हो गई थी और कुछ पसलियाँ भी टूट गई थीं।

काकड़ और बघेरों की रति-क्रीड़ा

दोपहर का समय था; सन्ध्या होने में, जो मेरे लिए विशेष आनन्द के क्षण लिए हुए थी– अभी दो घंटे बाकी थे। मैं पहाड़ी के शिखर पर अकेला था, उसकी धार कुछ अस्वाभाविक थी, वह घोड़े की काठी की तरह बीच में कुछ चौड़ी और झुकी हुई थी, अर्थात् वह तश्तरीनुमा आकृति में फैली हुई थी। धार का क्षेत्र काफी बड़ा था और वह घनी झाड़ियों से ढका हुआ था, वहाँ पर करौंधे की उलझी हुई झाड़ियाँ, भाभर घास, कुछ वनस्पतिरहित छोटे-छोटे सूखे स्थल और नंगी चट्टानें थीं। उनके बीच कहीं-कहीं साल के पुराने एवं ग्रन्थिकार पेड़ भी थे।

मैं वहाँ एक काकड़ की खोज में गया था जिसे मैंने एक दिन पहले उस समय देखा था जब मेरे कुत्ते, बिजली ने उसे झाड़ियों में से निकाला था। उसने मुझे पहली नजर में, आँख-भर झपकने की अवधि में ही, मुग्ध कर लिया था। मैं उसकी सुन्दरता पर मदहोश हो गया था।

कैसे बताऊँ वह कितना सुन्दर था ! वह अत्यन्त सुकुमार, और मनमोहक था। कन्धे तक उसकी ऊँचाई लगभग दो फुट होगी और उसका वजन करीब चालीस पौंड। उसके शरीर का रंग कत्थई था, पीठ पर गाढ़ा और नीचे कुछ पीला-सा। उसके चेहरे और टाँगों का रंग हल्का भूरा था। उसके दोनों सींगों के डंठलों में (सिर के निकट का सींघों का वह भाग जिस पर त्वचा होती है) एक-दूसरे के आमने-सामने एक-एक काली धारी थी जो डंठलों से नीचे सिर तक जा रही थी। उसकी ठुड्ढी, कंठ के ऊपर का भाग, पेट का पिछला भाग, जाँघों के अन्दर की तथा दुम के नीचे की त्वचा का रंग सफेद था। उसके प्रत्येक खुर के ऊपर टाँग की सामने की ओर सफेद धब्बा था।

उसके शरीर का सबसे आकर्षक भाग उसके दो छोटे-छोटे सींग थे जो उसकी सिर की आधी लम्बाई से बड़े नहीं थे। वे नुकीले सींग भूरे रंग के थे और उनके ऊपरी सिरे एक-दूसरे की ओर झुके न्यूनकोण बना रहे थे। उसके सींग पतले लम्बे बालोंवाले सींग-डंठलों पर खड़े थे। उन डंठलों की लम्बाई भी लगभग उतनी ही थी जितनी उसके सींगों की। वे डंठल नीचे कपाल के सामनेवाली अस्थि से लगे हुए थे और माथे की मध्यरेखा की ओर झुके हुए थे, किन्तु वे एक-दूसरे से मिलते नहीं थे। काकड़ के बड़े-बड़े दाँत भी थे जो ककड़-जाति की निजी विशेषता है। (कस्तूरी मृग की भी)। वे दाँत बहुत बड़े और भयंकर थे। वे कृपाण जैसे थे और ऊपर के जबड़े से निकलकर निचले होंठ

से बहुत आगे बढ़े हुए थे। चेहरे की खड़ी रेखाओं और झुर्रियों ने उसके मुख को जो निर्दोषिता और भोलापन दे रखा था, वह इन दाँतों की भीषणता को काफी कम करता था। इन सबका मिला-जुला प्रभाव बहुत आकर्षक और मनोहर था।

मेरे कुत्ते बिजली ने जब उसे घनी झाड़ियों में से निकाला था, वह अपने दाँतों से बकवादी खड़खड़ाहट करते हुए (जो उस जाति की निजी विशेषता है), अपने सिर को नीचा और शरीर के पिछले भाग को ऊपर उठाए, नेवले की भाँति द्रुत गति से भागकर, घाटी के पार दूसरी पहाड़ी की धार पर चला गया। उस वृक्ष के बड़े-बड़े पत्तों की घनी और लगभग दो फुट लम्बी छाया ने उसे अपने रंगों की रक्षात्मक शरण दे दी।

वह पाँच मिनट तक वहाँ खड़ा रहा। मेरे पास .16 बोर की मुर्गे मारने की बन्दूक थी। वह उसकी मार से बाहर था। वहाँ खड़ा वह पूरा समय नियमित रूप और धीमी गति से अपने खुरों से धरती को जोर से पीटता हा-हा-हा की ऊँची और कर्कश आवाजें निकालता रहा (सन्देह और घबराहट का लक्षण)। उसकी वे आवाजें उसके आकार से बहुत ऊँची थीं।

इससे पहले कि बिजली एक पहाड़ी से उतरकर और घाटी की झाड़ियों को लाँघकर, दूसरी पहाड़ी को चढ़कर उस तक पहुँच पाता, वह तेजी से भागकर आगे कहीं झाड़ियों में छिप गया।

वह मेरी आँखों से ओझल हो गया; मेरा स्वप्न साकार हुआ था किन्तु वास्तविकता की चट्टानों से टकराकर चूर-चूर हो गया। मेरे मन में रह गई कुंठित इच्छा और सींग-डंठलों पर खड़े सींगों की जोड़ी का वह रूप जो अपने ऊपरी किनारे पर एक-दूसरे की ओर झुके हुए थे। वह मुझे आश्चर्यचकित कर, मेरे स्वप्नों को मुझसे ठगकर मेरी आँखों से ओझल हो गया, और मुझे बेचैन कर गया।

मैं उसकी खोज में यहाँ बहुत बार आया था किन्तु मुझे कभी सफलता नहीं मिली। लगता था कि उसे अपनी विनाशकारी सुन्दरता का अच्छा आभास था, विशेषकर अपनी सुरक्षा के सन्दर्भ में। मनुष्य की यह कैसी विकृति है कि उसे जो कुछ अच्छा लगता है वह उसे पा लेना चाहता है और इसी में उसका विनाश कर डालता है। वह काकड़ चौकन्ना था और धूर्त एवं कपटी हो जाने की सीमा तक चतुर। वह मनुष्य-रूपी सभ्य चोरों के सम्बन्ध में बहुत सावधान था।

वह अपने निवास स्थान के पास कुत्तों की उपस्थिति के अर्थ समझता था। जब भी मैं बिजली को लेकर उसकी खोज में यहाँ आया था, उसके भूँकने के अतिरिक्त मुझे उसका कोई अन्य चिह्न दिखाई नहीं दिया था। उसका भूँकना एक प्रकार से हमारा उपहास करना था। उसके भूँकने की कर्कश ध्वनि घाटी के आस-पास के भिन्न-भिन्न क्षेत्रों में सुनाई पड़ती थी। मेरे बार-बार के प्रयासों की विफलता से मुझे ऐसा लगा कि मैं यदि बिजली को अपने साथ लाना छोड़ दूँ तो सम्भवतः मेरी उससे भेंट हो जाए। मैंने यही किया और मुझे सफलता की सम्भावना भी नजर आने लगी।

एक बार तो मैं लगभग सफल हो ही गया था, किन्तु फिर भाग्य ने उसका पक्ष

लिया; मेरे हिस्से में 'ग्रीस के हीरो का बदला लेने का न्याय' ही आया, तो भी मैं उसे भूल नहीं पाया। मेरे लिए वह मानसिक बाध्यता बन गया—मन में ऐसी धारणा जो व्यक्ति को बेचैन किए रहती है। मेरे लिए वह गूढ़ाक्षरों में लिखा 'मानव में अलभ्य को खोजने की इच्छा' बन गया।

अबकी बार मैं उसे नीचे घाटी में मिला। मन्द गति से बहते हुए एक शान्त प्रवाह से वह पानी पी रहा था। ग्रीष्म ऋतु का अन्तिम काल था। प्रभात ने अपने धड़कते हुए यौवन को ढकने के लिए कुछ बादल इकट्ठे कर लिए थे। प्रभात की पवित्र किरणें बिखरे हुए ओस-कणों में लजाकर लाल हो गई थीं। मैं एक रूमी पेड़ के पीछे शिकार खेल रहा था। वहाँ से मुझे नाले के दोनों ओर का लगभग पचास गज का क्षेत्र स्पष्ट दिखाई दे रहा था और मैं वहाँ से बिना किसी विघ्न-बाधा के निशाना ले सकता था। सूर्य बादलों के साथ छिपन-छिपाई का खेल खेल रहा था। वह जब भी उन्हें असावधानी की अवस्था में पकड़ता, उसके मुख पर एक सुनहरी मुस्कान आ झलकती, और नाले का पानी खड्डी से ताजी-ताजी बनी दोरंगी धागों की सिल्क साड़ी-जैसा दिखाई पड़ता।

उसी सुनहले समय में, किसी सुन्दर स्वप्न की भाँति वह काकड़ एक झाड़ी के नीचे से बाहर निकला, आकाश से लाल प्रकाश की एक किरण उस पर पड़ी जैसे कि वह वनरूपी रंगमंच का एक अभिवादक हो।

उस अति सुन्दर दृश्य ने मुझे इतना मुग्ध कर दिया कि उन भागते हुए क्षणों को मन में उतार लेने में मैंने जैसे बन्दूक चलाने में कुछ विलम्ब कर दिया। वह अपनी पतली और लम्बी टाँगों पर चलता हुआ नाले की ओर आया। वह इतना धीरे-धीरे चल रहा था मानो वह धरती के दुलार-भरे स्पर्श को बिना किसी विघ्न-बाधा के यथासम्भव लम्बा करना चाहता था। वह नाले पर गया और बहुत समय तक ध्यानपूर्वक इधर-उधर देखता रहा, फिर उसने सोच-समझकर एक कदम पानी में रखा। वह वहाँ पर प्रभात के प्रकाश में बिना हिले-डुले, बिल्कुल स्थिर इस प्रकार खड़ा था जैसे कि किसी लाल दीवार पर भित्ति-चित्र हो। नदी में उसके लजीले पार्श्वचित्र की प्रतिच्छाया दिखाई दे रही थी, जिसे गोल-गोल घूमते हुए भँवर आहिस्ता-आहिस्ता इधर-से-उधर झूला झुला रहे थे।

उस काकड़ में कुछ विशेष सुकुमारता थी जिसका सम्बन्ध उसके आकार व आकृति से नहीं था, बल्कि उसका कारण कुछ और ही था, जिसने उसे इतना सुन्दर और मृदुल बना रखा था। उसके आकर्षण में कुछ ऐसा था जिसे शब्दों में व्यक्त नहीं किया जा सकता था। उसके आकर्षण ने मुझे आश्चर्यचकित कर रखा था, किन्तु उस दिन मैं उसे कुछ समझ पाया। क्षण-भर के लिए मेरे मन की आँखें खुलीं और मुझे बोध हुआ कि उसका आकर्षण वास्तव में वन-जीवों का आकर्षण था जो अपने आपमें एक साथ सुकुमारता, मृदुलता, स्वभाव की सरलता और भोलापन सँजोए रहते हैं। उनके स्वभाव के यह गुण उन्हें कुरूपता और भद्देपन, छल और अविश्वास तथा शक व शुबहा से सर्वथा मुक्त रखते हैं।

अपनी प्यास बुझाने में उसने बहुत समय लिया। वह धीरे-धीरे पानी के कुछ घूँट

भरता था मानो वह किसी विशेष प्रकार के अंगूरों की मदिरा चख रहा हो।...फिर वह अपने सिर को झटककर ऊपर को उठाता, इधर-उधर देखता, अपने कानों को मन्द गति से घुमाता और अपनी असाधारण लम्बी जिह्वा से अपने होंठ चाटता। और पुनः अपना सिर उसी तरह पानी में झुकाकर घूँट भरने लगता।

काफी समय के बाद उसने पानी पीना बन्द किया, और फिर नाले के किनारे से जल में झुकी घास की फलकों को चबाया। तत्पश्चात वह नाले से एक कदम बाहर आया और उसके तट पर खड़ा होकर पानी में पड़ी अपनी प्रतिच्छाया को देखने लगा जैसे तरुणियाँ प्रायः दर्पण के सामने खड़ी होकर अपने आपको निहारा करती हैं।

आकाश से सूर्य की एक किरण भागते-भागते आई और उसने उसकी त्वचा को जगमगा दिया। मैंने अपनी राइफल (ग्रीनर .310 कैडूट) उठाई, कन्धे से लगाई और निशाना लगाने के लिए तैयार हो गया। वह मुझसे लगभग बीस गज दूर था। उसकी करीब बीस इंच की ऊँचाई और आठ-दस इंच का पसली-पंजर मेरी बन्दूक की सीध में थे, मैं उन्हें अपनी बन्दूक की हाइड साइट (पश्च साइट) और फोर साइट (अग्र साइट) की झिरियों से स्पष्ट देख रहा था। उसके हृदय पर निशाना लेने के उद्देश्य से मैंने बन्दूक को ध्यानपूर्वक उसके कन्धे की अस्थि की सीध में लाकर ट्रिगर दबा दी। बन्दूक चली, किन्तु कारतूस की खराबी के कारण बारूद को चलने में कुछ विलम्ब हुआ (इसे हैंग फायर कहते हैं)। मेरा प्रयास विफल गया।

काकड़ चौंका, ऊपर हवा में उछला और अपनी पीठ को कसे हुए तीरकमान की तरह बनाकर द्रुत गति से भाग गया। इससे पहले कि उसकी घबराई हुई त्वचा की चमक कुछ कम होती, वह अपने जगमगाते शरीर को झाड़ियों के पीछे ले गया और मेरी आँखों से ओझल हो गया।

उसके दाँतों की बकवादी कटकट की आवाज से कुछ दूरी तक उसके जाने की दिशा का आभास होता रहा और फिर वह पहाड़ी के शिखर से अपनी खोखली और कर्कश आवाज में भूँकने लगा मानो मुझे बता रहा था कि मेरे सम्बन्ध में उसकी धारणा क्या है।

वह सारा वातावरण जो कुछ ही समय में पहले मेरी जलती हुई उत्तेजना से प्रज्ज्वलित था, एकदम बुझकर राख हो गया। यह निश्चय ही बहुत विचित्र था, कैसे उस छोटे से जीव के विलुप्त होने से, वह बड़ा-सा वन, असीम आकाश के नीचे के बड़े-बड़े पर्वत तथा अनन्त पहाड़ियों की धाराएँ तथा ग्रीष्म ऋतु का सुन्दर प्रभात एकदम फीका और स्पन्दनविहीन हो गया था !

2

मेरे मन में उस काकड़ की लालसा हठपूर्वक बनी रही। वह मुझे बार-बार उसी स्थान पर खींचकर ले जाती थी जहाँ मैंने उसे तेजी से भागकर झाड़ियों में ओझल होते देखा

था। इसी लालसा में मैं एक दिन मध्यान्ह के समय घर से निकला और उस पहाड़ी पर चला गया जहाँ उसने शरण ले रखी थी। मैंने पहाड़ी की झाड़ियों को ध्यान से छाना पर वह मुझे नहीं दिखा। मैं फिर पहाड़ी के शिखर पर चढ़ गया जहाँ मैं उसे पहले दो बार देख चुका था। मुझे उसके वहाँ होने की आशा थी। मैंने वहाँ अपने बैठने और छिपने के लिए स्थान ढूँढ़ लिया, और बहुत सतर्क होकर वहाँ अकेला बैठ गया।

आकाश बिल्कुल साफ था, मार्च के महीने के लिए कुछ गर्म था। वह दिन ऐसा था जो भविष्य की सम्भावनाओं को अपने में समोए रहता है और आनेवाले क्षणों का पूर्वाभास कराता है। घाटी में खूब प्रकाश था–संवेदनशील और कम्पायमान्, उस हृदय की तरह जो कविता के सार से भरपूर होता है परन्तु उसे शब्दों में जकड़ न पाने के कारण बेचैन होता है। उस समय का वह हृदय बहुत सुन्दर और निर्मल था। वहाँ कोई मनुष्य नजर नहीं आ रहा था, उसकी उपस्थिति का कोई संकेत भी नहीं था–न चरते हुए पशु और न पत्तियाँ खाती हुई बकरियाँ। चारों ओर खालीपन ही खालीपन था–बहुत बड़ा और गहरा, यहाँ तक कि आकाश भी बादलों से रिक्त था। जंगल के उस खालीपन पर मौन छाया हुआ था–स्वच्छ और स्पर्शनीय, और यह मौन नीले प्रकाश की वर्षा की भाँति धरती पर पड़ रहा था। तब हवा का एक हल्का-सा झोंका आया और उसने अपनी दबी आवाज में, मूक और मूर्छित जंगल से, एक यात्री की हजारों दिनों के सफर की सारी कहानी कह सुनाई।

मैं कुछ ऊँचे स्थान पर एक बड़ी चट्टान के पीछे बैठा था। वह चट्टान हरी काई, पीली कुकुरमुत्ता अर्थात् फंगस और भूरी लाईकेन से ढँकी हुई थी। मेरी कमीज के रंगों के साथ उस चट्टान की रंग-व्यवस्था का बहुत अच्छा मेल था।

मेरे सामने झाड़ियों का खुला क्षेत्र था जिसमें बहुत से पथ थे, थोड़े से वनस्पति-रहित सूखे स्थल और कुछ घास के चौरस क्षेत्र। मेरी बाईं ओर नाटी झाड़ियों की एक लम्बी पंक्ति थी जिसके बीच में एक चौड़ा-सा वनमार्ग था। वह सारा क्षेत्र ऐसा था जैसे देखभाल से वंचित मुगल-समय का बाग। मेरी दाईं ओर एक बहुत बड़ा क्षेत्र था जो आगे जाकर पूर्व दिशा की ओर घूम गया था, वह सब प्रकार की वनस्पति से रिक्त था। यह सारा सूखा क्षेत्र और आगे जाकर एक धनौरा नामक बड़े गाँव के आम्रकुंज में जाकर मिल जाता था। यह गाँव जाटों का था और दो राज्यों, सिरमौर (अब हिमाचल प्रदेश) और पंजाब (अब हरियाणा) के संगम पर था। उसी समय यह गाँव खुशहाल था, परन्तु अब नहीं। साहूकारों के लालच और पूँजीवादी विकास की नीतियों ने इसकी दशा बिगाड़ दी है।

सन्ध्या के शीतल और शान्त वातावरण में वह गाँव बहुत सुन्दर दिखाई पड़ रहा था। मैं एक चट्टान के पीछे बैठा था; वहाँ से मुझे बहुत-सी युवतियाँ, एक पंक्ति में, अपने सिर पर टोकनियाँ (पीतल के घड़े) उठाए जाती दिखाई दीं। वे बहुत रंग-बिरंगे कपड़े पहने हुए थीं। उनकी गहरी लाल चुन्नियों, कत्थई कुरतों, अंगूरी रंग के घाघरों और बैंगनी रंग की वास्कटों ने रंगों की ऐसी सुन्दर बौछार कर रखी थी मानो वह वॉन

गॉग के स्वप्नों को साकार कर रही हो।

उन युवतियों की उछलती-कूदती हिरनियों-जैसी चाल की सुन्दरता अनूठी थी। उनके प्रफुल्ल नितम्बों का हिलना-डुलना और उन्नत उरोजों की उठान, धरती की लय और सन्ध्या की शोभा से मेल खाती थी। वह वास्तव में ही उस क्षेत्रीय परिवेश का एक अभिन्न अंग था, उन तत्त्वों में से एक जिन्होंने शिवालिक-क्षेत्र के सौन्दर्य की रचना कर रखी थी। भूरी-भूरी-सी पहाड़ियाँ, हरी चरागाहें, धूसर झाड़ियाँ, सुनहरे खेत, भूरी-सी भेड़ें, गहरे हरे आम्रकुंज, धुँधली-सी झोंपड़ियाँ, नदी-नाले, रजत रेतीले किनारे, छोटे-छोटे चितकबरे पत्थर, पीली धरती और दूर के भूरे एवं धुँधले दृश्य, सन्ध्या का प्रकाश कुछ ऐसे तत्त्व थे जिनका सुन्दर सुगठित रूप था सिर पर पीतल के घड़े उठाकर जाती हुई वे युवतियाँ।

इस पृष्ठभूमि में घरों के चूल्हों से, रस्सी की तरह बलखाता हुआ धुआँ उठ रहा था; घर लौटते हुए पशुओं के चलने से हर पथ से धूल उड़ रही थी और बछड़े अपनी-अपनी माँ को जोर-जोर से पुकार रहे थे।...यह था वह गाँव और गाँव का जीवन।

उस ढलते हुए दिन के रंगों और सौन्दर्य में मैं खो गया था, अपने आपको भूल गया था; तभी बिल्लियों के मिमियाने और लड़ने की-सी ऊँची-ऊँची आवाजें सुनाई दीं—वे इतनी ऊँची और कर्कश थीं कि उसका वर्णन नहीं किया जा सकता। वे आवाजें जिधर से आ रही थीं मैंने उधर अपनी आँखें टिका दीं और साथ ही सहारे के लिए बिना सोचे-समझे, प्रतिवर्तित रूप से अपनी बन्दूक भी थाम ली। वह राइफल छोटे बोर की थी, छोटे हिरणों के शिकार के लिए ठीक थी, किन्तु उनसे बड़े जानवरों के लिए उपयुक्त नहीं थी।

वे आवाजें बहुत असाधारण और भद्दी थीं। वे आवाजें लगातार आ रही थीं, केवल बीच-बीच में कुछ रुककर वे और भी भद्दी हो जाती थीं—एक फुंकार के बाद कंठ से कर्कश शब्दयुक्त श्वास की आवाज।

आस-पास की हवा को पीटती हुई दो प्रकार की आवाजें सुनाई दे रही थीं जो असामान्य रूप से एक-दूसरे से मिली हुई थीं। एक आवाज कंठ की थी, नीरस और फीकी और दूसरी आवाज गहरी और गूँजती हुई थी। इन मिली-जुली कर्कश आवाजों में बेसुरा युगलगान चल रहा था—शास्त्रीय संगीत से ठीक उलटा; और जब वह शोरगुल अपनी चरम सीमा तक पहुँचता तो ऐसा लगता जैसे दूर किसी लोहे के पुल से रेलगाड़ी जा रही थी।

वे मुझसे बहुत दूर नहीं थे, तथापि मैं उन्हें देख नहीं सकता था। वे घास में छिपे हुए थे। झाड़ियों का वह छोटा-सा क्षेत्र उनकी उपद्रवी खलबली और शोरगुल से भरा हुआ था, वह उद्दंडमय शोर सारे वातावरण में फैला हुआ था। उनके उपद्रव में घास पिस रही थी, झाड़ियाँ कुचली जा रही थीं और पत्ते बुरी तरह इधर-उधर बिखर रहे थे। ऐसा लग रहा था जैसे दो प्रेतात्माएँ अपने जीवन-मृत्यु का संघर्ष कर रही थीं। उस भयानक शोरगुल के वहाँ न कोई अन्य ध्वनि थी और न कोई गति। वे मुझसे तीस गज

से अधिक दूर नहीं थे और लड़ते-लड़ते आगे बढ़ते हुए मेरी चट्टान के नीचे के खुले क्षेत्र की ओर आ रहे थे।

सूर्य की तिरछी किरणों के प्रकाश में आकाश बिल्कुल स्वच्छ दिखाई दे रहा था। दूर के दृश्य नीले-नीले दिखाई दे रहे थे और बहुत निकट लग रहे थे। वातावरण ऐसा था जैसे आकाश का कोई अंश विस्थापित होकर झाड़ियों की पंक्तियों में आ बसा था।

तभी झाड़ियों के किनारे से मुझे नील-लोहित प्रकाश में एक बड़ा-सा सिर दिखाई दिया। वह सिर धब्बेदार था, उसके चेहरे की त्वचा परतदार थी और उसमें अनेक सीधी खड़ी झुर्रियाँ भी थीं। वह सिर बघेरे का था। उसके छोटे-छोटे-से संवेदनशील कान कटे हुए थे, उनसे रक्त बह रहा था। उसने अपने कानों को मेरी ओर लगा रखा था। उसकी छोटी हरी आँखें ऐसी लग रही थीं जैसे वे किसी स्वप्न में खोई हुई हों। उनमें भय का कोई चिह्न नहीं था, केवल विनोदमयी उत्कंठा की चमक थी—जादूभरी, दुर्बोध और चपल।

वह धीमे-धीमे, आराम से चलता हुआ आगे खुले में आ गया। उसके पीछे-पीछे एक और बघेरा भी था जो बहुत सावधानी के साथ, नपे-तुले कदम भरता हुआ उसकी बगल में आ गया। उसकी चाल में नृत्य की-सी शोभा थी। शिवालिक की पहाड़ियों में, वे ढलते हुए दिन के प्रकाश में एक-दूसरे के साथ-साथ खड़े थे। उनकी उत्कंठाभरी स्थिति में निरन्तर वृद्धि हो रही थी। वनप्राणियों का आकर्षण निःसन्देह बहुत सुन्दर और मनमोहक होता है, तथापि बहुत अगम्य और दुर्बोध।

उनमें से एक बहुत बड़ा था, असाधारण बड़ा, अपनी जाति का एक विशिष्ट प्रतिमान। दुम के अन्तिम छोर से नाक तक उसकी लम्बाई सात फुट होगी; दूसरा बघेरा अपेक्षाकृत छोटा था, लगभग छः फुट का। मुख्य रूप से एक की त्वचा का रंग लाल था और दूसरे का भूरा-पीला। उन दोनों के शरीर के निचले भाग सफेद थे, उनमें अन्तर बस इतना था कि बड़े बघेरे के सफेद रंग में कुछ पीली-सी धारियाँ भी थीं। बड़ा बघेरा मुझे नर लगता था। उनके सिर और टाँगों के निचले भागों की त्वचा पर छोटे-छोटे ठोस काले धब्बे थे; नर के वे ठोस काले धब्बे दो धारियों में उसकी गर्दन, कन्धों व उसकी पीठ के मध्य भाग तक थे। उनके शरीर के ऊपर के अधिकांश भाग की त्वचा और उनकी टाँगों-बाँहों के ऊपरी भागों के बाहर की ओर की त्वचा पर जो धब्बे थे वे गुच्छों के आकार के थे। उनका घेर अधिक काला था और अधिकतर टूटा हुआ था, और उनके केन्द्र का रंग पीला था किन्तु त्वचा के सामान्य रंग से गहरा था। नीचे के भागों के धब्बे अधिक ठोस थे और पीठ के धब्बों की तुलना में वे बड़े-बड़े और थोड़े टेढ़े-मेढ़े थे। उनकी दुम की ऊपर के भाग के धब्बे कुछ लम्बे-से थे और उनके केन्द्र का रंग हल्का था। दुम के छोर के निकट के बाहरी भाग की त्वचा पर धब्बे नहीं थे, धब्बों के स्थान पर चौड़ी-चौड़ी पट्टियाँ थीं, नर की दुम के छोर के निचले भाग की त्वचा का रंग पीला था और मादा की दुम का सफेद।

सन्ध्या के प्रकाश में वे पहाड़ी के शिखर पर खड़े अति सुन्दर लग रहे थे, ऐसे लग रहे थे मानो वे अनेक रंगों से सुसज्जित दो मूर्तियाँ हों। ऐसा अनूठा दृश्य व्यक्ति

को जीवन में कभी एक बार ही देखने को मिलता है और वह भी तब जब वनदेवता की उस पर विशेष कृपा हो। उन्हें देखने में मैं ऐसा लीन हो गया कि अपनी सुध-बुध ही खो बैठा।

क्षण-प्रति क्षण बढ़ती हुई मेरी सम्मोहन-निद्रा ने मुझ पर एक प्रकार से पक्षाघात का-सा प्रभाव डाल रखा था। मैं स्थिर बैठा था और स्थिर ही बैठा रहा। तभी सहसा उन कामातुर बिल्लियों के चीखने की ऊँची-ऊँची आवाजों से सारा वायुमंडल भर गया। मेरी सम्मोहावस्था भंग हुई और बिजली के आघात की भाँति मेरे सारे शरीर में कँपकँपी की लहर दौड़ गई। मैं पूरी तरह से सतर्क होकर बैठ गया। मेरे सामने दो बघेरे थे; एक बहुत बड़ा, अपनी जाति के सामान्य बघेरों से बड़ा। वह जिस प्रकार मेरे सामने खड़ा था, मैं आसानी से उसके हृदय या गर्दन पर निशाना ले सकता था। ऐसा सुन्दर अवसर जीवन में कभी दैव संयोग से ही मिलता है, परन्तु उस समय मेरे पास छोटी-सी, केवल .310 कैडेट बन्दूक थी जो अपनी 120 ग्रेन की गोली से केवल 385 फुट पाउंड की मजल शक्ति उत्पादित कर सकती थी। मैं काकड़ का शिकार करने के उद्देश्य से उसे लेकर आया था। मैंने यह कभी नहीं सोचा था कि मुझे ऐसा असाधारण अवसर भी मिल सकता था। मैंने मन-ही-मन अपने आपको खूब कोसा। मुझे बहुत पश्चात्ताप हो रहा था, मैं क्यों अपने साथ अपनी मनपसन्द की सात एम./एम . माउजर को ले नहीं आया। उससे मैंने हाथी छोड़कर उस क्षेत्र में पाए जानेवाले सभी बड़े-बड़े जानवरों का शिकार किया था—शेर का भी। उसकी 173 ग्रेन की गोली 2400 फुट प्रति सेकंड की गति से लगभग दो हजार फुट पाउंड की शक्ति से चलते हुए जानवरों पर निशाना लेने के लिए भी पर्याप्त थी। हिरणों का शिकार करनेवाली इस .310 कैडेट बन्दूक की अपेक्षा मेरे पास यदि बकलोड के कारतूसों के साथ शॉर्ट गन होती, तो भी मुझे अपने पर अधिक भरोसा होता।

मुझे अपने शरीर पर न तो अपनी त्वचा के चिथड़े लटकते हुए देखने का शौक था (और न चाहता था कि कोई अन्य इसे देखे जिसकी सम्भावना अधिक थी) और न मैं अपने शरीर का खंड-खंड करवाना या मरना चाहता था, इसलिए मैंने उसका सामना करने के स्थान पर वहाँ चुपचाप बैठे रहना ठीक समझा। मेरी यह समझदारी मेरे एक ऐसे पूर्व अनुभव का परिणाम था जो एक जख्मी बघेरे ने मेरे मित्र के साथ किया था, और उसका मैं साक्षी था, उसे मैंने अपनी आँखों के सामने होते देखा था।

वह अरावली की तराई का पहाड़ी क्षेत्र था। हम वहाँ पर तीतरों का शिकार कर रहे थे। हम वहाँ केवल दो थे—मेरा मित्र और मैं। हमारे साथ गाँव के लगभग एक दर्जन निर्धन बालक भी थे जो पक्षियों को उड़ाने के लिए हाँका लगा रहे थे। मेरे पास सोलह बोर की द्विनली शॉटगन थी और मैंने उसकी दोनों नलियों में सात नम्बर के छर्रे के कारतूस भर रखे थे। मेरे मित्र के पास बारह बोर की शॉटगन थी और उसमें भी सात

नम्बर के छर्रे थे। हाँका अभी शुरू ही हुआ था कि एक बघेरा (छोटे कद का पहाड़ी तेंदुआ) लम्बे-लम्बे पग भरता हुआ सामने से लगभग दौड़ता हुआ निकला। वह हमसे पन्द्रह गज से अधिक दूर नहीं था। मेरे पास इतना समय नहीं था कि मैं अपनी बन्दूक से सात नं. के कारतूस निकालकर बकशॉट भर सकता। मैंने सोचा कि इतने करीब से सात नं. के कारतूस भी उसे अपाहिज करने में सफल रहेंगे। अतएव मैंने दोनों नलियों के सात नं. के छर्रे उस पर चला दिए, एक को उसकी आँख में और दूसरी नली के छर्रों को उसकी गर्दन पर। उसके चलने की रीति से ऐसा लगा कि उनका उस पर कोई प्रभाव नहीं पड़ा था। वह बिना डगमगाए अपनी उसी गति से आगे निकल गया। मेरा मित्र मुझसे बीस गज आगे खड़ा था। जैसे ही वह बघेरा उसके सामने से निकला उसने भी अपनी बन्दूक की दोनों नलियों की गोलियाँ उस पर चला दीं। उनका भी उस पर कोई प्रभाव पड़ा दिखाई नहीं दिया। वह उसी गति से भागता हुआ आगे चला गया। हमने सोचा कि हमने बन्दूक चलाने में कोई भारी भूल की है। पर इतनी बड़ी भूल ! हमें बहुत निराशा हुई, परन्तु बाद में उसने जो किया, अगर वह उससे कुछ कम भी करता तब भी हम दोनों में से कोई-न-कोई अपनी 'इस गलती' पर चटपटी टिप्पणी अवश्य करता।

अपने मन को सान्त्वना देने के लिए हमने सोच लिया कि कारतूस खराब थे और उनके निर्माता को, लन्दन के ईले को जी भरकर कोसा, उसे बहुत गालियाँ दीं। तत्पश्चात् हमने अपना ध्यान पुनः तीतरों का शिकार करने पर लगा दिया। उसमें हमें जो सफलता मिली (तीन घंटों में चार दर्जन तीतर), उसके उत्साह में बघेरा हमारे ध्यान से बिल्कुल निकल गया। हाँका लगवाते हुए हम बहुत देर तक चलते रहे और अन्त में उस एक मील के क्षेत्र के दूसरे किनारे पर पहुँच गए। वहाँ बबूल के नाटे पेड़ों के बीच बहुत-सी चट्टानें बिखरी पड़ी थीं, कुछ झाड़ी-कुंज भी थे।

मैं एक बड़ी-सी चट्टान पर खड़ा था। उसके ऊपर एक और बड़ी चट्टान टिकी हुई थी। उस चट्टान की दूसरी ओर मेरा मित्र खड़ा था। सहसा मुझे चट्टान की पिछली ओर से संकटमय खलबली सुनाई दी और साथ ही क्रोधभरी किन्तु छोटी-सी गुर्राहट भी, जैसी आक्रमण करने से पहले बघेरे करते हैं।

मैं तेजी से भागा और जाकर देखा कि मेरा मित्र टाँगों को चौड़ा खोलकर, अपने पैर धरती पर जमाए हुए था और उसने बन्दूक की नलियाँ अपने और बघेरे के बीच सीधी लगा रखी थीं। बघेरा अपने दोनों अगले पंजे और गर्दन बन्दूक की नलियों पर लगाए हुए टिकाए हुए था और उसके निकट पहुँचने का प्रयास कर रहा था। इससे पहले कि मैं जल्दी से अपनी गतिविधियों के सम्बन्ध में कोई निर्णय ले पाता, मेरा मित्र पीछे हटने के प्रयास में ठोर खाकर पीठ के बल धरती पर गिर गया। फिर मैंने उसे जब दूसरी बार देखा, वह मुँह के बल धरती पर पड़ा था। यह कैसे हुआ, मैं नहीं जानता। किन्तु जब वह मुँह के बल धरती पर पड़ा था, बघेरा उसके ऊपर खड़ा उसे गर्दन से पकड़ने का प्रयास कर रहा था। मैं एक छलाँग में बघेरे के एक तरफ जा कूदा और अपनी बन्दूक

की दोनों नलियाँ उसकी पसलियों में, हृदय से ऊपर, जोर से धँसा दीं। बन्दूक मेरे हाथ में उछली और बघेरा दाहिनी ओर गिरा। उसके खुले घाव से, जिसमें छर्रे, डट आदि पड़े थे, गोल-गोल बलखाता हुआ धुआँ निकला।

सहसा मेरी समझ में आया कि मैं जो देख रहा था, वह बघेरों के अपने निवास-स्थान में उनके सम्भोग से पूर्व की प्रेम-क्रीड़ा थी। उसका बोध होते ही मेरे हृदय में मृदुल भावनाएँ जाग्रत हो उठीं। मुझे इस बात का खेद नहीं रहा कि मेरे हाथ में उनका शिकार करने योग्य बन्दूक नहीं थी, अपितु मुझे ऐसा लगा कि मैं सुरक्षित स्थान में बैठा वनरूपी अखाड़े में उनके प्रेम-विनोद का दंगल देख रहा था।

वे झाड़ियों के एक ओर से खुले क्षेत्र में आ गए : मादा ललचाने और फुसलानेवाली और नर हठी और चिड़चिड़ा। नर के चेहरे पर अनेक खुले और गहरे घाव थे और मादा के होंठों पर झाग तथा आँखों में कटाक्ष। दोनों उत्तेजना और आकुलता का सजीव रूप दिखाई दे रहे थे। नर मादा के निकट गया और मादा ने दाँत दिखाते हुए कृत्रिम क्रोध की ऊँची गुर्राहट की, और उसकी पहुँच से बाहर निकल गई। उसका व्यवहार ऐसा था जैसे वह उसकी पहुँच से बाहर ही रहना चाहती हो, किन्तु वह अपने आकर्षण के प्रति सचेत थी और अपने साथी में उन्मत्त उत्कंठा पैदा करने की कोशिश कर रही थी। नर फिर धीमे-धीमे पग भरता हुआ उसके पीछे-पीछे गया और जैसे ही वह उसके निकट गया वह द्रुत गति से पीछे मुड़ी और इससे पहले कि वह कुछ पीछे हट पाता, उसने अपने प्रेमी के अविवेकपूर्ण व्यवहार पर क्रोध दिखाते हुए उसकी नाक पर जोर से पंजा मारा, उसकी जख्मी नाक पर एक और खुला और गहरा घाव हो गया और उससे रक्त बहने लगा।

बेचारा मूर्ख ! उसने भद्दी-सी मुस्कान में अपने होंठ पीछे को किए जैसे अपनी पराजय की शर्म ढाँप रहा हो; उसने अपना सिर हिलाया, नाक फुलाई और जहाँ खड़ा था, वहीं खड़ा रहा। वह दुष्टा कुछ कदम आगे बढ़ी, गर्दन घुमाकर पीछे की ओर देखा और संकेतीय ढंग से अपनी दुम को ऊपर-नीचे हिलाते हुए वहीं खड़ी रही। उसका प्रेमी भी दुख-पीड़ा की सजीव मूर्ति की भाँति वहीं स्थिर खड़ा रहा। वह फीकी-सी नजर से देख रहा था मानो उसे किसी आवश्यक काम की याद आ गई हो जहाँ औपचारिक वेष में उसका जाना जरूरी था।

मादा ने बहुत मीठे ढंग से उस पर फिर एक नजर डाली, और अपने कंठ से बिल्लियों-जैसी मीठी ध्वनि करने लगी। वह मूर्ख नर अपने आवश्यक काम को भूल गया और प्रसन्नतापूर्वक अपनी दुम को इधर-उधर हिलाते हुए, अपने होंठों से रक्त चूसते और कंठ से उस जैसी प्यार की आवाजें करते हुए अपनी दुःखदायिका के पास जा पहुँचा। नर के निकट आते ही उसने पहले की तरह अपना पंजा उठाया और उसकी नाक पर दे मारा। बघेरे बेचारे ने ऐसा व्यवहार किया जैसे कुछ हुआ ही न हो।

खींचातानी का यह खेल बहुत समय तक चलता रहा। वह जब-जब उसके प्रहारों को भूलकर उसके पास जाता था वह मादा मन की भाषा में उसे कड़ा पाठ सिखाती थी। उसके आघातों का मुख्य स्थान उसकी नाक थी जिससे बहुत रक्त बह रहा था। बिल्लियों की भाषा ने उसके मुँह पर गहरे लाल और बैंगनी नीले रंगों में कामदेव की आकृति की नक्काशी कर दी थी, परन्तु इन सब रंगों से सुसज्जित होने पर भी वह बेचारा उसे पहले से भी अधिक चाहने लगा था, उन आघातों से उसकी चाहत में कोई कमी नहीं आई थी।

उसने जब भी क्रोध दिखाने का ढोंग किया था, उदासीनता दिखाने के लिए लेट गया, वह लजाती-सी उसके निकट पहुँच जाती थी और अपने कंठ से मृदुल ध्वनि करने लगती थी, तथा सांकेतिक रूप से अपनी दुम को ऊपर-नीचे हिलाते हुए अपने शरीर से उसके शरीर को उस समय तक रगड़ती रहती थी जब तक वह उठकर उसके पीछे चलने नहीं लगता था। उसे उकसाने के भाव से वह पहले तेज-तेज चलती थी, और फिर अपनी चाल को धीमा कर देती थी जिससे वह उसके निकट पहुँच जाए। अपनी इस प्रकार की गतिविधियों से वह उसे मतवाला कर रही थी। वह उसके पास जल्दी-से-जल्दी पहुँचने का प्रयास करता था और वह भी अपने से प्यार की ध्वनि करते हुए और अपनी दुम को ऊपर-नीचे हिलाते हुए उसे अपने पास आने देती थी। किन्तु, जब वह निकट आकर अपने लारभरे मुँह से उसके मुँह को चाटने लगता था, तब वह मानो उद्विग्न होकर उसके मुँह पर जोर से पंजा मारती थी। उनकी यह प्रेम-क्रीड़ा बहुत देर तक चलती रही। अन्त में वह वहाँ से हटकर उस क्षेत्र के दूरस्थ स्थान पर चली गई जहाँ घास अपेक्षाकृत बड़ी थी। वहाँ जाकर वह बहुत स्नेहमय ढंग से झुककर लेट गई, और बिल्लियों की भाँति अपने कंठ से मृदुल स्वर करने लगी। उसकी उत्तेजना-भरी आँखें हरी ज्वाला की भाँति चमक रही थीं। वह आधी मुड़ी हुई थी और विलासी स्वप्नों में खोई हुई लगती थी। अपनी दुम के अन्तिम छोर को वह एक बड़ी-सी काली-सफेद तितली की भाँति इधर-से-उधर हिला रही थी, और पगलाया हुआ वह बेचारा नर, बिल्ली के खेलते हुए बच्चे की भाँति उस दुम को पकड़ने के लिए इधर-उधर उछल रहा था।

आखिर वह समय आ गया जब वह दुखदायिनी अपने ही व्यवहार से थक गई और अलसाए हुए ढंग से उसने अपनी टाँगों-बाँहों को झुकाया और घास में लेट गई, और कंठ से मृदुल ध्वनि करने लगी। धीरे-धीरे वह ध्वनि ऊँचे होते हुए आत्मसमर्पण की चीख में बदल गई। सन्ध्या के मन्द प्रकाश में चीखों की आवाज चारों ओर फैल गई। हाँफता और गहरे साँस लेता हुआ नर उसके पास आ गया। मादा ने पुनः जोर से पुकारकर अपनी आवश्यकता को व्यक्त किया और अपने कन्धों के ऊपर से उसे देखा। नर कमान की खिंची डोरी पर लगे कँपकँपाते तीर की भाँति उसके पास वहीं खड़ा रहा। मादा ने अपने कूल्हों से कुछ झटके दिए और अपना मुँह खोल दिया। उसके मुँह से कोई आवाज नहीं निकली, केवल होंठ ही हिले—सम्भवतः उस मूक भाषा ने सरलता के साथ वह सब कह डाला जो वह कहना चाहती थी।

नर ने गौरवमय ढंग से अपने सिर को एक झटका दिया और कंठ से गड़-गड़ करते हुए अपने होंठों से बहती हुई लार को चूसा और मादा के ऊपर कूद पड़ा। उसका अंग-अंग उत्तेजना से प्रज्ज्वलित था, ठीक धूम्रदानी की बत्ती की तरह। उसने अपने चमकते हुए कटारनुमा दाँतों से उसकी वक्रीय ग्रीह्वा को दबोचा, मादा ने आत्मतुष्टि की एक ऊँची-सी चीख मारी। उस क्षण वे दो बड़े-बड़े धब्बेदार शरीर एक हो गए थे, वे एक-दूसरे में ऐसे मिल गए थे जैसे सन्ध्या के धुँधले प्रकाश में घास और उसका पीला वर्ण। वह था उनकी मतवाली उत्कंठा और शारीरिक आवश्यकता की परम सिद्धि का क्षण।

नाट्यशाला के अभिनेताओं की भाँति वे सन्ध्या के सुन्दर और सुकुमार प्रकाश में कुछ समय तक दिखाई देते रहे, उनके उस मिलन से शुभारम्भ हुआ एक नए जीव का !

दिन में से मस्ती के क्षण निकल गए थे। सूरज क्षितिज को लाँघकर आनेवाले कल के बोझ से डूब गया था। घाटी में अलसाई परछाइयाँ उस युवती की तरह मौन थीं जो किसी चिर विस्मृत गीत के बोलों को बैठी याद कर रही हो। सूर्य की अन्तिम किरणों के मन्द प्रकाश में आस-पास की पहाड़ियाँ कंठमाला के सुनहरी मनकों-जैसी दिखाई दे रही थीं।

मैंने सोचा था कि मैं उस दिन का पूरा आनन्द उठा चुका हूँ जो पहाड़ी पर बघेरों को देखने से आरम्भ हुआ था किन्तु घाटी में और भी आनन्ददायक क्षण मेरी प्रतीक्षा कर रहे थे। वहाँ आते ही मुझे खुले में अपने सपनों का काकड़ दिखाई दिया। वह बहुत ध्यान से पहाड़ी के शिखर की ओर देख रहा था जहाँ से बघेरों की ऊँची आवाजें आ रही थीं। उस पहाड़ी को देखने में वह इतना मग्न था कि उसने मुझे मोड़ से घाटी में आते देखा ही नहीं। चूँकि मैं पहाड़ी की पिछली ओर से नीचे उतरा था, वह मुझे पहाड़ी पर कहीं भी देख नहीं सकता था। किन्तु घाटी में मैं सीधा-सीधा आया था, तथापि उसे मेरी उपस्थिति का आभास नहीं हुआ।

मैं वहीं मार्ग में बैठ गया और धरती पर स्थिर बैठा रहा। सन्ध्या के मन्द प्रकाश में पदार्थों की रूप-रेखाएँ अस्पष्ट हो गई थीं और अपनी-अपनी पृष्ठभूमि में खो गई थीं। अँधेरे ने सबकुछ आकृतिहीन कर दिया था और घाटी उन बघेरों की गर्जनों की गूँज से पूरी तरह भरी हुई थी।

उस समय इतना अँधेरा हो चुका था कि उस समय मेरे लिए काकड़ पर निशाना साधना सम्भव नहीं था।

3

सुन्दर सुगन्धित फूल जब सड़ जाते हैं तो उनकी गन्ध सड़े-गले पत्तों की दुर्गन्ध से भी बुरी हो जाती है, और जब कोई अच्छा अवसर हाथ से निकल जाता है तो उसका घाव

चाकू की काट से भी अधिक गहरा होता है। मैं रात-भर बेचैन रहा, न सो पाया और न जागता रहा; मुझे अपनी चेतन और अचेतन कुंठाएँ, व्यक्त और अव्यक्त रूप से रात-भर घेरे रहीं। मेरा अन्दर का शिकारी घृणा से पीड़ित था और मेरा जंगलीपन मुझे पुरस्कार पाने के लिए ललकार रहा था।

मैं जिस समय घर से निकला था, उस समय अँधेरा था। इससे पहले कि प्रभात की लाल किरणें घाटी में कुछ रोशनी छिड़क पातीं, मैं अपने शिकार के स्थान पर जा पहुँचा। मेरे आस-पास, चारों ओर, मौन-ही-मौन था और मेरे अन्दर मेरी कुंठित इच्छा ज्वाला की तरह भभक रही थी।

मैं वहीं बैठकर प्रभात होने की प्रतीक्षा करने लगा, जब समुद्र की तरह सूर्य की लालिमा क्षितिज पर फैल जाती है और ओस की बूँदें चुपचाप घास में टपकने लगती हैं। प्रभात हुई और दिन खिल उठा। मुझे वह स्थान नजर आ गया जहाँ कल शाम को किसी छाया की भाँति वह काकड़ दिखाई पड़ा था और फिर अदृश्य हो गया था। मेरे सामने उसके पदचिह्नों की एक लम्बी पंक्ति थी। घाटी की रेतीली और नम धरती पर वे छोटे-छोटे त्रिकोणों के रूप में गहरे छपे हुए थे, और बहुत स्पष्ट दिखाई दे रहे थे। वे पदचिह्न कुछ-कुछ बकरी के पदचिह्नों जैसे लगते थे, तथापि उनसे कुछ भिन्न थे। बकरी के पदचिह्नों की अपेक्षा उनकी रूपरेखाएँ अधिक स्पष्ट, सुगठित और चिकनी थीं, और उनका फैलाव कम होते-होते पतला और नोकीला हो जाता था, और उनके तिरछे किनारों के निशान अन्य भागों की अपेक्षा अधिक गहरे थे। जो पदचिह्न मेरे सामने थे, बकरी के पदचिह्नों से छोटे थे परन्तु उनसे अधिक ठोस और सुगठित थे। उन चिह्नों के दोनों खंड एक-दूसरे के इतने निकट थे कि उनकी फटन, विशेषकर सिरे पर दिखाई नहीं पड़ती थी।

धरती पर पदचिह्नों की वह लम्बी पंक्ति महात्मा बुद्ध के किसी प्राचीन मन्दिर के स्तम्भ-जैसी लग रही थी, और प्रभात के लाल प्रकाश में उन पर पड़ी ओस की बूँदें मानिकों जैसी दिख रही थीं, ऐसा लगता था कि किसी प्रवीण कलाकार ने बहुत दक्षता के साथ उन मानिकों को उनमें सजाकर रखा है। मैं उन पदचिह्नों के साथ-साथ चलता गया और उस छोटे से नाले के पास पहुँच गया जो पहाड़ी को दो खंडों में बाँट देने के बाद, समकोणीय ढंग से मुड़कर घाटी में आ गया था।

उस नाले का मुख उस स्थान से बहुत दूर नहीं था—मुश्किल से तीस गज दूर था जहाँ कल शाम मुझे वह काकड़ दिखाई पड़ा था, लेकिन उस छोटे से फासले को तै करने में काकड़ ने अवश्य ही बहुत समय लिया होगा, क्योंकि कुछ पग भरने के बाद वह खड़ा होकर आस-पास देखने लगता था। जहाँ-जहाँ वह खड़ा हुआ था वहाँ की धरती को उसने अपने अगले खुर से बहुत पीट रखा था और उस पीटने के निशान गहरे गड्ढों की भाँति रेत में दिखाई दे रहे थे। यह वास्तव में उसकी घबराहट का चिह्न था। इसका कारण वह गर्जते हुए कामातुर बघेरे हो सकते थे अथवा उन जैसा कोई अन्य भीषण जानवर।

कुछ स्थानों पर उसके पदचिह्नों के ऊपर किसी दूसरे जानवर के पदचिह्न भी थे। वे बहुत स्पष्ट नहीं थे, परन्तु बघेरे के पदचिह्नों जैसे लगते थे। सम्भवतः वे किसी बड़े लकड़बग्घे के पदचिह्न थे क्योंकि जहाँ-तहाँ उनमें मुझे नाखूनों के चिह्न भी दिखाई दे रहे थे। वह जो भी जानवर हो, वह निश्चय ही उस समय या तो घाटी में था जब काकड़ वहाँ था अथवा उससे थोड़ी-सी देर बाद वहाँ आया था, किन्तु किसी भी अवस्था में वह 'देरी' दो घंटे से अधिक की नहीं हो सकती थी। यदि वह बघेरा था तो वह काकड़ का पीछा कर रहा था; अगर वह काकड़ था तो वह दैव संयोग से रात के पहले पहर में उधर से निकला था। उनके पदचिह्नों के ऊपर जो ओस की बूँदें थीं उन्हें देखते हुए यह विश्वास से कहा जा सकता था कि काकड़ और उस दूसरे जानवर के वहाँ से गुजरने की अवधि में दो घंटे से अधिक का अन्तर नहीं था। उनके वहाँ से जाने का अन्तराल यदि इससे अधिक होता तो पदचिह्नों पर पड़ी ओस की मात्रा और उनकी रूपाकृति भिन्न होती, इसके अतिरिक्त देर तक चलती हुई हवा ने उनके पदचिह्नों की रचनाकृति में भी काफी अन्तर कर दिया होता।

यदि वह लकड़बग्घा नहीं था, बघेरा था तो निश्चय ही वह उन दोनों में से नहीं था जिन्होंने पिछली रात अपने प्रेम-आलिंगन से रात्रि को सुख-सम्पन्न बना रखा था। प्रेम की उस मतवाली अवस्था ने उन्हें जीवन की साधारण आवश्यकताओं से ऊपर उठा दिया था। उनके मन को सुकुमार भावनाओं से इतना भर दिया था कि वे भोजन जैसे पदार्थों के सम्बन्ध में सोच भी नहीं सकते थे। उस मनःस्थिति में उनमें से कोई भी काकड़ का पीछा करने का कष्ट नहीं कर सकता था। इन बड़ी बिल्लियों में प्रेम-आसक्ति उन्मादतुल्य होती है, उन दिनों में वे भूख-प्यास के प्रति उदासीन हो जाती हैं। उनकी यह अवस्था एक या दो दिन की नहीं होती, कभी-कभी वह सप्ताह से भी अधिक दिनों तक बनी रहती है। उनकी आत्मसमर्पण की अवधि भी दो-तीन दिनों तक चलती है। वे प्रेम-सुधा को बड़े-बड़े घूँटों में नहीं पीते, उसका धीरे-धीरे रुक-रुककर अल्पपान करते हैं। और इस तरह कई दिनों तक उसका आनन्द उठाते हैं। उनके लिए प्रेम-व्यापार न छिप-छिपाने का विषय है, और न लज्जित अनुभव करने का कोई कारण। उनका प्रेम-व्यवहार इतना खुला और निर्दोष होता है जैसे फूलों की सुगन्ध और उनके रंग; सम्भवतः प्रेम आसक्ति उनके लिए सबसे तेज सुगन्धि है और उसका रंग सबसे गहरा।

बड़ी बिल्लियों में कामोद्दीपन का समय फरवरी से अप्रैल तक का है यद्यपि इसमें अपवाद भी हैं। काम-वासना के उत्तेजित हो जाने पर मादा कई दिनों तक गरजती रहती है। उसकी गरजनें बहुत भयत्रस्त होती हैं–कुछ-कुछ विलासी और कुछ विकट और कुछ उदास-सी। उसमें उत्सुकता होती है और विवशता भी, जो चारों ओर उसकी प्रबल इच्छा का प्रसार करती हैं। वे आवाजें उसके हृदय से निकलती हैं जिसमें न किसी पश्चात्ताप या संकोच का कोई संकेत होता है और न समझौते की कोई गुंजाइश। उसकी ऊँची-ऊँची गरजनों में तान और लय होती है और अत्यधिक विस्तार भी। उन गरजनों की प्रबलता की तुलना केवल सूर्य की चमक और तूफानी आँधी की गड़गड़ाहट से ही

की जा सकती है।

नर बघेरे भी उसकी गर्जनों का उत्तर उसी तरह की चारों ओर गूँजती हुई जोशीली गर्जनों से देते हैं। (एक बार मैंने पाँच बघेरों को एक पंक्ति में उसके पीछे जाते देखा था)। वे उसके निकट जाते हैं, उसका अनुग्रह प्राप्त करने के लिए आपस में मर्मभेदी लड़ाइयाँ लड़ते हैं, उसके प्रेम का पात्र वह होता है जो उसमें से सबसे अधिक शक्तिशाली और साहसी सिद्ध होता है। शेष इस आशा में कि शायद वह अपना निर्णय बदल ले, उसके आस-पास चक्कर काटते रहते हैं। इन बड़ी बिल्लियों में प्रेम का प्रलोभन इतना अधिक होता है कि पराजय भी उनकी आशा को भंग नहीं करती, उन्हें पूर्ण रूप से निरुत्साहित नहीं कर पाती। वे वहीं कहीं, उसके आस-पास ठहरे रहते हैं और कई सप्ताह तक उसके इर्द-गिर्द मँडराते रहते हैं।

उन पदचिह्नों का अनुसरण करते-करते मैं नाले में जा पहुँचा। पूरे नाले की रेतीली धरती पर बहुत बड़ी-बड़ी, उस नाले की तुलना में विशेष बड़ी चट्टानें बिखरी पड़ी थीं। नाला गहरा नहीं था, छिछला था और टेढ़ा-मेढ़ा था। उसके दोनों किनारों पर ऊँची-ऊँची झाड़ियाँ थीं। उस नाले का जल उन चट्टानों के इर्द-गिर्द होते हुए बह रहा था; जहाँ कहीं वह किसी चट्टान की ओट से निकलकर खुले में आ जाता था तो ऐसा लगता था जैसे वह अपने आपको वहाँ देखकर अचम्भे में अपना सिर हिलाने लगा हो।

पिछली रात उस नाले में बहुत से जानवरों का आना-जाना नहीं हुआ था लेकिन लकड़बग्घा उस नाले में गया था और मेरा काकड़ भी। उन दोनों के पदचिह्न प्रभात के प्रकाश की भाँति बहुत स्पष्ट और स्वच्छ दिखाई दे रहे थे। मैं प्रत्येक झाड़ी और ढके हुए स्थान को देखते हुए, छाया की भाँति आगे बढ़ रहा था। मैंने अपनी चाल को ध्वनिमुक्त करने के लिए अपने जूते उतार दिए, और अपने ऊपर लादे हुए बोझ को हल्का करने के लिए जैकट भी उतार डाली। मुझे जंगल में नंगे पाँव चलना, विशेषकर जंगली जानवरों का पीछा करते समय सदा सुविधाजनक लगता था। एक तो नंगे पाँव चलना मेरे स्वभाव के अनुकूल था; दूसरा, उससे पैरों की पकड़ भी अच्छी हो जाती थी। अपनी इस आदत के कारण मुझे अपने माता-पिता से बहुत डाँट सुननी पड़ती थी, क्योंकि जंगल में मेरे जूते प्रायः खो जाते थे और उन्हें मुझे नए जूते दिलवाने पड़ते थे। एक बार मेरे पिता ने मुझे कहा था कि वे मेरे जूतों पर मेरी कीमत से दस गुना अधिक खर्चा कर चुके हैं और शायद उन्होंने ठीक ही कहा था।

उस नाले का फैलाव धीरे-धीरे कम होता गया। मैं जितना आगे गया वह नाला उतना ही टेढ़ा-मेढ़ा और छिछला होता गया, और उसका आगे की बड़ी-बड़ी चट्टानों और झाड़ियों से टकराने का शोर बढ़ता गया। उस नाले का दायाँ किनारा पहाड़ी की ऊँची दीवार से टकरा रहा था; उसके बाएँ किनारे की धरती धीरे-धीरे नीची होती झाड़ियोंवाली समतल भूमि से जा मिली थी और वह लगभग एक मील की छोटी-छोटी पहाड़ियों, पठारों और गहराइयों में से होते हुए भागोर नामक गाँव की कृषि भूमि से जा मिली थी।

इससे पहले कि वह नाला अपनी पहचान खो देता, उसके अन्तिम छोर पर रेत की एक पतली पट्टी थी जैसे कि वह उसके खत्म होने का प्रामाणिक चिह्न हो। उस रेत की पट्टी पर काकड़ के पदचिह्न स्पष्ट और सुगठित दिखाई दे रहे थे, और वहाँ लकड़बग्घे के पदचिह्न भी थे। काकड़ के पदचिह्नों के सम्बन्ध में कोई भ्रान्ति नहीं थी, किन्तु लकड़बग्घे के पदचिह्नों के सम्बन्ध में यह बात विश्वसनीय रूप से नहीं कही जा सकती थी। वे भ्रान्तिमय थे। सामान्य रूप से वे लकड़बग्घे के पदचिह्नों जैसे दिखाई देते थे, और फिर भी उनसे कुछ भिन्न। पहला, उन पदचिह्नों में नाखूनों के निशान नहीं थे; दूसरा, लकड़बग्घे के सामान्य पदचिह्नों की तुलना में उनकी पैड यानी गद्दी बहुत बड़ी थी। इन दो कारणों ने उन पदचिह्नों के विषय में भ्रान्ति पैदा कर रखी थी।

कुत्ते, गीदड़, भेड़िए और लकड़बग्घे जैसे मांसाहारी जानवर प्रायः दूसरों के किए हुए शिकार पर अपना निर्वाह करते हैं और भोजन करते समय अपने भोजन को पैरों में जकड़कर रखते हैं। इसलिए उनकी पैरों की गद्दियों की अपेक्षा उनकी पैरों की उँगलियाँ अधिक विकसित होती हैं और उनके नाखून भी बड़े-बड़े और आगे को मुड़े हुए होते हैं।

शेर, बबर शेर, बघेरा और बिल्लियाँ आदि जानवर जो अपने शिकार का पीछा करते हैं, उनकी चाल का ध्वनिरहित होना बहुत जरूरी है। अतः उन्हें अपनी उँगलियों से कहीं अधिक अपने पैरों की गद्दियों पर चलना पड़ता है। परिणामस्वरूप उनके पंजों की उँगलियों की अपेक्षा उनके पैरों की गद्दियाँ अधिक विकसित और बड़ी होती हैं। वे अपने शिकार को मारने व चीरने-फाड़ने में अपने नाखूनों का प्रयोग करते हैं, इसलिए उन्हें चोट आदि से बचाकर रखने का एक प्राकृतिक साधन है—वे प्रायः त्वचा के अन्दर ढके रहते हैं।

पैरों के जो निशान नाले के अन्तिम छोर पर रेत में थे, उनमें नाखूनों के निशान नहीं थे।...क्योंकर ?...उन निशानों का क्या हुआ जो नाले के मुँह पर मैंने स्वयं देखे थे। वे बहुत स्पष्ट थे, मैंने जो देखा था उसके सम्बन्ध में मुझे कोई सन्देह नहीं था। फिर भी, कहीं वह मेरा भ्रम तो नहीं था ?—नहीं। नाखूनों के वे चिह्न मुझे उसी तरह याद हैं जैसे अपने जूते जिन्हें मैंने उन पदचिह्नों के पास छोड़ा था—क्या यह सम्भव हो सकता है कि रेत पर के ये चिह्न उस बघेरे के हों जिसे मैंने घाटी में देखा था। यदि ऐसा है तो काकड़ का पीछा लकड़बग्घा नहीं बघेरा कर रहा था, और नाले के मुख पर नाखूनों के निशान उस समय बन गए होंगे जब कंकड़-पत्थर व काँटों आदि की चुभन की तीखी पीड़ा से उसकी त्वचा में ढके नाखून त्वचा से बाहर निकल आए होंगे।

जब मैं मन-ही-मन इस पर विचार कर रहा था, उसी समय जंगल के लाल मुर्गों का एक झुंड भागते-भागते हीनूसे की झाड़ियों पर चढ़ गया और डरे हुए स्वर में क्लक-क्लक-कला, क्लक-क्लक-कला करने लगे। उनके शोर ने जंगल का मौन भंग कर दिया। मैंने सोचा कि मैंने ही किसी प्रकार उन्हें अपनी उपस्थिति का परिचय दे दिया था और अपने इस फूहड़पन पर मुझे बहुत दुःख हो रहा था।

उस दिन मेरे पास केवल एम.एम. राइफल थी। यदि मेरे पास शॉटगन भी होती, तो भी मुझे पक्षियों का शिकार करने में रुचि नहीं थी। मैं काकड़ का शिकार करने के उद्देश्य से उस दिन वहाँ गया था, और भाग्य में यदि हुआ तो बघेरे का भी...! किन्तु उसकी सम्भावना बहुत कम थी। दिन के उजाले में ये अत्यन्त लजीली बिल्लियाँ रोज नहीं मिला करतीं। बघेरे वन-कौशल में बहुत प्रवीण होते हैं, उन पर विजय पाना आसान काम नहीं। यद्यपि बघेरों की सूँघने की क्षमता बहुत कम है, उनमें नेत्रों के डेलों को घुमा सकने की क्षमता भी कम है, और उनके लिए दूर के पदार्थों पर अपने नेत्रों को केन्द्रीभूत करना भी कठिन है, फिर भी कोई भी पदार्थ उनके ध्यान से बच नहीं सकता। उनके सुनने की क्षमता विशेष रूप से विकसित है, उनके कान इतने सूक्ष्मग्राही हैं कि वे उनकी अन्य सब संवेदनशीलता की कमजोरियों की परिपूर्ति कर देती है। वे उन मन्द ध्वनियों को सुन लेते हैं जिन्हें सुन सकना मनुष्य के लिए सम्भव नहीं, जैसे रेशमी वस्त्रों की रगड़ या घास की फलकों का टकराना या दूर से साँप के रेंगने की ध्वनि-तरंगें, अर्थात् जिन मन्द ध्वनियों को मनुष्य के कान सुन नहीं सकते, वे उन्हें सुनने में सक्षम हैं।

हल्की-सी गति की अत्यन्त मन्द ध्वनि उन्हें सतर्क और सावधान कर देती है, वे तुरन्त उस स्थान से हटकर किसी कुंज या चट्टान आदि की ओट में छिप जाते हैं। उनकी त्वचा की रंग-व्यवस्था और वन-विलक्षणताओं में जो अनुरूपता है वह उन्हें दृष्टि-अगोचर करने में बहुत सहायक है। वे आँखों के सामने होते हुए भी प्रायः दिखाई नहीं पड़ते : वृक्षों के तले की छाया, सूखी भूरी धरती, मटमैले वन-मार्ग, छोटे पत्थरोंवाले नाले, धूमिल चट्टानें, धूप में चरागाहें, दिन की धूप-छाया वनों की कुछ ऐसी विशेषताएँ हैं जिनकी पृष्ठभूमि में वे बहुत निकट होते हुए भी नजर नहीं आते। उनकी गति से ही उनकी उपस्थिति का परिचय मिलता है। वे घंटों तक चट्टान की तरह एक ही स्थान पर स्थिर बैठे रह सकते हैं और चलते समय वे धरती की रक्षात्मक विशेषताओं का पूरा लाभ उठाते हैं, जैसे वे झाड़ियों, गहराइयों, मोड़, पत्थरों और चट्टानों के साथ-साथ ऐसे चलते हैं कि दिखाई नहीं पड़ते। उनकी चाल ध्वनि-रहित है और छाया की भाँति वे एक रक्षात्मक स्थिति से दूसरी में चले जाते हैं।

एक बार एक बघेरे के साथ मुझे बहुत ही विचित्र अनुभव हुआ; उस दिन अपनी पराजय के साथ मुझे इसका भी बहुत स्पष्ट अनुभव हुआ कि इस जानवर को खोज पाना कितना कठिन है; वह कैसे बहुत निकट और जंगल के खुले मैदान में होते हुए भी नजर नहीं आता।

ग्रीष्म ऋतु की ठंडी और सुहावनी शाम थी। मेरा पूरा दिन अपनी कृषि-भूमि में बहुत ही फीका और उदास बीता था। दिन-भर की उदासी को दूर करने के भाव से हम दोनों, मेरा छोटा भाई जगदीप सिंह और मैं, अपने ट्रैक्टर में पाँवटा के लिए रवाना हुए। पाँवटा यमुना नदी के किनारे पर एक छोटा-सा नगर है। उसमें एक छोटी-सी मद्यशाला है।

इसके पहले कि हम उस मद्यशाला में प्रवेश करते, हमें सूचना दी गई कि यमुना पार, मन्दियन घाटी में एक बघेरे ने गाय मार दी है। इस सूचना से मैं वहाँ जाने के लिए विशेष उत्साहित नहीं हुआ, और उसके कुछ कारण थे : पहला, समय बहुत कम था; दूसरा, हमारे पास उस समय बन्दूकें नहीं थीं, और फिर प्यास बुझाने की भी इच्छा थी। यद्यपि यह विषय गम्भीर था, तथापि उस परिस्थिति में मैंने उस पर यथोचित ध्यान नहीं दिया, लेकिन जगदीप ने हठ किया और ट्रैक्टर को पीछे गाँव की ओर मोड़ लिया। गाँव वहाँ से तीन मील दूर था। गाँव से हमने अपनी बन्दूकें लीं और तुरन्त पाँवटा लौट आए, जल्दी से बेड़ा बनाया और यमुना पार चले गए। रास्ते में से हमने गाय के मालिक को भी अपने साथ ले लिया। उसने हमें बेरों की झाड़ियों के अन्दर ले जाकर वह स्थान दिखा दिया जहाँ बघेरे ने गाय मारी थी। हम जब घाटी में पहुँचे तो उस समय सूर्य आसपास के पहाड़ों के पीछे झुक गया था और धरती पर सूर्य के प्रकाश का स्थान लेने के लिए प्रतिझाइयाँ तेजी से फैल रही थीं। वह वही समय था जब बघेरे सामान्यतया अपने शिकार पर लौटकर आते हैं। बघेरे ने जहाँ गाय को मारा था वह स्थान घाटी के एक मोड़ के अन्दर, समतल भूमि का क्षेत्र था। उसमें छोटी-छोटी घास थी। पास की पहाड़ी के एक उभरे भाग ने उस क्षेत्र को अच्छी तरह से ढाँप रखा था। उस पहाड़ के उभरे भाग से आगे निकलने के लिए हम जब कुछ आगे गए तो जो चीज हमें सबसे पहले दिखाई दी, वह बघेरा था और वह गाय के मृत शरीर के ऊपर खड़ा था। वह घृणा और विस्मय से भरी अपनी बड़ी-मड़ी आँखों से हमें देख रहा था। जब तक मैं अपनी बन्दूक के सेफ्टीकैच को खोलता और अपनी बन्दूक को कन्धे से लगाता, वह भागकर हमारी दृष्टि से ओझल हो गया।

मैंने पागलों की तरह अन्धाधुन्ध भागते हुए घाटी पार की, उसके किनारे पर कुछ ऊपर चढ़ा और अपने नेत्रों से उस पचास गज के उस खुले क्षेत्र को तथा उसकी ऊपर को उठती हुई पहाड़ियों को छान मारा, किन्तु वह मुझे कहीं दिखाई नहीं दिया। इतने कम समय में वह जंगल के उस खुले क्षेत्र से बाहर जा नहीं सकता था, और वह वहाँ से निकल भी गया था तो भी नंगे पहाड़ों पर दो सौ गज ऊपर चढ़ते हुए कहीं तो नजर आता किन्तु वह छली कहीं भी दिखाई नहीं दिया।

वह सारा क्षेत्र, फुटबॉल के मैदान की तरह मेरे सामने था और स्पष्ट दिखाई पड़ रहा था। उसमें कोई भी दृष्टि-अवरोधक पदार्थ नहीं था : न पेड़ थे, न झाड़ियाँ और न किसी प्रकार की कोई ओट। पहाड़ी के आधे रास्ते में केवल एक अकेली झाड़ी थी, जिसमें खरगोश के लिए शरण ले सकना कठिन था। हमने उस वन-स्थल को लम्बाई और चौड़ाई, दोनों दिशाओं से पूरी तरह से छान मारा परन्तु वह नहीं मिला। हमारे लिए तो वह छाया बनकर रह गया। न जाने कैसे वह जीव जिसे मैंने अपनी आँखों से देखा था, वहाँ से विलुप्त हो गया।

हमने खोज करनी खत्म कर दी और बिना किसी योजना के अलग-अलग दिशाओं से उस मैदान के केन्द्रीय भाग की ओर बढ़ने लगे। उस मैदान के मध्य में एक पतली-सी

झाड़ी थी जो उस खाली क्षेत्र की नीरसता को कुछ अंश तक दूर कर रही थी। केवल एक अकेली झाड़ी होने के कारण हम सब अलग-अलग दिशाओं से आकर उसी के गिर्द इकट्ठे हो गए, और लगभग पाँच मिनट तक एक-दूसरे को लापरवाही का दोषी ठहराते हुए आपस में जोर-जोर से बातें करते रहे। तभी सहसा बघेरा उस झाड़ी से गरजता हुआ बाहर कूदा और हमारी टाँगों के पास से भाग निकला। (वह हमारे मार्गदर्शक से टकराया, उसे नीचे गिराया। मार्गदर्शक को कुछ खरोंचें भी लगीं।) मैंने अपनी बन्दूक का सेफ्टीकैच खोल रखा था, किन्तु इससे पहले कि मैं उसे कन्धे तक उठा पाता, वह भाग निकला, और हमारी आँखों से ओझल हो गया। केवल एक पीली धारी मेरी आँखों के सामने से निकली थी, और इससे पहले कि मैं उसे समझ पाता, वह धारी मेरे दृष्टि-क्षेत्र से बाहर निकल गई थी।

जंगल के लाल मुर्गे बोले, उनके बोलने से मुझे अचम्भा हुआ। मैंने सोचा कि मैंने ही अपनी किसी असावधानी से उन्हें अपनी उपस्थिति का परिचय दे दिया है। मुझे बहुत दुःख हुआ। मेरे लिए यह मेरी हार थी क्योंकि मैंने बहुत तन्मयता के साथ जंगल में ध्वनि रहित चलना और वन के तरह-तरह के संकेतों को समझना सीखा था।

मेरे अहं को धक्का लगा। मेरे मन में उन मुर्गों को देखने की इच्छा हुई जिन्होंने मुझे पराजित किया था। मैंने सोचा कि यदि भाग्य ने मेरा साथ दिया तो मैं अपना स्थान बदलकर उन्हें असमंजस में डाल दूँगा, और वे मेरे स्थान का अनुमान लगाते रह जाएँगे। अपनी गर्दन को मैं जितना ऊपर को खींच सकता था, खींचा और अपने आस-पास देखा; सामने हीनूसे की बहुत-सी झाड़ियों का एक कुंज था, उस कुंज के पूर्वी किनारे पर उतनी ही करौंदे की झाड़ियाँ थीं जो उनमें उलझी हुई थीं। उन्हीं उलझी हुई झाड़ियों के परले किनारे पर जंगली मुर्गे बोल रहे थे। वहाँ पर एक गहरे भूरे पत्तोंवाला काला-सा तेंदू वृक्ष था। उसकी एक शाखा, दोषी ठहरानेवाले न्यायाधीश की उँगली की तरह, मेरी ओर उठी हुई थी; शेष शाखाएँ नीचे को झुकी हुई लगभग धरती को छू रही थीं। उस वृक्ष ने उन उलझी हुई झाड़ियोंवाली स्थिति को और भी उलझा रखा था।

मैं जल्दी से अपने पहले स्थान से बाहर निकला और झाड़ियों के अन्दर झाँकने के लिए नीचे धरती पर लेट गया; किन्तु मैं जिस किनारे से देख रहा था वहाँ से मुझे कुछ दिखाई नहीं पड़ा। उन झाड़ियों के अन्दर एक बहुत बड़ी चट्टान थी, उसने मेरी दृष्टि में बाधा डाल रखी थी। उस बाधा को दूर करने के लिए मैं वहाँ से हटकर झाड़ियों के किनारे पर गया। मुझे लगा कि जो मुर्गे मेरा उपहास कर रहे थे, उन्हें देखने के लिए मुझे करौंदे की झाड़ियों से आगे जाना होगा और मैं रेंगते-रेंगते अन्त में वहाँ जा पहुँचा जहाँ करौंदे की झाड़ियाँ और हीनूसे की झाड़ियाँ आपस में मिलती थीं। उनसे एक-दो गज आगे, धरती से लगभग दो फुट ऊँची दीमकों की बाँबी थी। उसके पीछे छिपकर बैठा जा सकता था। किन्तु, रास्ते में तेंदू वृक्ष के काले-काले पत्तोंवाली काँटों से भरी एक शाखा थी। मुझे उसके पास से घूमकर बाँबी तक पहुँचना था। मैं रेंगते हुए उसकी तरफ गया और जैसे ही मैंने आगे देखा, मुझसे छः फुट दूर, तेंदू वृक्ष की

छाया के साथ घुला-मिला एक बहुत बड़ा बघेरा था जो सीधा मेरे सामने खड़ा था, और सीधे-सीधे मेरी आँखों में देख रहा था।...तो उन जंगली मुर्गों को डरानेवाला मैं नहीं था, यह बड़ी बिल्ली थी।

मेरे इस प्रकार उसके सामने आ जाने से उसे जो धक्का लगा था और अचम्भा भी हुआ था, ये दोनों भाव उसकी आँखों में उतने ही स्पष्ट थे जितने मेरी आँखों में। इससे पहले कि वे भाव उसकी आँखों से दूर होते, मैंने सोफ्ट नोज की 175 ग्रेन की गोली उस पर चला दी। वह गोली उसकी गर्दन के निचले भाग पर वहाँ लगी जहाँ वह वक्षस्थल से मिलती है। उसने उसके शरीर के भीतर उसके यकृत और फेफड़ों के कुछ भाग पर आघात किया और उसकी सुषुम्ना नाड़ी को तोड़ डाला। वह वहीं धरती पर गिर गया, न उसकी दुम हिली और न कान फड़फड़ाए। यथार्थ मैं, उसे पता ही नहीं चला कि उसके साथ हुआ क्या था, किन्तु उसके नेत्रों में भय और विस्मय के लक्षण ज्यों-के-त्यों बने रहे यद्यपि उनकी ज्योति और जान खत्म हो चुकी थी।

मैं धरती पर स्थिर पड़ा रहा, उतना ही स्थिर जितना कि मेरे सामने का बघेरा। मृत्यु में भी वह सुन्दर लग रहा था जबकि मैं अवश्य ही नीचता का रूप दिखाई पड़ रहा हूँगा। मुझे धरती पर भयत्रस्त पड़ा देखकर आसपास के वृक्ष और पहाड़ियाँ मेरा उपहास कर रही होंगी। जो भी हो, वह बघेरा अपने आधे खुले मुँह पर मृत्यु की मुस्कान लिए मेरा उपहास करता हुआ दिखाई पड़ रहा था।

मेरी बन्दूक चलने की आवाज पहाड़ियों से टकराकर गूँजी। उस प्रतिध्वनि ने उस घृणित हत्या की घोषणा चारों ओर कर दी। उस अपराध से विचलित होकर सूर्य धीरे-धीरे काँपते हुए निकला, पास की एक झाड़ी से एक मोर ने चिल्ला-चिल्लाकर मुझे मन भर कर गालियाँ दीं, बन्दूक चलने की आवाज आकाश तक फैल गई और मैं वहीं धरती पर निर्जीव-सा पड़ा था। उस स्थिति में मैं वहाँ कब तक पड़ा रहा, मैं नहीं जानता। मुझे वह समय बहुत ही लम्बा लगा था मानो एक अरसा बीत गया हो परन्तु वास्तव में वह अवधि बस उतनी ही थी जितनी उस प्रतिध्वनि को खत्म होने में लगी थी।

प्रतिध्वनियों के बन्द होते ही जंगल पहले-सा शान्त हो गया, और मुझे व्यामोह से बाहर निकाला। मैं बघेरे के मृत शरीर के पास गया। वर नर था–सुन्दर, स्वस्थ और युवा। उसके शरीर पर कहीं भी किसी पुराने घाव का चिह्न नहीं था, उसके चेहरे पर भी फटन या गहरे घाव नहीं थे। इससे प्रमाणित होता था कि वह उन दो बघेरों में से नहीं था जिन्हें मैंने कल प्रेमालिंगन में देखा था। मापने पर वह छः फुट आठ इंच निकला और उसकी दुम उसकी लम्बाई के अनुरूप थी। मुझे गर्व और हर्ष का आभास हुआ।

जब तक मैं उसकी त्वचा को उतारने के लिए वापस आता, उसे धूप से बचाकर रखने के लिए मैंने उसे खींचकर झाड़ियों के अन्दर करने का प्रयास किया। उन झाड़ियों

में दो-चार कदम अन्दर जाने पर मैं किसी चीज से टकराया और उसने मेरी सारी खुशी चूर-चूर कर दी। मैंने अपने आपको ठगा-सा महसूस किया। उस समय की मेरी मानसिक व्यथा उस बालक के समान थी जिसे अपना मनचाहा खिलौना एकाएक टूटा हुआ मिला हो। वह मेरा काकड़ था जो मुरझाए हुए तेंदू वृक्ष के नीचे आधा खाया हुआ पड़ा था। मुझे बहुत दुःख हुआ। यह कैसी विडम्बना थी ! मैं कुंठा से विह्वल हो उठा। मुझे उस समय ऐसा लगा जैसे दिन में से सारा उजाला निकल गया हो, वन अपनी सार्थकता खो बैठा हो और उस संगीत से खाली हो गया हो जो सुबह उसमें भरा पड़ा था; वन बिल्कुल सूना हो गया था।

मनुष्य-हत्यारा भालू : सोनारीपुर का

तराई के जंगलों में सोनारीपुर का शिकार-ब्लाक दिल्ली से दूर है किन्तु वह क्षेत्र वन-प्राणियों और प्राकृतिक सौन्दर्य से इतना सम्पन्न है कि वह दूर जाने योग्य है। वह ब्लाक एक पठार के मध्यभाग में है और पहाड़ियों और घाटियों से मुक्त नेपाल की सीमा तक फैला हुआ है। उसकी दक्षिणी दिशा में घास की एक लम्बी व चौड़ी अर्धचन्द्र के आकार की पट्टी है जो एक पहाड़ी के उभरे हुए भाग पर जाकर एकाएक खत्म हो जाती है। उससे आगे समतल भूमि का एक टेढ़ा-तिरछा क्षेत्र है; जहाँ पर वह वृक्षों का घना जंगल है।

वह क्षेत्र प्राकृतिक सौन्दर्य का एक सुन्दर संसार था जिसे पक्षियों के मधुर संगीत, जानवरों की पुकारों, घास की बेंत मारने की-सी ध्वनि, जलधाराओं की कलकल और वायु के कोलाहल ने और भी रमणीक बना रखा था। कभी-कभी रात्रि को कहीं दूर से शेर की ऊँची गर्जनें भी सुनाई पड़ती थीं, जो रुक-रुककर नियमित क्रम से रात्रि पर छा जाया करती थीं और रात्रि को भयातुर और मौन बना देती थीं।

मैं मई के महीने में अपने कुछ मित्रों के साथ वहाँ शेर के शिकार के लिए गया था। यह उद्‌देश्य विशेष प्रशंसनीय तो नहीं है किन्तु भारत की राजधानी दिल्ली में केवल अपनी लाभहानि को सोचनेवाले राजनीतिज्ञों, धन-शक्ति को बटोरनेवाले व्यापारियों और अपनी ही सोचनेवाले बुद्धिजीवियों की भीड़ के परिवेश में रहने से शायद इस उद्‌देश्य से भी वहाँ जाना कम घृणाप्रद था।

हमारे वहाँ पहुँचने के तीसरे दिन ही हमें सूचना मिली कि शेर ने एक गरीब की भैंस को मार डाला है। गर्मी के सूखे महीनों को बिताने के लिए, अन्य निकटवर्ती गाँवों के किसानों की भाँति वह किसान भी अपने ढोर-डंगरों को वहाँ की हरी-भरी चरागाहों में ले आया था। वह सूचना हमें शाम को देरी से मिली थी। दूसरे दिन प्रभात होते ही हम उस स्थान पर पहुँचे; वह स्थान उस मैदानी क्षेत्र के पश्चिमी किनारे पर वहाँ से लगभग दो मील दूर था। शारदा नदी के पश्चजल ने उसे नरकट के पौधों से भरा एक दलदली क्षेत्र बना रखा था। उसके बीच में एक बहुत बड़ी झील थी जिस पर कुछ धुन्ध छाई हुई थी। सुबह के स्वच्छ प्रकाश में वह दलदली स्थान बहुत धूमिल और अपशकुनी दिखाई पड़ रहा था। वहाँ पर बहुत बड़ी संख्या में प्रत्यक्ष और अप्रत्यक्ष दुखों से पीड़ित लोगों ने अपना डेरा डाल रखा था।

हमें बताया गया था कि भैंस का मृत शरीर उन्हीं नरकट के पौधों के अन्दर धँसा

पड़ा था, किन्तु किसी ने उसे देखा नहीं था। वे पौधे इतने घने और उलझे हुए थे कि उनमें केवल हाथी पर बैठकर ही प्रवेश किया जा सकता था। तथापि, मैंने उनमें जाने का प्रयास किया किन्तु सफल नहीं हुआ। नारी के हृदय की गहराई मापने की भाँति उनमें प्रवेश पा सकना असम्भव था। अतः हमें अपनी खोज छोड़ देनी पड़ी। मैंने मन-ही-मन सोचा कि वह शीघ्र ही हमें उससे किसी अच्छे स्थान पर अच्छा अवसर अवश्य देगा।

विश्राम गृह को लौटते समय हम वन-गार्ड से भेंट करने के लिए उसके कार्यालय में गए। वह खुशमिजाज इंसान था, सच्ची-झूठी कहानियाँ कहनेवाला। वह भारी शरीर का था, उसकी लम्बाई की तुलना में उसकी गोलाई अधिक थी। वह देसी शराब पीने का शौकीन था और उसके पीने की प्यास की कभी परितुष्टि नहीं होती थी, उसके पीने की आवश्यकता निरन्तर बनी रहती थी। उसे डींग हाँकने की भी आदत थी। उसका कहना था कि वह सोलह से साठ वर्ष तक की रमणियों के मन को आसानी से जीत लेता था। वह बातें करने का भी शौकीन था, साधारण-सी बात को बहुत रंगीन और रसीली भाषा में कहता था।

मैंने जब उससे पशुघातक शेर के बारे में पूछा तो उसने अपनी गालियों भरी भाषा में कहा कि वह स्वयं उसके बारे में कुछ नहीं जानता किन्तु बदलू–अपनी माँ की नाजायज औलाद हमें सबकुछ बतला देगा। यह कहकर उसने बदलू को आवाज दी जो निकट ही अपने ढोर-डंगर चरा रहा था।

बदलू एक बूढ़ा किसान था; आयु और दिन-रात खुले आकाश के नीचे काम करने से उसकी त्वचा का रंग पक गया था। वन-गार्ड की आवाज सुनते ही वह आया और बहुत सहज भाव से हमारे पास बैठ गया। मैंने उसे एक सिगरेट दी और उसने उसे सरल-भाव से लेकर पीना शुरू कर दिया। तत्पश्चात् मेरे कुछ कहने से पूर्व उसने मेरी राइफल पर लगे टेलीस्कोप की ओर इशारा करते हुए पूछा कि वह क्या था। जैसे ही उसके सम्बन्ध में मैंने उसे बताया, उसने उसे अपने हाथ में लेकर देखने की अनुमति माँगी। मैंने राइफल में से कारतूस निकाले और अपनी राइफल उसे थमा दी। उस वृद्ध ने स्कोप में देखा और खुशी से उछल पड़ा। उसने फिर से दोबारा स्कोप के द्वारा सारे क्षेत्र को ध्यान से देखा, और जोर से कहा, "हाथ फैलाने पर मैं अपनी भैंस को भी स्पर्श कर सकता हूँ," और उसने वास्तव में ही अपनी भैंस की ओर हाथ फैला दिए जो उस समय लगभग पचास गज दूर घास चर रही थी। उसका हाथ जब भैंस तक नहीं पहुँचा तो वह हँसता-हँसता धरती पर लोट-पोट हो गया, और जोर से बोला, "यह जादू है, दूरी के बारे में आदमी को कितना मूर्ख बनाता है।" तत्पश्चात् उसने एक बार फिर स्कोप में से देखा और पहले से भी अधिक खिलखिलाकर हँसने लगा।

उस वृद्ध पुरुष को देखते और उसकी निःसंकोच हँसी को सुनते हुए मेरे मन में विचार आया कि वैसी खुशी और आनन्द केवल उन्हीं को उपलब्ध है जो शहरों के ज्ञान-विज्ञान के आडम्बरों से दूर प्रकृति की गोद में रहना पसन्द करते हैं।

7हमें वन में ले जाने के लिए हमारी जीप में वन-गार्ड के साथ बदलू चरवाहा भी आया। उसने रास्ते में हमें बतलाया कि उस पशुघातक शेर ने उसे तबाह कर दिया है। पिछलेवाले बैल के अतिरिक्त उस धारीदार ने उसकी चार अच्छी भैंसें भी मार रखी हैं। उसका कहना था कि कोई सप्ताह नहीं बीतता जिसमें वह एक-दो पशुओं को नहीं मार डालता। उसकी गतिविधियाँ तो विनाशकारी थी हीं, उस पर यहाँ के निवासियों पर पिछले कुछ दिनों से जो नया संकट आन पड़ा है उसने उनके जीवन को ही अनिश्चितता में डाल दिया है। एक बूढ़ा भालू निकटवर्ती जंगल में आ गया है जो मनुष्यों को देखते ही उन पर आक्रमण करता है। वह उस समय तक चार मनुष्यों को मार चुका था और दर्जन से अधिक मनुष्यों को जख्मी या अपंग बना चुका था।

बदलू चरवाहे ने हमसे आग्रह किया कि हम पहले अपना ध्यान उस नरघातक भालू पर केन्द्रित करें और उसको मार लेने के बाद पशुघातक को मारने की योजना बनाएँ। मेरे कहने पर कि भालू ने उसे व्यक्तिगत रूप से तो हानि नहीं पहुँचा रखी जबकि शेर ने उसका सर्वनाश कर डाला है, वह कुछ हैरान-सा दिखाई पड़ा।

''दूसरों के प्राणों और हाथ-पाँवों की तुलना में मेरी व्यक्तिगत हानि का मूल्य ही क्या है।'' उसने कुछ बिगड़कर कहा, ''नहीं, आप पहले उस राक्षस को खत्म करें और शेर को फिलहाल भूल जाएँ। मैं जानता हूँ उसने कहाँ शरण ले रखी है। आप यदि चाहें तो मैं अभी आपको वहाँ ले जा सकता हूँ।''

वन-गार्ड ने अपनी सामान्य गालियों भरी भाषा में उसे डाँटा और भालू के पीछे जाने के स्थान पर, मुझसे जंगली सूअर का शिकार करने का आग्रह किया जिससे कि उसकी सूखी आँतों के अभाव की कुछ परिपूर्ति हो सके। मैंने मुस्कुराते हुए उसके डेढ़-सौ किलो के गोलमटोल शरीर की ओर देखा और अपनी गाड़ी को उस ओर घुमा दिया जिस ओर बदलू ने इशारा किया था।

मैंने बदलू का सुझाव मान लिया था; इसलिए वह मुझसे खुश था; पुरस्कार के रूप में उसने मुझे रास्ते में एक फ़ाख्ता का घोंसला दिखाया। वह नाजुक-सा घोंसला, घास-तिनकों का बना हुआ, धरती से लगभग पन्द्रह फुट ऊँचे, नरकट पेड़ की एक शाखा के अन्तिम छोर पर बना हुआ था। जब मैं उस वृक्ष के पास गया तो मेरी नजर एक फाख्ता पर पड़ी जो धरती पर पड़ी अपने पंख फड़फड़ा रही थी। ऐसा लगता था कि वह टूटे पंख की पीड़ा-से बहुत उद्विग्न थी। उसे देखकर मुझे बहुत दुःख हुआ, और उसकी पीड़ा निवारण करने के भाव से, मैं उसे उठाने के लिए उसकी ओर भागा परन्तु वह उड़कर मेरी पहुँच से बाहर निकल गई। बार-बार यही होता रहा। जैसे ही मैं उसके निकट जाता, वह उड़कर मेरी पहुँच से बाहर निकल जाती। ऐसा करते-करते वह मुझे उस पेड़ से बहुत दूर ले गई। अन्त में हम उस पचास गज के क्षेत्र के अन्तिम किनारे पर पहुँच गए। वहाँ पर जैसे ही मैंने उसे उठाने के लिए अपना हाथ बढ़ाया, उसने उड़कर तेजी से एक चक्कर खाया और ऊपर आकाश में उड़ गई। और तब मुझे हँसी की आवाज सुनाई दी; वह हँसी उपहास की हँसी थी, किन्तु मैत्रीपूर्ण। मैंने इधर-उधर देखा,

मुझे वृद्ध बदलू खिलखिलाकर हँसता हुआ दिखाई दिया। वह इशारे से मुझे जीप के पास लौट आने के लिए भी कह रहा था। मैं लौट आया। उसने बताया कि जिस फ़ाख्ता को मैं जख्मी समझे हुए था, वह केवल घायल होने का नाटक कर रही थी। उसका कहना था कि सारे छोटे-छोटे निःसहाय पक्षी, और जानवर भी अपने घोंसलों और बच्चों से संदिग्ध व्यक्तियों के ध्यान को हटाने के लिए इस विधि का प्रयोग करते हैं, और अपने अंडों व बच्चों से बहुत दूर ले जाते हैं। कितनी चतुर और जोखिम भरी है यह विधि ! और, कितनी गम्भीर सोच-समझ है इसके पीछे !

फ़ाख्ता बहुत ही सुन्दर और सजीला पक्षी है। सोनारीपुर के अतिरिक्त मैंने उन्हें जंगल के बाहर कहीं भी इतने बड़े झुंडों में नहीं देखा। नर-फ़ाख्ता बहुत ही आकर्षक और सजीला होता है। ईंटों के रंग जैसे उसके गुलाबी पंख रेशम सदृश कोमल दिखाई पड़ते हैं। वह खुले आकाश के नीचे जब अपने पंख फैलाता है तो सूर्य के प्रकाश में उसके पंखों में सुन्दर सुनहरी धारियाँ चमकने लगती हैं। वे अपनी मधुर आवाज में जब ग्रू-गुर-ग्रू, ग्रू-गुर,-ग्रू का स्वर करते हैं तो सुननेवाले को उसीनता और ध्यानपरता घेर लेती है। उनका वह स्वर सुननेवाले को किसी ऐसी पुरानी मित्रता की याद दिलाता है जिसे समय के थपेड़ों से वह उसे कहीं खो बैठा है। फ़ाख्ता की उदासीन ग्रू-गुर-ग्रू से उसकी पुरानी स्मृतियाँ, अपनी मधुरता और कोमलता के साथ पुनःजाग्रत हो जाती हैं।

हम और आगे गए और धार पर चढ़कर एक बहुत बड़े और घने जंगल में पहुँच गए। वहाँ पर एक पतला और पथरीला वनमार्ग था जो कई मीलों तक जाकर सहसा नीचे एक जलाशय में उतर जाता था और वहाँ से फिर ऊपर की ओर उठ जाता था। तेजी से नीचे उतरने और फिर तेजी से ऊपर चढ़ने से उसकी आकृति अंग्रेजी के अक्षर यू (U) जैसी बन गई थी। इस अक्षर का आधार यानी निचला लेटा हुआ भाग उस छिछले तालाब के अन्दर डूबा हुआ था और उसके ऊपर के खड़े दलदली किनारों पर बहुत से जंगली जानवरों के पदचिह्न थे।

अनेक अन्य जानवरों के पदचिह्नों के अतिरिक्त, उसमें शेर के भी पदचिह्न थे किन्तु शेर के सामान्य पदचिह्नों से कुछ छोटे और पतले। इससे पता चलता था कि वह शेरनी के पदचिह्न थे। वह शेरनी लम्बाई में साढ़े छः फुट से अधिक नहीं थी। हमें उसमें रुचि नहीं थी। हम उस तालाब के दूसरे किनारे पर चले गए। हमें वहाँ और भी पदचिह्न मिले जो आकृति में बहुत कुछ मनुष्य के पैरों जैसे थे किन्तु लम्बाई में मनुष्य के पैरों से छोटे थे और उँगलियों के निकट चौड़े, बहुत अधिक चौड़े थे। उँगलियों के निकट वे सिकुड़े हुए भी थे, लम्बाई के हिसाब से वे चौड़े थे। उनका तलवा एक छोटी पतली पट्टी जैसा था जो नीचे सिकुड़ी हुई ऐड़ी के साथ मिल जाता था। वे आकार में बड़े थे और धरती पर ताजे थे। उन पदचिह्नों में से पानी बाहर को निकल रहा था। बदलू ने उन्हें देखते ही पहचान लिया; वे उसी कुविख्यात मनुष्यघातक भालू के पैरों के निशान थे, जो हमारी जीप के शोर से घबराकर दो-तीन मिनट पहले ही वहाँ से गया था। सम्भवतः वह प्रभात के समय उस तालाब में पानी पीने के लिए आया था।

उन पदचिह्नों को देखकर हमारा मित्र, वन-गार्ड भागकर खड़ी जीप में जा बैठा; बदलू ने मुझसे आग्रह किया कि मैं उन पदचिह्नों के साथ-साथ चलकर वन में जाऊँ। मैंने अपनी .375 मैग्नम राइफल में कारतूस डाले और उन चिह्नों के साथ-साथ चलने लगा। बदलू मेरे पीछे-पीछे आ रहा था। यह स्पष्ट था कि भालू वहाँ से कुछ ही मिनट पहले गया था, क्योंकि पदचिह्नों के ताजा होने के अतिरिक्त उसके पैरों से दबी घास भी उठ रही थी। मैंने हवा की दिशा पर ध्यान दिया, वह हमारी ओर बह रही थी। हमारे घास और सूखे पत्तों पर चलने से कोई अन्तर नहीं पड़ता था क्योंकि सभी भालू इतना ऊँचा सुनते हैं कि उन्हें बहरा कहा जा सकता है। हम सौ-दो सौ गज ही आगे गए थे कि हमें मोड़ पर एक पुराना धूमिल साइन-बोर्ड दिखाई दिया जिस पर फीके से अक्षरों में लिखा हुआ था, "आगे का वन सुरक्षित है, इसमें शिकार करना कानूनी अपराध है।"...वह क्षेत्र वन-प्राणियों के लिए सुरक्षित था, उसमें शिकार करना वर्जित था। मैंने वह पढ़ा और हिचहिचाकर वहीं खड़ा रह गया। सुरक्षित वन की हस्ती से अनभिज्ञ बदलू ने बहुत आग्रह किया कि मैं आगे जाऊँ किन्तु मैं कानून को भंग करना नहीं चाहता था। मैं खिन्न मन से वहीं का वहीं खड़ा रहा, समझ में नहीं आ रहा था कि क्या करूँ। उस सुरक्षित वन के अन्दर, लगभग सत्तर गज की दूरी पर एक टेढ़ा-मेढ़ा प्राणी इधर-उधर डोलता हुआ, मन्द गति से चलता हुआ दिखाई दिया; वह वही भालू था। वह ही एक अवसर है जब मैं पहली और अन्तिम बार सुरक्षित वनों की संस्थापना पर झुंझलाया था। मैंने वहाँ खड़े-खड़े शिकार के उन नियमों को कोसा जिनके कारण मैं उस सुगम अवसर का लाभ नहीं उठा सका। ऐसा सुगम अवसर जीवन में मुश्किल से ही कभी मिलता है।

बदलू मेरे व्यवहार से उद्विग्न था। वह निश्चय ही मन-ही-मन चाहता होगा कि मैं मर जाऊँ। उसने मुझे बिल्कुल कायर समझ लिया था जो भालू के देखते ही डर गया था और अपनी बन्दूक की लिबलिबी नहीं दबा पाया था। उस सरल स्वभाव के व्यक्ति की दृष्टि में मेरे उस व्यवहार का यही एक कारण हो सकता था। वह किसी प्रकार से भी यह नहीं समझ सकता था कि पुराना घिसा-पिटा साइनबोर्ड मनुष्यों के जीवन से अधिक महत्त्वपूर्ण हो सकता था। उसे मेरा व्यवहार इतना घृणास्पद लगा कि वह बहाना बनाकर हमें छोड़कर चला गया। मैं उसे दोष नहीं देता—और कौन उसे दोष दे सकता है ! किन्तु उसके मौन धिक्कार ने मेरे मन पर गहरा आघात किया, उसकी पीड़ा ने मेरी शान्ति को छिन्न-भिन्न कर डाला।

2

सारे जंगल में जीवन और जीवन की चहल-पहल थी। चारों ओर खुशहाली छायी हुई थी, लेकिन मेरा मन खिन्न था, खिन्न ही नहीं बहुत दुखी था। बदलू की धिक्कारती हुई दृष्टि मेरे दिल में धँस गई थी।

वे दिन बहुत सुहावने थे, सुबह से शाम तक आनन्द देनेवाले। जंगली झाड़ियों पर फूलों की बहार थी, ग्रीष्म ऋतु के नीले आकाश के नीचे साल-वृक्षों के कोमल पत्ते झिलमिला रहे थे और हवा में वन की सुगन्ध फैली हुई थी; पेड़ों पर चिड़ियाँ चहचहा रही थीं, कपोत कू-कू का मधुर स्वर कर रहे थे और मधुमक्खियाँ फूलों पर मँडरा रही थीं। परन्तु इन सबके होते हुए भी मैं उदास था, वह दुष्ट भालू मेरे दिल और दिमाग पर छाया हुआ था, उसके अतिरिक्त मुझे कुछ और सूझता ही नहीं था। वह मानो मेरे लिए उँगली का नासूर बन गया था जिसे जब भी भुलाना चाहो चोट खाकर अपनी याद दिला देता है। उस आशा में कि शायद वह मुझे कभी सुरक्षित वन के बाहर मिल जाए, मैं बहुत दिनों तक उस वन के आस-पास चक्कर लगाता रहा किन्तु वह नहीं मिला। उसे खोजना मेरी मानसिक बाध्यता बन गई थी।

धीरे-धीरे चलनेवाले ये भालू, जैसा कि वह था, स्वभाव से ही ऐसे होते हैं कि उनके बारे में कुछ भी निश्चित रूप से नहीं कहा जा सकता। वे बदमिजाज भी होते हैं। सामान्यतया वे मनुष्यों पर आक्रमण नहीं करते, परन्तु सोनारीपुर का वह भालू इस नियम का अपवाद था। बदलू के कहने के अनुसार वह मनुष्य पर आक्रमण करने के किसी भी अवसर को खाली नहीं जाने देता था; वह मनुष्य पर आक्रमण करने के लिए दूर-दूर तक भी जाता था, मनुष्यों की ताक में सुरक्षित वन के आस-पास छिपा बैठा रहता था।

मनुष्यों के प्रति उसके मन में इतनी घृणा क्यों थी ? भालुओं का शरीर और रूपाकृति बहुत कुछ मनुष्यों से मिलती-जुलती है; अपने व्यवहार में भी वे कई बातों में मनुष्यों जैसे होते हैं। फिर वह क्या कारण था जिसने उसे मनुष्यों के प्रति इतना कटु बना दिया था ? कहीं इसका कारण किसी चोर-शिकारी का अपराधपूर्ण व्यवहार तो नहीं था ?

मैं बहुत दिनों तक उसकी खोज में जंगल में घूमता रहा, और इन प्रश्नों पर सोचता रहा। मेरी इसी सोच-सोच में मेरी कल्पना ने इस भालू के जीवन की—बाल्यकाल से लेकर उस दिन तक के जीवन पर एक मनघड़न्त कहानी रच दी जो कुछ इस प्रकार है।

जनवरी का महीना था और दिन सुहावना था। भालू के दो छोटे-छोटे बच्चे पहली बार अपनी गुफा के मुख्य द्वार पर आए, जिसमें एक महीना पहले उनका जन्म हुआ था। कुछ ही दिन पहले उनकी आँखें खुली थीं। बाहर के तेज प्रकाश में उनकी आँखें चौंधिया गईं और उन्हें कुछ स्पष्ट दिखाई नहीं दिया। तेज प्रकाश और जंगल की अपरिचित ध्वनियों के शोरगुल से वे डर गए। वे भागते हुए पीछे को लौटे और अपनी माँ से जा टकराए। वह गुफा के एक कोने में सो रही थी। नींद में बाधा पड़ने से वह कुछ बिगड़ी परन्तु शीघ्र ही अपने बच्चों को अपने शरीर से चिपकाया और उन्हें दूध पिलाने लगी।

भालू के वे दो छोटे-छोटे बच्चे बहुत ही प्यारे थे और बहुत चंचल भी, विशेषकर

कालू। उसकी बहन कलवी उससे कमजोर थी, किन्तु अधिक तीव्र बुद्धि और उपद्रवी। वह चिड़चिड़े स्वभाव की थी और छोटी-छोटी बातों पर अपने भाई से लड़ने लगती थी, उसे काटती और नोचती थी, कालू अपनी बहन के प्रति बहुत नम्र था, फिर भी कभी-कभी उसे उस पर क्रोध आ जाता था और बिना सोचे कि वह कमजोर थी, उसके साथ कड़ा व्यवहार करता था, उसे रुला देता था। बाद में उसे अपने रुक्ष व्यवहार पर खेद होता, विशेषकर उस समय जब वह उसके साथ खेलने से इनकार कर देती थी। परन्तु क्रोध में वह अपनी बहन के साथ भालू का-सा ही व्यवहार करता था—भालू जो था। उसके कठोर व्यवहार के लिए माँ उसकी ओर क्रोधभरी दृष्टि से देखती थी और घुर्राकर उसे धमकाती थी।

उन बच्चों के आकार और शारीरिक बल में दिन-प्रति दिन उन्नति होती गई, धीरे-धीरे उनकी बच्चों-जैसी चाल बदल गई और वे माँ की तरह हिलती-डुलती चाल चलने लगे। माँ ने उन्हें रात के समय अपनी पीठ पर बैठाकर जंगल में ले जाना शुरू किया। वे उसके लम्बे-लम्बे बालों को जोर से पकड़ लेते थे और उन बालों की गर्म गद्दी पर बैठकर जंगल का भ्रमण करते थे। उन्हें वह बहुत अच्छा लगता था और उसके लिए वे रात होने की प्रतीक्षा किया करते थे। कुछ समय पाकर वे इतने बड़े हो गए कि दोनों के लिए माँ की पीठ पर एक साथ बैठना सम्भव नहीं रहा। उनमें से एक को माँ के पीछे-पीछे पैदल चलना पड़ता था। चलते-चलते थककर जब वह रोने-चिल्लाने लगता था तो माँ पीठ पर बैठे बच्चे को नीचे उतारकर, उसे अपनी पीठ पर सवार कर लेती थी। इस तरह वे बारी-बारी से माँ की पीठ पर बैठकर जंगल का भ्रमण किया करते थे।

वन में भ्रमण करते हुए उन्हें अनेक प्रकार के वन-प्राणी और अन्य पदार्थ देखने को मिले, बहुत से पदार्थों को वे उनकी रूपाकृति से पहचानने भी लगे थे। उनकी माँ किसी से नहीं डरती थी, पहाड़ जितने बड़े हाथी से भी नहीं। एक बार जब वे एक झाड़ी में से जा रहे थे, उस समय उस झाड़ी की परली ओर से कोई गुर्राया। उसके शरीर पर धारियाँ थीं और उसके चेहरे पर बहुत-सा रक्त लगा हुआ था। बच्चे डर गए किन्तु माँ नहीं। उसने अपने बच्चे को अपने पास किया और उस धारीदार को कोसती हुई अपनी दिशा बदलकर चलती गई। कालू ने माँ से पूछा कि वह कौन था। माँ ने कहा कि वह शेर था—बुरा जीव जो सदा दूसरों के रक्त का प्यासा रहता है, गन्दा, घृणित, क्रूर और दुर्गन्धवाला...कायर भी है।

उसने तब उन्हें एक घटना सुनाई : वह कैसे एक बार मधुमक्खियों के छत्ते से शहद चूस रही थी, और कैसे वे मधुमक्खियाँ क्रोध में आकर उसके आस-पास आकर भनभना रही थीं। उसी समय उसी पेड़ के नीचे से एक शेर निकला और वे सब उस पर टूट पड़ीं।

"वह दुर्गन्धमय, फूले हुए मेंढक की तरह कूद-फाँद करने लगा।" वह दबी हँसी हँसते हुए कहती गई, "उसने अपने पंजों से हवा को इतना पीटा कि वह भी चक्कर खा गई, और फिर धरती पर ऐसे लोटनइयाँ लेने लगा जैसे उसके पेट में पीड़ा हो रही

हो। एक क्षण वह उठकर अपने कूल्हों पर सीधा बैठ जाता और दूसरे ही क्षण वह धरती पर लेट जाता जैसे वह किसी सड़े हुए फोड़े से पीड़ित हो। उसकी पागलों की-सी यह गतिविधियाँ मधुमक्खियों को बहुत अच्छी लग रही थीं और उसका आनन्द उठाने के लिए उनकी संख्या में लगातार वृद्धि हो रही थी। उसने अपने मुँह पर जोर-जोर से थप्पड़ मारे और अपने शरीर को बुरी तरह से काटा और फिर रिरियाता हुआ तेजी से भाग गया। वह अपनी दुम दबाकर झाड़ियों पर गिरता-पड़ता पागल कुत्ते की तरह भागा था।...अब तुम स्वयं समझ लो कि शेर कितने बहादुर होते हैं !...मधुमक्खियों की आखिर औकात ही क्या है !...बस जरा-जरा से कीटाणु ! मेरा उनसे बार-बार वास्ता पड़ता है।—क्यों, पड़ता है न ?...उनके डंक से मैं तो नहीं घबराती, और वह, जंगलों का बहादुर बादशाह, पिटे हुए गीदड़ की तरह, रोता हुआ भाग गया।...धिक्कार है उस पर ! वह कायर है, सचमुच मनुष्य की तरह कायर। जब भी किसी कठिन स्थिति से उसका सामना होता है, वह मनुष्य की तरह वहाँ से भाग जाता है, और जब किसी निर्बल और निःसहाय जीव से पाला पड़ता है तो वह कायर मनुष्य की तरह उसके साथ बहुत निर्दयता का व्यवहार करता है।

''उस दिन उसकी नटों-जैसी ठिठोली हरकतें देखते ही बनती थीं। उस दिन उसकी पराजय का मैंने बहुत आनन्द उठाया, शहद से भी कहीं अधिक।...कितना छिछोरा... ।''

उसका शेष वाक्य उसकी खिलखिलाती हँसी में खो गया था। उसके दोनों बच्चे भी हँस रहे थे, और हँसते-हँसते धरती पर लोटने लगे थे। उस दिन के बाद, कई महीनों तक वे माँ से रोज 'भागनेवाले दुर्गन्धमय' की कहानी को कहने के लिए आग्रह किया करते थे, और खूब हँसा करते थे। वे तब तक हँसते जाते थे जब तक उनके आँसू उनकी थूथनियों पर बहने नहीं लगते थे, और फिर वे माँ की छाती से लगकर सो जाते थे।

धीरे-धीरे वे जंगल के सब जानवरों को पहचानने लगे थे, और वे यह भी सीख गए थे कि उन्हें किसी भी जानवर से डरने की आवश्यकता नहीं थी। बघेरे की त्वचा के कारण उन्हें, विशेषकर कलवी को, उससे बहुत ईर्ष्या होती थी। वह उनके पास आने की कोशिश किया करता था किन्तु उनकी माँ को देखते ही भाग जाता था। चीतल और साम्बर को उनमें रुचि नहीं थी। वे उनकी ओर ध्यान ही नहीं देते थे, केवल छोटा हिरण अर्थात् काकड़ उन्हें सदा घूरता था और उनके निकट आने पर अपने आकार से कहीं ऊँची भयातुर पुकार करता था। माँ ने उन्हें बता रखा था कि बड़ी बिल्लियों को छोड़कर जंगल के अन्य सब एक-दूसरे से तटस्थ रहते हैं। बड़ी बिल्लियों में रक्त की लालसा होती है किन्तु उनसे भी यदि भालू अनावश्यक छेड़-छाड़ न करे तो वे भी इनकी गतिविधियों में कोई विघ्न-बाधा नहीं डालते।

माँ ने उन्हें यह भी बता रखा था कि जंगल में केवल दो ही प्राणी खतरनाक हैं : जंगली कुत्ता और मनुष्य। इन दोनों में कुछ समानताएँ हैं, किन्तु पेड़ पर चढ़कर कुत्ते की आक्रमणकारिता को निष्फल कर दिया जा सकता है परन्तु मनुष्य की

आक्रमणकारिता को नहीं। उसका कहना था कि लटकती हुई विभीषिका जैसा यह दो टाँगों पर चलनेवाला घृणित जानवर बहुत विनाशकारी है, इसने जंगलों को काटकर और जलाकर नष्ट कर डाला है।

एक बार माँ जब अपनी प्यास बुझाने के लिए पास के एक नाले पर गई थी तो उसकी अनुपस्थिति में उस सुखी परिवार को विपत्ति ने आन घेरा। कलवी गुफा के भीतर पिछले किनारे पर सो रही थी; कालू, जिसे माँ पीछे छोड़ गई थी, उद्विग्न होकर गुफा के एक कोने में बैठा था। माँ की अनुपस्थिति में वह सदा उदास हो जाता था, किन्तु उस दिन वह विशेष उद्विग्न था क्योंकि उसे लगता था कि कलवी की देखभाल के लिए माँ उसे पीछे छोड़ गई थी। उसे कलवी पर क्रोध आया और वह बिना चेतावनी दिए उस पर कूद पड़ा। बेचारी कलवी रोते हुए उठ बैठी और फिर आक्रोश में आकर उसने उसके मुँह पर पंजा मारा और उसकी छाती पर उसे जोर से काटा। उनमें तुरन्त लड़ाई छिड़ गई और धरती पर लोटते हुए और रोते-चिल्लाते एक-दूसरे से मार-पीट करने लगे।

उनकी अपनी लड़ाई के शोर में उन्हें पता ही नहीं चला कि बाहर क्या हो रहा है। कुछ मनुष्यों ने उन पर निगाह लगा रखी थी और पिछले कुछ सप्ताहों से उन पर विशेष नजर रखे हुए थे। उनकी माँ को दूर रखने के लिए वे चिल्ला-चिल्लाकर और ढोल बजाकर बहुत शोर कर रहे थे। वह शोर गुफा में भी सुनाई दिया। वे एक-दूसरे से अलग ही हुए थे कि उन पर दो भारी कम्बल आ गिरे और दो भारी शरीरों ने उन्हें धरती पर से हिलने नहीं दिया। इससे पूर्व कि वे समझ पाते कि उनके साथ क्या हो रहा था, वे उन्हें कम्बलों में बाँधकर गुफा से बाहर ले गए।

कालू डरकर रोने-चिल्लाने लगा, उसे अपनी लाचारी पर गुस्सा आ रहा था परन्तु कम्बल की मोटी तह ने उसकी आवाज दबा रखी थी। बेचारी कलवी तो इतनी भयभीत थी कि वह यह भी नहीं कर पाई। वे उन्हें गठरियों में बाँधकर बहुत दूर ले गए किन्तु कालू लगातार रोता-चिल्लाता रहा। उन्होंने उसके सिर पर मारा, उससे उसका क्रोध और भी उग्र हो गया। जो आदमी उसे उठाकर लिए जा रहा था उसने उस गट्ठर को एक कन्धे से हटाकर दूसरे कन्धे पर रखना चाहा। कालू को उस समय लगा कि वह अपना सिर ऊपर को उठा सकता था। वह कम्बल के अन्दर ही कुछ मुड़ा और कम्बल की पतली तह से, अपने पैने दाँतों से उसकी गर्दन पर काटा; उसने पीड़ा से चिल्लाते हुए गठरी धरती पर पटक दी। कालू ने पूरा बल लगाया और कम्बल से बाहर निकल आया। वह जोर-जोर से रोता हुआ तेजी से भागा और पास की झाड़ियों में घुस गया। उसकी माँ वहीं पास ही गन्ने के खेत में खड़ी शोरगुल करनेवालों के जाने की प्रतीक्षा कर रही थी। कालू का रोना सुनकर वह उसकी ओर भागी आई और अपनी पूरी आक्रमणकारिता के साथ उन अत्याचारियों पर टूट पड़ी और थोड़ी देर में उसने उन पापियों को उनके कुकर्म का दंड दे दिया। उसने एक के सिर पर काटा और उसे चबाकर चूर-चूर कर दिया, दूसरे की आँखों को अपने नाखूनों से नोच डाला और अपने दाँतों से उसे चीर-फाड़ दिया।

उन चोरों को दंड देने के पश्चात् उसने कालू को अपनी पीठ पर बिठाया और अपनी खाली गुफा में लौट आई। गुफा में पहुँचकर उन्होंने देखा कि वहाँ पर उनकी प्रतीक्षा करती हुई कलवी नहीं थी। उस दिन के बाद उन्होंने कलवी को कभी नहीं देखा, वह सुकुमार, लजीली, कोमल बालोंवाली वन की बालिका, जो अपने उत्साह से भरी खेलकूद के उस घने काले वन में प्रभात की किरण के समान थी, उनके पास लौटकर कभी नहीं आई।

कलवी के बुरे दिन आ गए थे। वह एक भालूवाले की सम्पत्ति बन गई थी। भालूवाले ने अपने सुवाँ दाँतों और नाखूनों की सहायता से उसकी संवेदनशील नासिकाओं में एक लम्बी डोरी बाँध दी थी। उसके मुँह पर जाली की टोपी पहनाकर वह उसे कड़ी गर्मी के दिनों में गर्म और धूलभरी सड़कों पर घुमाता था, गाँव-गाँव ले जाता था। प्यास के मारे उसके मुँह में प्रायः झाग आ जाती थी, उसे भूख और थकान भी सहनी पड़ती थी। उस थकी-हारी अवस्था में उसे अशिष्ट और हृदयहीन लोगों के सम्मुख नचाया जाता था। वह उस समय तक यह कष्ट भोगती रही जब तक दयालु मृत्यु ने आकर उसे उन दुखदायी लोगों से मुक्त नहीं करा दिया।

माँ और बेटा कई दिनों तक कलवी के लौट आने की प्रतीक्षा करते रहे। अन्त में वह दिन भी आ गया जब उन्होंने उसके लौट आने की आशा छोड़ दी। कलवी की अनुपस्थिति से वह गुफा सूनी हो गई थी, उसमें न कोई आनन्द था और न कोई आशा की किरण। वे उस स्थिति को और सहन नहीं कर पाए, प्रत्येक वस्तु उन्हें कलवी की याद दिलाती थी और उससे उन्हें ऐसी चोट लगती थी जैसे किसी यायावर को जख्मी तलवों में कंकड़-पत्थर चुभने की पीड़ा होती है।

उन्होंने उस क्षेत्र को छोड़ दिया और अपने मन में घृणा और सन्ताप लिए इधर-उधर घूमते रहते। उस स्मृति-क्षेत्र से तो वे अवश्य चले गए थे किन्तु स्मृतियों से दूर कैसे जा सकते थे। कलवी तो उनके मन में बसी थी। इधर-उधर घूमते हुए उन्हें दिन के प्रकाश में केवल धूल मिलती और रात्रि के सितारों के नीचे केवल खालीपन और अपने आस-पास घृणा का अँधेरा और पीड़ा की चुभन।

मादा बन्दरों की भाँति मादा भालुओं में भी मातृत्व की प्रवृत्ति बहुत प्रबल होती है, वे भी बँदरियों की भाँति अपनी मृत सन्तान को उस समय तक छाती से लगाए रहती हैं जब तक उसका शरीर सड़कर छिन्न-भिन्न नहीं हो जाता। किन्तु कलवी की माँ को अपनी प्यारी बच्ची के मृत शरीर को छाती से लगाए रखने की सान्त्वना भी प्रालब्ध नहीं हुई थी। कलवी के खो जाने के दुःख में वह बहुत रोती थी, महीनों तक रोती रही, उसकी दर्दभरी पुकारों की गूँज बन में फैल जाती थी। अन्त में अन्य सब जीवों की भाँति वह भी उस स्थिति में पहुँच गई जब आँसुओं के बहाव में दुःख कहीं बिखर जाते हैं, विश्वास अन्धकार की शिलाओं के नीचे दब जाते हैं।

धीरे-धीरे वे कलवी के बिना रहना सीख गए और सामान्य जीवन व्यतीत करने लगे। पहले कालू उस आघात से बाहर निकला, उसने अपने खेल के साथी के बिना

जीना सीख लिया। उसे अपने दिनोंदिन बढ़ते शरीर और शक्ति का भी आभास होने लगा था। वह अब पहले की तरह केवल अपनी माँ के साधनों पर आश्रित नहीं था। माँ जहाँ भी जाती थी, वह पहले की तरह उसके साथ जाता था किन्तु उसकी पीठ पर नहीं, अपने पाँवों पर चलकर। माँ की देखरेख में वह मधुमक्खियों के छत्ते से शहद, तेंदू के मीठे सरस फल, अंजीर, बेर आदि पेट भरकर खाता था, परन्तु उसका सबसे प्यारा आहार खजूर का रस था जिसे वह खजूर के ऊँचे पेड़ों पर बँधे बर्तनों से सीधा पी लेता था। कुछ बर्तनों से रस पीकर उन्हें खाली कर देता था और कुछ बर्तनों को धरती पर पटककर तोड़ देता था। उसे बर्तनों को खाली करने और तोड़ने में बहुत आनन्द आता था, और उससे भी अधिक उसे सुबह आता था जब नशे की मस्ती उस पर छा जाती थी।

उसने बुरे दिन भी देखे थे; शीतकाल के प्रारम्भिक दिन उसके लिए विशेष कष्टदायी थे। उन दिनों में जंगल के फलदार पेड़ों पर फल नहीं थे। उसकी माँ ने उसे दीमकों का आहार करने का परामर्श दिया। वह आहार उसे बहुत सन्तोषजनक लगा, किन्तु उसे प्राप्त करने के लिए बहुत परिश्रम करना पड़ता था। दीमकों की बाँबी को नीचे तक खोदना पड़ता था और यह काम कठिन था। इसके लिए पहले अपने अगले पंजों से बाँबी की बाहरी दीवारों को उस समय तक छीलना और कुरेदना पड़ता था जब तक दीमकों का निवास स्थान निकल न आए। और, फिर उसे फूँक-फूँककर बाँबी की धूल, मिट्टी और मिट्टी के बड़े-बड़े कणों को हटाना पड़ता था। उसके बाद वह जोर-जोर से साँस लेकर दीमकों को बाहर निकालता था और उनका आहार करता था। दीमकों को निकालने के लिए उसे बहुत जोर-जोर से श्वास लेने पड़ते थे जिनकी आवाज दो सौ गज दूर तक सुनाई पड़ती थी। दीमकों के अतिरिक्त उसे खाने के लिए वहाँ बिच्छू, कनखजूरे और अनेक प्रकार के अन्य कीड़े-मकोड़े भी मिल जाया करते थे। आहार अवश्य स्वादिष्ट होता था किन्तु इसके लिए उसे बहुत परिश्रम करना पड़ता था। दीमकों तथा अन्य कीड़े-मकोड़ों को सुरक्षा देनेवाली बड़ी-बड़ी चट्टानों, पत्थरों व वृक्षों के सूखे तनों को उलटना-पलटना पड़ता था और तक कहीं जाकर खाने के लिए ये मिलते थे, और वे भी बहुत थोड़े से।

इन सब कठिनाइयों के होते हुए भी उसका जीवन ठीक तरह से चल रहा था, काफी संतोषजनक था। छोटी-मोटी सामान्य बीमारियों और आहार की खोज में वन में भ्रमण करते समय की चोटों और खरोंचों के अतिरिक्त भी उसे कभी-कभी कष्टकारी और संकटमय स्थितियों का सामना करना पड़ता था, जैसे एक बार वह ऊँचे खजूर के पेड़ से गिर पड़ा था और उसकी टाँग को मोच आ गई थी, उसे महीनों तक लँगड़ाकर चलना पड़ा था। इसी प्रकार वह एक बार लगभग डूब ही गया था। उसने माँ के पीछे-पीछे वेग से बहती हुई एक धारा को तैरकर पार करना चाहा था और उस प्रयास में उसके पेट में इतना पानी चला गया था कि शेष रात उसे नाले के किनारे पर बितानी पड़ी थी। एक बार तो वह विशेष घने संकट में फँस गया था और माँ के वहाँ सहसा आ

जाने से उसके प्राण बचे थे–उसने एक बघेरे की त्वचा से प्रभावित होकर उससे मित्रता करनी चाही थी, और वह बघेरा उस पर आक्रमण करने ही वाला था, जब माँ वहाँ आ गई और बघेरा चोरों की तरह तुरन्त वहाँ से भाग गया।

ये कुछ ऐसी कठिनाइयाँ थीं जिन्हें उसने बिना किसी शिकवे और शिकायत के, अपने ही ढंग से सहन कर ली थीं। किन्तु फिर एक ऐसी घटना घटी जिसने उसके बचपन के सुनहरी दिनों का अन्त कर डाला, उसके जीवन को अन्धकारमय बना दिया। एक बड़ा, मोटा-ताजा भालू उनकी नई गुफा में आ गया और अपने आपको वहाँ परिवार के एक सदस्य के रूप में स्थापित कर लिया। वह भालू बूढ़ा, काला और बदमिजाज था; कालू को अपनी उपस्थिति का आभास कराने के किसी भी अवसर को हाथ से जाने नहीं देता था। तनिक सी बात पर उसे डाँटता था, रुलाता था, नाखून मारता था और कभी भी उसे अपने निकट नहीं आने देता था। कालू के लिए इससे भी अधिक दुखदायी थी माँ की उदासीनता। वह जब भी माँ के पास शिकायत लेकर जाता था, वह उसे कृत्रिम क्रोध दिखाकर टाल देती थी।

उस रुक्ष और अशिष्ट भालू ने कालू के सुखी संसार को नरक बना दिया था। उसे समझ नहीं आ रहा था कि वह क्या करे। उस नवआगन्तुक के निष्ठुर व्यवहार से तथा उसके निष्ठुर व्यवहार के प्रति माँ की उदासीनता से वह बहुत दुखी था। तथापि वह मन-ही-मन जानता था कि उसके प्रति माँ के स्नेह का स्रोत सूखा नहीं था, केवल उसका प्रवाह रुका हुआ था। वह जब भी माँ के पास अकेला होता था, तो माँ उससे पहले जैसा स्नेह करती थी। कालू उससे अधिक और कुछ चाहता भी नहीं था। माँ के प्यार के विश्वास के बल पर वह सारी दुनिया का सामना कर सकता था, यहाँ तक कि उस दुष्ट, कलहकारी और निर्दयी का भी। इन सब कष्टों के होते हुए भी उसका जीवन सुखमय और समृद्ध था। कितना अच्छा होता यदि वह सदा ही सुखमय बना रहता !

माँ की सुरक्षामयी छाया में कालू निश्चिन्तता का जीवन व्यतीत कर रहा था। फिर एक दिन संसार की अन्य सब वस्तुओं की भाँति उसके उस सुखी जीवन का भी अन्त हो गया। एक रात कालू अपनी माँ और सौतेले बाप के साथ, हर रोज की भाँति जंगल में भ्रमण करने के लिए गया, उस रात शान्त और सरस चाँदनी चारों ओर फैली हुई थी। सबसे आगे माँ चल रही थी, उसके दो-एक कदम पीछे वह नवआगन्तुक और उन दोनों के पीछे, काफी अन्तर पर कालू। रास्ते में वे एक कुंड पर अपनी प्यास बुझाने के लिए रुक गए। वे दोनों कुंड पर पानी पी रहे थे और कालू अपनी बारी की प्रतीक्षा में कुछ दूर खड़ा था। तभी एक पेड़ की शाखाओं में से तेज रोशनी के साथ धमाका हुआ। कालू की आँखों में धुआँ भर गया और नासिकाओं में तेज गन्ध। थोड़ी देर के लिए वह डरकर सुन्न हो गया, उसे कुछ समझ नहीं आया। उसने बादलों का गरजना सुना था, बिजली की चमक देखी थी, किन्तु उनके साथ न उसे कभी धुएँ का आभास हुआ था और न गन्ध का। वह असमंजस में पड़ गया। उस धमाके ने रात्रि के मौन को दस गुना बढ़ा दिया और सबकुछ भारी-भारी कर दिया। उसकी टाँगें शिथिल पड़

गईं। तभी उसे कुंड में से जहाँ पर माँ पानी पी रही थी, हाथ-पाँव पटकने की और कराहने की आवाजें सुनाई दीं। उस स्थान को अच्छी तरह से देखने के लिए वह अपनी पिछली टाँगों पर खड़ा हुआ। उसकी माँ कुंड के किनारे के कीचड़ में हाथ-पाँव मार रही थी, अपनी टाँगों पर उठने का भरसक प्रयास कर रही थी किन्तु उठ नहीं पाई। उसने एक हृदय-बेधी चीख मारी जो कालू के हृदय में तीर जैसी लगी। वह दहल गया। नवआगन्तुक भागता हुआ उसके पास गया, स्नेह और सहानुभूति से उसके मुँह को अपनी थूथनी से स्पर्श किया, किन्तु वह अनुकूल मनःस्थिति में नहीं थी, उसे वह अच्छा नहीं लगा और उसने उसके मुँह पर थप्पड़ मार दिया। दोनों लड़ पड़े, कभी एक काटता और कभी दूसरा।...तभी एक और धमाका हुआ और फिर एक और। उनका धुआँ और दुर्गन्ध ऊपर आसमान तक उड़ी और उसने चाँद के उज्ज्वल चेहरे को भी मलीन कर डाला।

कालू डर के मारे शिथिल पड़ गया, और उसी सहमी हुई अवस्था में वह वहीं खड़ा रहा। उसकी माँ दलदल में गतिविहीन पड़ी थी, और उसके निकट ही वह नवआगन्तुक भी उसी तरह पड़ा था। उनके आस-पास फैले हुए रक्त के ऊपर त्रस्त चाँद की पीली फीकी रोशनी पड़ रही थी।

कालू अपनी सुख-बुध खोए वहीं खड़ा रहा।—तभी उसे कुछ आवाजें सुनाई दीं, वे मनुष्यों की जानी-पहचानी आवाजें थीं जिन्हें उसने बहुत पहले सुना था। उसने इधर-उधर देखा, उसे दो प्राणी, दो पैरोंवाले घृणित जीव उस पेड़ से नीचे आते हुए दिखाई दिए जहाँ से धमाके हुए थे। उन्हें देखते ही उसका खून खौल गया और उसने उसे आक्रमण करने के लिए बावला कर दिया। वे आधा पेड़ ही उतर पाए थे कि कालू ने क्रोध में गरजते हुए उन पर आक्रमण कर दिया। वह अपनी पिछली टाँगों पर उठ खड़ा हुआ और जो आदमी उसकी पहुँच में था, उसे अपने दाँतों से फाड़ डाला, उसके सिर को अपने जबड़े में दबाकर उसे कद्दू की तरह फोड़ डाला जिसे बहुत समय पहले उसने जंगलात की चौकी की छत से चुराया था। दूसरा व्यक्ति पेड़ से चिपका हुआ था और उसकी पहुँच से बाहर था। उसने डरकर एक चीख मारी और उसकी आग बरसानेवाली नली उसके हाथ से छूट गई, और ऊँची आवाज के साथ नीचे कालू के पास आ गिरी। धातु गिरने की वह आवाज जंगल की सामान्य ध्वनियों से भिन्न थी; उसे सुनकर कालू डर गया और उस आदमी को ठीक-ठीक से पकड़ नहीं पाया, किन्तु वहाँ से जाने से पहले उसकी पीठ पर एक मुक्का मारा जिसने उसे सूखी टहनी की तरह तोड़ दिया। अपने दाँतों से उस नली को एक साधारण बेंत की तरह मोड़ दिया। तत्पश्चात् पागलों की तरह भागकर घने जंगल में घुस गया जहाँ की असीम दया ने उस असहाय को अपने रक्षात्मक अँधेरे में छिपा लिया, उसे अपनी स्नेहमयी छाती से लगा लिया।

जंगल में प्रवेश करने के बाद वह भागता हुआ नाले पर जा पहुँचा। नाला तेजी से बह रहा था, उसकी धारा फेनदार थी। उसकी धमनियों में क्रोध से मतवाले रक्त

की तरह वह धारा उछालें मारकर बह रही थी, वह उसकी माँ की मृत्यु से विदीर्ण पत्थरों और चट्टानों से टकराती हुई उनके इर्द-गिर्द बह रही थी। वह स्वयं थका हुआ था और भूखा भी था। उसके शरीर पर अनेक चोटें थीं और उसका हृदय बुरी तरह से घायल था। उसके मुँह में मनुष्य के रक्त का जी मिचलानेवाला कडुआ स्वाद था। मनुष्य के रक्त के स्वाद और मांस की दुर्गन्ध को दूर करने के लिए उसने अपना मुँह धारा में डाल दिया और उसके जल को अपने खुले जबड़ों में से बहने दिया।

उस आकस्मिक दुर्घटना से कालू पर कहर टूट पड़ा। उसने उसके हृदय को ऐसे बेध डाला जैसे किसी ने उसमें छुरा भोंक दिया हो। उसके जीवन ने नया मोड़ लिया जो अत्यन्त पीड़ाजनक था। माँ के बिना वह संसार में अपने आपको बिल्कुल अकेला अनुभव करता था। उसके लिए वह रात बहुत ही दुःखदायी थी, किन्तु उसे अपने पास बहती हुई धारा करुणामयी प्रतीत हो रही थी। उसे अपने आस-पास की हर वस्तु अजनबी लग रही थी, पर इतनी अजनबी भी नहीं क्योंकि हर चीज के ऊपर दुःख की परिचित काली-मोटी छाया थी।

रात के अँधेरे को मन में समेटे और धारा के प्रवाह को आँखों में बसाए वह धारा से बाहर निकला और जिस ओर उसका मुँह था उसी ओर चल पड़ा। वह उस रात पहली बार जंगल में अकेले यात्रा कर रहा था; वह यात्रा ऐसी निःसार और दुःखभरी थी जैसे सहसा चौंक जाने पर छपके यानी नाइटजार की पुकार। आँखों में आँसू होने के कारण उसे आकाश पर सितारे नजर नहीं आ रहे थे। चाँद निकला और उसका मन्द प्रकाश कोहरे की तरह आकाश पर छा गया। आकाश में कुछ बिखरे हुए बादल भी थे जिन्होंने चाँदनी को ऐसा नीला-लाल कर रखा था जैसे किसी घाव से रिसता हुआ रक्त। वह जानवरों के धूल भरे सूखे और सूने पथ पर चल रहा था। पेड़ों की शाखाओं से झलकती हुई चाँद की एक पतली-सी किरण उस संकीर्ण पथ पर पड़ी, मानो वह अनन्तकाल से चली आई निर्जनता का उत्सव मना रही हो।

कालू अपनी पीड़ा को और नहीं दबा सका। वह उस दुर्घटना के बाद पहली बार फूट-फूटकर रोया और जोर-जोर से चिल्लाया। उसकी हृदयविदारक चीखों को सुननेवाला कोई नहीं था; वे सूखे बंजर पहाड़ों से टकराईं, उनकी गूँज दूर तक फैली और फिर पलटकर उसके हृदय में लौट आई। वह एक के बाद दूसरी चीख मारता गया, उन चीखों के बीच-बीच, उल्लू की डरा देनेवाली कर्कश पुकारें सुनाई पड़ती थीं। वह सारी रात इधर-उधर घूमता रहा, वह यह नहीं जानता था कि वह क्यों और किधर जा रहा था; वह केवल अपने हृदय का घाव और उसकी पीड़ा को जानता था। अपनी असहनीय पीड़ा के कारण, वह बिना किसी उद्देश्य के चलने के लिए आन्तरिक रूप से विवश था। आकाश पर फिर कुछ पीला-सा प्रकाश छा गया, काला अँधेरा कुछ कम हुआ। थकान और नींद ने उसे घेर लिया। वह पास के झाड़ी-कुंज में जा घुसा। सितारों के मन्द होते और चाँद के छिपते ही वह धरती पर मूर्छित-सा लेट गया और सो गया।

उसने उस झाड़ी-कुंज को अपना निवास-स्थान बना लिया। उसे छिपने के लिए पास की पहाड़ियों में एक गहरी गुफा मिल गई। उसे जीवित रहने के लिए उन झाड़ियों से भोजन मिल जाता था और सुरक्षा के लिए गुफा थी। धुँधली गुफा का शान्तमय एकान्त उसके हृदय के घावों को भरने में हितकर सिद्ध हुआ, और पिछले दिनों की दुखभरी छाया पीछे हटने लगी। वह धीरे-धीरे सामान्य स्थिति की ओर बढ़ने लगा। समय के साथ-साथ उसके दुःख के दिन जल्दी-जल्दी, चोरों की ध्वनिरहित चाल की भाँति चुपचाप पीछे हटने लगे, उन्होंने चोरों की भाँति ही उसके दुःख के भार को समेटा और उसे विस्मृति की गोद में डाल दिया।

शारीरिक विकास के साथ-साथ उसकी शक्ति में भी वृद्धि हुई; उसका रात्रि भ्रमण का क्षेत्र विस्तृत हो गया। उस क्षेत्र में दस मील तक न तो चींटों की ऐसी कोई बाँबी थी और न मधुमक्खियों का ऐसा कोई छत्ता जिसे उसने चूसकर खाली न किया हो। वहाँ पर बहुत फलदार पेड़ नहीं थे, किन्तु इसका न उसे कोई विशेष दुःख था और न इस कारण से कोई निराशा ही क्योंकि फलों के अभाव के कारण वहाँ अन्य जीव-जन्तु नहीं आते थे और उसके एकान्त में विघ्न-बाधा नहीं पड़ती थी। वर्ष में एक बार, दिसम्बर-जनवरी में उसके निवास-स्थान के आस-पास बेरों की झाड़ियों में फल लगते थे। उस समय अन्य वन-प्राणी, भालू भी उस क्षेत्र में आते थे। कालू को यह अच्छा नहीं लगता था। तब वह अपनी गतिविधियों में रोक लगा लेता था और अपनी एकाकीपन की केंचुली में सिमट जाता था। दुःखों और यातनाओं के अग्निकुंड में जलकर पवित्र हुए अपने एकाकीपन को उसने अपनी रक्षात्मक दीवार बना ली थी जिसमें वह एक बन्दी की तरह बन्द रहता था। वह एक संवेदनशील बन्दी था जो संसार की हलचल के स्पर्शमात्र से संकुचित होकर अपने में ही सिमट जाता था।

जिस समय से वह उस क्षेत्र में आया था, बेर की झाड़ियों में चार बार फल आ चुके थे और चारों बार अन्य भालू उस क्षेत्र में आए थे। वह उनके संसर्ग से दूर रहता था और धारा के परली ओर चला जाता था। वहाँ पर उसे खाने के लिए बहुत कम मिलता था परन्तु दूसरे वन-प्राणियों के साथ मिल-जुलकर रहने की अपेक्षा उसे अभावों में रहना अधिक पसन्द था। उस रूखे-सूखे क्षेत्र के आगे कृषि-भूमि थी जहाँ आलू, शकरकन्दी, चुकन्दर, गाजर, मूँगफली और ऋतु के अन्य फल व सब्जियाँ होती थीं लेकिन उसे चुराकर खाने में रुचि नहीं थी। उसकी माँ को चुराकर खाना अच्छा नहीं लगता था और उसने माँ की इस स्वस्थ अरुचि को बाल्यकाल से ही पूरी तरह से अपना रखा था।

उस नए क्षेत्र में कभी-कभी मनुष्य भी दिखाई पड़ जाते थे जिन्हें देखते ही वह दूर भाग जाता था। उसे मनुष्य अच्छे नहीं लगते थे। पहले तो वह उन्हें देखकर डर जाता था, किन्तु धीरे-धीरे उसके मन से डर निकल गया था और अन्त में उसमें इतना साहस आ गया था कि वह स्वयं गुर्राकर उन मनुष्यों को डराने और धमकाने लगा था जो उसे अपने रास्ते से हटाने की चेष्टा करते थे। उसके इस साहस ने उसकी उस घृणा

को पुनः जाग्रत कर दिया था जो दो पाँवोंवाले चोर और खूनी जानवरों के प्रति उसके मन में दबी पड़ी थी। उसकी पूर्ण विकसित यौवनावस्था ने उसे असावधान बना दिया था, और उसे गुस्सैला भी कर दिया था।

मनुष्यों को देखते ही उसका खून खौल जाता था, वह क्रोध से काँपने लगता था। तब भी वह यथासम्भव उनसे दूर रहने की चेष्टा किया करता था; उन्हें घृणा की दृष्टि से देखता था जिसके वे सही अधिकारी भी थे। तथापि, मनुष्यों से सदा दूर रह पाना सम्भव नहीं था क्योंकि उसे भी अन्य भालुओं की भाँति ऊँचा सुनाई पड़ता था। उसकी दृष्टि भी कमजोर थी। इसलिए पूर्व चेतावनी के लिए उसे केवल अपनी गन्ध-क्षमता पर ही निर्भर करना पड़ता था। इसलिए जब कभी पवन विपरीत दिशा की ओर बहती थी, वह पूर्व चेतावनी के लिए अपनी घ्राण-क्षमता का भी लाभ नहीं उठा सकता था। गन्ध न मिलने से वह धोखा खा जाता था।

कालू के साथ एक बार यही हुआ। वह झाड़ी-कुंज में कन्द-मूल खोज रहा था और धरती खोदने में व्यस्त था। रात अँधेरी थी और हवा विपरीत दिशा की ओर इतने वेग से बह रही थी कि उसे कोई ध्वनि सुनाई नहीं दी, घ्राण-संवेदना से उसे केवल उन सूअरों की उपस्थिति का बोध हुआ जो उसी की तरह धरती खोदकर कन्दमूल खोज रहे थे। उसे उस समय तक किसी भी अन्य प्राणी की उपस्थिति का बोध नहीं हुआ जब तक एक मनुष्य उसके सम्मुख नहीं आ गया। वह उसी दिशा में खड़ा था जिधर को हवा बह रही थी। उसे देखकर कालू चौंका और घबरा गया। उसी घबराहट में उसने उस पर आक्रमण कर दिया, और पल-भर में उसे मार डाला। वह अभागा वहाँ पर अपने भटके हुए पशुओं को खोज रहा था। कालू ने उसके मुँह पर इतने घाव किए कि उसकी पहचान ही जाती रही। क्षण-भर में वह मांस का ढेर होकर उस धरती पर गिर पड़ा था जहाँ वह पहले खड़ा था। कालू के मुँह में मनुष्य के मांस का भयंकर स्वाद था जो कनखजूरों और बिच्छुओं के स्वाद से भी अधिक घृणित था—उस सड़े-गले मांस से भी अधिक घृणित कुछ ग्रास उसने पहले कभी भूख मिटाने के लिए खाए थे।

मन में घृणा लिए वह अपनी गुफा की ओर चल पड़ा। रात्रि के हल्के अँधेरे के जादू ने उसकी घबराहट को दूर कर दिया। उसने अपनी बहन और माँ का पवित्र कर्ज चुकाया था। उसके लिए उसे आकाश से शाबासी देते हुए सितारे झिलमिला रहे थे। अपनी धमनियों में क्रोध से मतवाले रक्त-प्रवाह की गर्जनें सुनते हुए वह चुपचाप चलता गया और एक बार भी अपने भावों को व्यक्त नहीं किया—आक्रमण करते समय भी नहीं। वह मौन रहा, अपने अन्धकारमय जीवन के दुःख की भाँति मौन। परन्तु जब वह गुफा के निकट की धारा पर पहुँचा तो एक चौंकाई हुई टिटहरी ने मुस्कुराकर उससे पूछा, क्या तुमने किया था ?...क्या तुमने किया था ?—उसने तब सूअर की तरह गुर्राकर 'हाँ' कहा और फिर घुर्राहटों की तान में आस-पास सबको सूचित कर दिया। रात काँप गई, अँधेरा जम गया और मौन इतना सघन हो गया कि कोई भी उसे अपने हाथ से स्पर्श कर सकता था।

कालू को उस झाड़ी-वन में रहते पाँच वर्ष हो गए थे, उसके निर्वासन के वे दिन चिन्ताओं से घिरे हुए थे। वर्ष आए और बीत गए किन्तु दमित इच्छाओं की तरह कालू का एकाकीपन ज्यों-का-त्यों बना रहा। उसे अकेले रहने की आदत पड़ गई थी। यद्यपि उसका जीवन कड़वाहट से भरा हुआ था, तथापि कालू का वह अपना चिरपरिचित जीवन था। उसमें न अनजाने भविष्य का कोई भय था और न झूठी आशाओं की मृगतृष्णा। उन वर्षों में उसे कभी भी अपने संगीविहीन यौवन पर दुःख नहीं हुआ था। किन्तु उस वर्ष वर्षाकाल के आने पर उसके हृदय में विचित्र-सी उत्तेजना हुई जिसका उसे कोई पूर्व अनुभव नहीं था। वह डर गया, बेचैन हो गया। उसे अपने जीवन में खालीपन का आभास हुआ जैसा उसे पहले कभी नहीं हुआ था। वह खालीपन क्या था और क्यों था इसे वह नहीं जानता था। उसके हृदय की उत्तेजना ही उस खालीपन की ओर संकेत करती थी जो उसके जीवन की अन्तिम सीमा तक फैला हुआ था। वह जहाँ भी जाता, जो भी करता, खालीपन का भाव उसके साथ होता था।

जून का महीना खत्म होनेवाला था, दम घोंटनेवाली गर्मी पड़ रही थी, और कालू की मानसिक उत्तेजना ने उसके लिए वे दिन और भी कष्टकर बना रखे थे। दिन होता और बीत जाता, किन्तु उसकी मानसिक अशान्ति में कोई कमी नहीं होती थी, अपितु वह दिनोंदिन बढ़ती जा रही थी। उस कम बोलनेवाले और अपने में ही मस्त रहनेवाले कालू पर एक ऐसा नशा छा गया कि वह निपट पियक्कड़ की भाँति व्यवहार करने लगा। वह अपने लिए और दूसरों के लिए संकट बन गया था।

जून के अन्तिम दिन के तीसरे पहर वर्षा हुई, कालू उस समय अपनी गुफा में सो रहा था। वह चौंककर उठा और अपने पंजे को जोर-जोर से चूसने लगा जैसे सब भालू वर्षा ऋतु में करते हैं। उसे बेचैनी अनुभव हुई। रात्रि होने की प्रतीक्षा किए बिना वह दिन के उजाले में ही अपनी गुफा से बाहर निकलकर नाले के पार जंगल में चला गया। वह वन के उस धूल भरे मार्ग पर चलने लगा जो सुरक्षित वन के किनारे से झाड़ियों के क्षेत्र में जाता था। वह पथ जंगल को उसके आसपास के गाँवों से जोड़ता था और गाँव के लोग अपनी सामान्य दिनचर्या में उस पथ का प्रयोग करते थे। कालू उस ओर मुड़ने ही वाला था कि उसे मनुष्य की हल्की-सी गन्ध आई, और उसे सावधान कर दिया। वह वहीं रुक गया। तभी उसे मोड़ के पार से घंटियों की धीमी-सी टनटनाहट सुनाई दी। उसकी चिड़चिड़ी मनःस्थिति ने उसे असावधान बना दिया था तथापि उसकी स्वाभाविक प्रकृति ने उसे एक ओर हटकर, छिप जाने को विवश किया।

घंटियों की टनटनाहट कुछ आगे आई; जैसे-जैसे वह आगे को आ रही थी, कालू की चिड़चिड़ाहट भी बढ़ती जा रही थी। तब उसे एक मनुष्य, उस क्षेत्र का डाकिया, दिखाई दिया। वह अपने कन्धे पर थैला उठाए हुए था और अपनी घंटियोंवाली छड़ी को धरती पर टेक-टेककर चला आ रहा था। कालू अपने बढ़ते हुए क्रोध के साथ उसकी आगे आने की प्रतीक्षा करने लगा; जैसे ही वह उसके सामने आया वह उस पर कूद पड़ा। वह गुर्राते और गर्जते हुए अपनी पिछली टाँगों पर उठ खड़ा हुआ और उसके सिर

को चबाकर चूर-चूर कर दिया; अपने नाखूनों से उसकी त्वचा की धज्जियाँ कर डालीं।

जुलाई का महीना आया, कालू का पागलपन दिनोंदिन बढ़ता ही गया। उसकी बेचैनी और चिड़चिड़ेपन की कोई सीमा नहीं थी। वह भयंकर जीव बन गया था–आजादी से घूमता-फिरता एक हत्यारा। जो भी मनुष्य उसके सामने आ जाता वह उसका अन्त कर डालता। पागलों की भाँति वह बिना किसी लक्ष्य या उद्देश्य के इधर-उधर भटकता रहता था किन्तु वह यह नहीं जानता था कि वह वैसा क्यों कर रहा था। पिछले दिनों की सारी बातें व यादें विस्मृति में कहीं खो गई थीं उसे। भूख-प्यास की भी सुध नहीं थी, यहाँ तक कि उसकी आत्मसुरक्षा की स्वाभाविक प्रवृत्ति भी काम नहीं कर रही थी। वह दिन के उजाले में जंगल के बाहर दूर-दूर तक घूमता रहता था।

जो लोग जंगल के पास रहते हैं, जानते हैं कि जून और जुलाई के महीनों में भालुओं को कामोत्तेजना होती है। अधिकांश जीव सरल स्वभाववाले भी कामातुर अवस्था में अपने पड़ोसियों के प्रति नम्र नहीं रहते, भालू उनसे भिन्न नहीं हैं, वे प्रायः बहुत भयंकर हो जाते हैं।

लोग कालू से दूर रहने लगे थे, तथापि उसके उत्पात के कारण मनुष्यों के मरने और जख्मी होने की घटनाएँ हो रही थीं। जंगल के निकट रहनेवालों के लिए कालू एक भारी संकट बन गया था; उनके लिए उससे निपटना जरूरी हो गया था। एक दिन उन्होंने मिल-जुलकर हाँका लगाने की योजना बनाई। उस दिन गर्मी बहुत थी, हवा बन्द थी और उमस ने उस गर्मी को और भी कष्टकारी बना रखा था। पवनविहीन आसमान पर घने बादल छाए हुए थे। कालू रात-भर घूमते रहने के कारण बहुत थका था किन्तु वह अपनी कन्दरा में वापस लौट आने के स्थान पर पास की एक झाड़ी में जाकर सो गया। दोपहर के समय बहुत शोरगुल हुआ, उसकी नींद टूट गई। वे आवाजें जंगल के खुले क्षेत्र से उसकी ओर आ रही थीं, ड्रम और खाली डिब्बों को जोर-जोर से पीटा जा रहा था; बीच-बीच में पटाखों की आवाजें भी आ रही थीं, लाठियों आदि से खोखले पेड़ों को ठोका-पीटा जा रहा था।

सहसा उसके मन में अपने बचपन का वह दिन उभर आया जब इसी तरह की एक भीड़ ने चीखते-चिल्लाते, ढोल पीटते उसके घर छापा मारा था और उसकी छोटी बहन को उठाकर ले गई थी। उसका मन क्रोध और घृणा से भर गया, उसने अपनी पिछली टाँगों पर सीधे खड़े होकर सारी स्थिति को देखा और समझा। उन आदमियों को देखते ही वह आगबबूला हो गया और बिना किसी चेतावनी के, काले राक्षस की तरह उन पर कूद पड़ा। देखते-ही-देखते उसने दो आदमियों को मार दिया; एक के मुँह पर नाखून मारकर उसे एक फटा चिथड़ा बना दिया और दूसरे की छाती फाड़कर उसके मांस की धज्जियाँ कर डालीं। उसने स्वयं कितना उत्पात मचा रखा था, इस पर बिना सोचे उसने अपना आक्रमण जारी रखा और डरे हुए हँकारों की पंक्ति तोड़कर उनके घेरे से बाहर निकल आया, लेकिन घेरे से बाहर निकलने से पहले उसने दो और हँकारों को मार गिराया था जो उसकी राह से हट नहीं पाए थे।

उस दिन कालू की असावधानी ने उसके प्राण बचा दिए, क्योंकि इससे पहले कि हँकारे उसे बाहर निकालकर उसे अपनी बन्दूकों का निशाना बना पाते, उसने उन पर आक्रमण कर दिया था। वह अपने पागलपन की धुन में पीछे की ओर निकल भागा, और दूर से उनकी डरी हुई चीखें सुनीं। उनकी कायरता पर उसे क्रोध भी आया और घृणा भी हुई। वे आदमी कैसे मरे हुए चूहों की तरह टेढ़े-मेढ़े पड़े थे ! और शेष कैसे डरी हुई गिलहरियों की भाँति पेड़ों पर चढ़ गए थे ! यह सोचते हुए वह मुस्कुराया और सन्तोष से गुर्राने लगा।

वह उस क्षेत्र में व उसके आसपास बहुत देर नहीं रुका। वह वहाँ से ऊँचे पहाड़ों की दिशा में चला गया। वह दिन-भर और रात को भी, अर्थात् प्रभात होने तक चलता रहा और एक घने वन में चला गया जो उसके पिछले निवास-स्थान के क्षेत्र से बहुत भिन्न था। वह घने वृक्षों का क्षेत्र था जहाँ वृक्षों के नीचे दिन में भी अँधेरा छाया रहता था। वहाँ पर बहुत से फलदार पेड़-पौधे भी थे जैसे तेंदू, चारोली, महुआ, जामोवा, जामुन इत्यादि। वहाँ पर कहीं-कहीं आम के पेड़ भी थे तथा मीलों तक ऊँची-नीची धरती पर करौंदे और बेर की झाड़ियाँ भी फैली हुई थीं।

यद्यपि वहाँ से उत्तर में पर्वत बहुत दूर थे और रहने के योग्य कोई गुफा भी नहीं थी, तथापि उसे रहने के लिए बरगद का एक खोखला पेड़ मिल गया। वह उसके लिए काफी आरामदेय था। पहले क्षेत्र के विपरीत उस नए क्षेत्र में बहुत से अन्य वनप्राणी भी थे, जैसे शेर, बघेरे, अनेक जातियों के हिरण, जंगली हाथी और बहुत से अन्य प्रकार के जीव-जन्तु; फिर भी उसे वह जगह अच्छी लगी और वह जल्दी ही अन्य जीवों के बीच एकान्त में रहना सीख गया।

उसके मन में पिछले दिनों का आक्रोश और उत्तेजना बनी रही, और उसकी नई रहस्यमय उत्तेजनाएँ मन में दबी रहीं परन्तु जैसे ही वह आक्रोश खत्म हुआ–जिसे खत्म होने में बहुत समय नहीं लगा–उसकी पिछली बेचैनी फिर से ताजी हो गई; उसके मन में अनेक प्रश्न उठने लगे जिन्हें न वह समझता था और न ही उसके पास उनका कोई उत्तर था। वह पहले जैसा बेचैन और चिड़चिड़ा हो गया और पहले की तरह ही बिना किसी लक्ष्य या उद्देश्य के इधर-उधर भटकने लगा।

एक दिन दोपहर के समय जब कालू यूँ ही इधर-उधर भटक रहा था, उसे हवा के झोंके के साथ दूर की एक झाड़ी से कस्तूरी की गन्ध आई। वह महक बहुत तेज और मन मोहनेवाली थी और उसे अपनी ओर खींच रही थी। उसने अपने भीतर एक विचित्र प्रकार की उत्तेजना अनुभव की; हवा के प्रत्येक झोंके के साथ उसके शरीर में अलग संवेदना लहर जाती थी। उसके प्रभाव में वह बिना पतवार के जहाज की तरह डाँवाडोल हो गया। वह महक चुम्बक की भाँति उसे अपनी ओर खींच रही थी। वह अधीर हो उठा और तीव्र गति से उसी दिशा में चल पड़ा जिधर से वह गन्ध आ रही थी।

छोटी झाड़ियों के खुले क्षेत्र को लाँघकर उसने नाला पार किया। वहाँ पर उसके रास्ते में भेड़ों का एक बहुत बड़ा झुंड था और उससे उसे आगे जाने में कुछ बाधा पड़

रही थी। किन्तु कालू में इतनी धीरता नहीं थी कि वह कुछ घूमकर उस झुंड के किनारे से आगे को निकल जाता या उनके वहाँ से हटने की प्रतीक्षा करता। वह उस झुंड को चीरते-फाड़ते, भेड़ों को अपने पैरों तले रौंदता हुआ आगे निकल गया, और अपने पीछे बहुत-सी भेड़ों को मरनेवाली या मृत छोड़कर स्वयं एक झाड़ी-कुंज में घुस गया। उस पहाड़ी क्षेत्र के मध्य में थोड़ा-सा क्षेत्र झाड़ियों से रिक्त था। वहाँ पर तेंदू वृक्ष के नीचे सुगठित शरीर की एक युवा मादा भालू इकट्ठी-सी बैठी हुई थी। उसी के पास से वह गन्ध आ रही थी जो कालू को वहाँ खींच लाई थी। वह गन्ध उसकी लिंग ग्रन्थियों की थी। कामुकता की अवस्था में मादा भालू के लैंगिक अंगों से उस प्रकार की गन्ध का प्रसार होता है। वह अकेली नहीं थी, उसके पास एक बूढ़ा नर भालू था जो उससे चोंचले कर रहा था। मादा भालू धीरे-धीरे डग-डग-डग का स्वर कर रही थी जो बहुत कुछ ट्रैक्टर की आवाज जैसा था, परन्तु उसका चढ़ाव कम था और गति तेज।

कालू का वहाँ पर गलत समय पर पहुँच जाना उसके पहले प्रेमी को अच्छा नहीं लगा। उसने अपनी गुर्राहट द्वारा अपनी अप्रसन्नता को खुलकर व्यक्त किया, किन्तु कालू को अपनी उस प्रमत्त मनःस्थिति में शिष्टाचार आदि से कोई सरोकार नहीं था। उस गुर्राहट ने जलती आग में घी की आहुति का काम किया। कालू ने आवेश में आकर उसे ललकारा, और पल-भर में वे दोनों मल्लयुद्ध करते हुए धरती पर पड़े थे, एक-दूसरे को पंजे मार रहे थे, दाँतों से काट रहे थे, उनकी त्वचा के बाल हवा में चारों ओर उड़ रहे थे। उनकी क्रोधभरी गर्जनों ने जंगल को कँपा दिया था।

वह मनोहारी दुष्टा, सन्तोष के साथ, प्यार का स्वर कर रही थी जैसे कि वह उस मल्लयुद्ध का अनुमोदन कर रही हो; उसकी आँखों में चमक थी और तौर-तरीकों में गर्व जिसे वे दोनों अपने-अपने लिए प्रशंसा का सूचक मान रहे थे। उसने उनकी मतवाली लड़ाई को और उग्र बना दिया था। उनकी वह लड़ाई रात में बहुत देर तक चलती रही—उस समय तक जब तक वे थक नहीं गए और बड़े भालू ने अपनी पराजय स्वीकार नहीं कर ली। अपनी हार मानता हुआ वह हाथ-पाँव उठाए धरती पर ढीला पड़ा था; कालू उस पर खड़ा हुआ और उसे एक बार दाँतों से काटकर अलग हो गया और उसे भाग जाने का अवसर दे दिया। कालू चाहता तो उसे मार सकता था किन्तु जंगल के मौन नियमों के अनुसार उसने उसे जीवनदान देकर, उस क्षेत्र से चुपचाप चले जाने की अनुमति दे दी।

प्रतिद्वन्द्वी के चले जाने के बाद थोड़ी-सी देर उस झाड़ीविहीन क्षेत्र के किनारे पर खड़ा रहा, फिर वह थका-हारा धीरे-धीरे चलता हुआ अपनी प्रेयसी के पास जा पहुँचा जिसका अनुग्रह पाने के लिए उसने वह मल्लयुद्ध किया था। वह नखरीली दुष्टा अपने स्थान से लजाते हुए उठी और उसके निकट जाकर उसका मुँह चाट लिया। उसने उसके घावों को भी चाटा जिन्हें उसने उसका प्यार पाने के लिए सहा था। वह उसका प्यार पाने में सफल हुआ। प्यार और समागम का आनन्द उठाने के लिए वह उसके पीछे-पीछे चलता हुआ उसके निवास-स्थान में चला गया।

विवाहित जीवन का सुख और आनन्द लेने के लिए वह अपनी प्रेयसी के घर में रहने लगा। वह जीवन उसके अल्हड़ और कटु स्वभाव के अनुकूल न था, तथापि उसने अपने नए परिवेश के साथ समंजन करने का यथासम्भव प्रयास किया। वह अपनी प्रेयसी से प्यार करता था, उसे खुश रखना चाहता था, परन्तु उस बड़ी आयु में उसके लिए किसी नए परिवेश के साथ समंजन कर पाना आसान नहीं था। कुछ ही दिनों में वह अपने आपको उस परिवेश में बेगाना-बेगाना अनुभव करने लगा। अपने जीवन में उसने कड़े परिश्रम से जो कुछ भी सीखा था, वह उसकी 'पति की भूमिका' में निरर्थक सिद्ध हुआ। अपने ऊपर स्वयं लादे हुए एकाकीपन में उसने बहुत यत्न के साथ कम बोलने की आदत डाली थी। कम बोलना एक प्रकार से उसकी प्रतिरक्षात्मक युक्ति थी और इसी ने उसे सबसे पहले धोखा दिया; इसे उसका घमंड और उदासीनता समझा गया। इसके अतिरिक्त उसके मन में एकाकीपन की अनेक अन्य उजड्ड विशेषताएँ भी थीं। उनसे बाहर निकलने के सभी प्रयासों को उसने अपनी व्यक्तिगत स्वतन्त्रता में अनावश्यक हस्तक्षेप समझा।

कालू की प्रेयसी का पालन-पोषण कृषि-भूमि के निकट हुआ था। उसे चोरी-छिपे खेतों में जाकर उपज खाना अच्छा लगता था। कालू को इससे घृणा थी। वह इसे चोरी-डकैती समझता था। कालू का मनुष्यों के प्रति जो आक्रमणकारी व्यवहार था, उसके लिए उसकी प्रेयसी उसे निर्दयी और हत्यारा कहती थी। मनोवृत्तियों और स्वभाव में भिन्नता होने के कारण उनका साझा जीवन अशान्त समझौता बन गया। उनमें बार-बार लड़ाई-झगड़े होने लगे। उनमें पहला झगड़ा कुछ ही दिनों में हो गया था और वह बहुत कटु था। उसका मूल कारण उनकी मनोवृत्तियों और स्वभाव का पारस्परिक अन्तर था जिसे वे ठीक तरह से समझ नहीं पाए थे, और उसका तात्कालिक कारण कालू की मनुष्यों के प्रति उसकी स्वाभाविक वृत्ति थी। एक रात्रि को उसकी प्रेयसी ने उसे कायर आदि कटु शब्द कहकर अपने साथ खेत में जाने के लिए बाध्य किया, वहाँ खेत का रखवाला भी सहसा पहुँच गया। कालू ने उसे देखते ही उस पर आक्रमण किया और उस अभागे को मार डाला। इस घटना से उसकी प्रेयसी को गहरा आघात पहुँचा और उसने क्रोध में आकर उसे बुरा-भला कह डाला। कालू उसके व्यवहार से स्तब्ध रह गया, और फिर जल्दी ही आवेश में आकर उसे खेतों में चोरी-डकैती करने को न्यायसंगत करने के लिए ललकारा। इस कठोर सच्चाई ने उस मादा को क्रोध से पागल कर डाला और कठोर शब्दों में उसका विरोध करते हुए उसके मुँह को नोच डाला।

वह पहली कड़वाहट थी जो उनके सम्बन्धों में आई थी और इकट्ठे रहने के साथ-साथ ऐसी और भी घटनाएँ हुईं जिससे उनकी कटुता में वृद्धि होती गई। कालू का प्यार बहुत गहरा था। उसने अपनी पत्नी-प्रेयसी को प्रसन्न रखने और उसका प्यार पाने के लिए भरसक प्रयास किए। उसकी प्रेयसी भी उसे प्यार करती थी, वह नरम दिल की और सरल स्वभाव की थी, किन्तु वह बहुत संकीर्ण विचारों की थी। उसे अपनी सिद्धियों और स्वयं निर्धारित मूल्यों का बहुत घमंड था, उसकी दृष्टि में वह सब जो

उसके निजी व्यवहार और मूल्यों के अनुरूप नहीं था, गलत था, निन्दनीय था। वह पूरी सहृदयता के साथ कालू को प्यार करती थी, उसे आदर की दृष्टि से देखती थी, तथापि उसकी आत्मा ने कालू की विलक्षणताओं की उपेक्षा की थी। उसने कालू के संसार को जितना बदलना और सुधारना चाहा, कालू उतने ही हठ से अपनी आदतों पर अड़ा रहा, उसकी पुरानी आदतें और भी दृढ़ होती गईं। कालू के व्यवहार को अपने रंग-ढंग में न ढाल सकने के कारण उसे उसके प्रेम पर सन्देह होने लगा, और उनका प्यार–जो उनमें सबसे मजबूत कड़ी थी–कमजोर पड़कर टूटने लगा।

वह उसके साथ उसी गुफा में रहता रहा लेकिन अपने एकाकीपन के कवच को पुनः पहनकर। उसे वहाँ रहते हुए लगभग सात महीने हो गए थे जब उसकी प्रेयसी ने दो छोटे-छोटे बच्चों को जन्म दिया। उनके शरीर पर घने बाल थे, उनकी आँखें बन्द थीं जो तीन सप्ताह तक बन्द रहीं। उनकी परनिर्भरता और लड़खड़ाती चाल ने कालू के हृदय को पसीजा और वह अपने जीवन की कटुता भूल गया। उन बच्चों को बढ़ते हुए देखने और उनके साथ खेलने में उसे बहुत आनन्द आता था। वह अपनी पीठ पर लेट जाता था, वे छोटे-छोटे बच्चे उस पर चढ़ जाते थे और रेंगने लगते थे; वे उसकी त्वचा के बालों को खींचते थे और उन्हें पकड़कर लटकने लगते थे, वे प्रायः कालू के साथ कुश्ती करने का ढोंग किया करते थे। वे उसकी नंगी थूथनी पर गुदगुदाते थे, उसे अपने छोटे-छोटे दाँतों से काटते थे। छोटी बच्ची की अपेक्षा नर-बालक उसे अधिक चाहने लगा था। छोटी बच्ची पर जब कभी उसका पंजा पड़ जाता था, वह रोने लगती थी जबकि नर-बालक बहुत मस्ती से खेलता रहता था; उसे उपद्रवी खेल खेलना अच्छा लगता था। अपनी कूद-फाँद की खेलों से उसने कालू के हृदय में अपना स्थान बना लिया था।

बच्चे और उसके दुष्ट पिता की बढ़ती हुई मैत्री से उसकी माँ प्रसन्न नहीं थी। यह कहना कठिन था कि उसका कारण माँ की ईर्ष्या थी या बालक को पिता के कुप्रभाव से बचाना, किन्तु यह स्पष्ट था कि उसे उनकी मृदुल मित्रता पसन्द नहीं थी। अधिकांश समय वह उदास और उद्विग्न रहती थी, बात-बात पर कालू के व्यवहार की आलोचना करती थी, यहाँ तक कि एक दिन उसने कालू को घर से निकल जाने और अपने रहने के लिए अलग प्रबन्ध करने के लिए भी कह डाला। कालू अपनी पत्नी से बहुत प्यार करता था और उससे भी अधिक उस छोटे बालक से जिसने उसके हृदय में अपना विशेष स्थान बना लिया था। कालू के लिए अपने आपको उससे अलग करना कठिन हो गया था। अतः उसने वह सब मौन विनम्रता के साथ सहन कर लिया, और निर्लज्जता के साथ उसी ठिकाने पर हठपूर्वक रहता रहा। कालू को पीड़ा पहुँचाने के लिए माँ किसी-न-किसी बहाने से बालक को बार-बार दंड देने लगी थी। एक दिन जब बाप-बेटा आनन्दपूर्वक खेल रहे थे, माँ ने आक्रोश प्रकट करते हुए बालक को अपनी ओर खींचा और बुरी तरह से पीटा, कारण बस यही था कि उसकी खेलकूद से उसकी नींद में विघ्न पड़ रहा था।

कालू के लिए यह असहनीय हो गया, उसके लिए उसे सहन कर सकना उसकी क्षमता से बाहर था। पत्नी के व्यवहार ने उसके दिल को झिंझोड़ा, उसके संसार को छिन्न-भिन्न कर दिया, उसका सिर चकरा गया, और वह दुखी होकर चुपचाप घर से निकल गया। कालू एक बार फिर अकेला और बेघर हो गया। अपने एकाकी जीवन के भार को फिर एक बार अपने पर लादकर वह जंगल में भटकने के लिए निकल पड़ा। अपने नमकीन आँसुओं के घूँट पीता हुआ वह मन-ही-मन सोच रहा था कि लोग कैसे आसानी से रो लेते हैं। उसके आँसू उसकी आँखों में अंगारे बनकर जल रहे थे। वह धीरे-धीरे पग भरता हुआ मीलों चलता गया और जब पूर्व दिशा के पहाड़ों पर हल्की-सी रोशनी दिखाई दी तो वह थका-हारा और बेचैन, मालज़ूहान की झाड़ी में घुस गया और वहीं सो गया।

3

समय पाकर और बहुत दूर-दूर तक भटकने के बाद, कालू अपने पीछे अनेक भीषण नरसंहारों के घृणास्पद किस्से छोड़कर सोनारीपुर में आ गया और सोनारीपुर के सुरक्षित वन में अपने रहने का ठिकाना बना लिया। वह वहाँ से बाहर निकलकर अपने अत्याचारी कार्य करता रहता था। उसी सुरक्षित वन में मैंने उसे पहली बार क्षण-भर के लिए देखा था। वृद्ध बदलू उस समय मेरे साथ था। किन्तु कालू के सुरक्षित वन में होने के कारण मैं उसे उसके कुकर्मों का दंड नहीं दे सका था।

तथापि मुझे यह स्वीकार करना ही होगा कि उसके जीवन की घटनाएँ जैसे यहाँ दर्शायी गई हैं, वास्तविकता के निकट होते हुए भी, सम्भवतः वे सम्पूर्ण रूप से वास्तविकता के अनुरूप न हों। लेकिन अलग-अलग इलाकों में दूर-दूर तक जाकर मैंने जो तथ्य इकट्ठे किए थे, उन्हें ध्यान में रखते हुए मैंने इस काल्पनिक कहानी की मुख्य रूपरेखा तैयार की है। कालू के बचपन के सारे तथ्य तथा उसके उपरान्त के उसके हत्याकांडों का ब्योरा मुझे उन लोगों से मिला है जो किसी-न-किसी कारण से उसके सम्पर्क में आए थे। उन्हीं तथ्यों को संगठित करके मैंने उन्हें यहाँ प्रस्तुत किया है–प्रस्तुतीकरण में मैंने उन्हें मानवी जामा पहनाया है–इस दोष को मैं अंगीकार करता हूँ।

जहाँ तक पशुओं की मानसिक प्रवृत्तियों और उनकी प्रामाणिकता का प्रश्न है, उसे सिद्ध करना कठिन है, किन्तु इसके साथ-साथ उन्हें निराधार या गलत सिद्ध करना भी उतना ही कठिन है। निम्नलिखित वाक्य में विश्वविख्यात विद्वान कोनूराड ने अपने चालीस वर्षों के अनुसन्धान के बल पर जो कहा है, सम्भवतः वह उन पाठकों के क्रोध को शान्त करने में सफल रहेगा जिनकी दृष्टि में भालू में मानवी विलक्षणताओं का आरोपण करना मनुष्य का अपमान करना है।

"...जो मनुष्य अनुसन्धान के कार्य को व्यवसाय के रूप में करता है...(जानता है)...पशु-मन की मूल कार्यशीलता बहुत कुछ हमारे जैसी होती है..."

डॉ. कोनराड् लोरेज़ : 'मैन मीटस् डॉम।'

अब यथार्थ कहानी का शेष भाग :

मैं कई दिनों तक उस नर-हत्यारे भालू की तलाश में जंगल में भाग-दौड़ करता रहा, इधर-उधर भटकता रहा। इस आशा में कि वह कभी तो अपने वास-स्थान से बाहर आएगा। मैंने उस सुरक्षित वन के आस-पास बैठकर कई दिन और बिना सोए कई रातें बिता दीं, किन्तु उसने मुझे ऐसा कोई अवसर नहीं दिया कि मैं उसे एक झलक भी देख पाता। सप्ताह-भर की दौड़-भाग और रातों के जागरण से मैं शारीरिक और मानसिक, दोनों प्रकार से इतना थक गया था कि मेरी मस्तिष्कीय प्रक्रियाएँ शिथिल पड़ गईं, स्थितियों पर मेरी पकड़ ढीली पड़ गई, ध्यान को किसी बिन्दु पर केन्द्रित रखना कठिन हो गया; मेरी आँखों और कानों के लिए वन के संकेतों व ध्वनियों को समझना कठिन हो गया। मेरे मन और शरीर पर आलस्य छा गया और उसने मुझे असावधान और बुद्धिहीन बना दिया। उस मानसिक और शारीरिक अवस्था में मेरे लिए उस भालू की खोज करना कठिन ही नहीं, बल्कि असम्भव हो गया, और उसके लिए कोई भी चेष्टा करना मेरे लिए खतरे से खाली नहीं थी। फलतः मैंने उसकी तलाश करनी छोड़ दी और अपने आपको मछली पकड़ने की क्रीड़ा में लगा दिया। यह क्रीड़ा तन्त्रिका-तन्त्र को शान्त करती है और मन को स्थिर करने में भी हितकर है।

मछली का शिकार करते हुए मुझे कुछ ही दिन हुए थे कि एक पशुघातक शेर ने मुझे बन्दूक उठाने के लिए विवश कर दिया। उस पशुघातक शेर ने थोड़े से समय के भीतर दो पशुओं–एक भैंस और एक गाय की हत्या कर दी थी। हमने अपने ध्यान को उस पर केन्द्रित करने का निश्चय किया। उसी सन्ध्या को दो अलग-अलग स्थानों पर दो कटरों को बाँधकर शेर की ताक में बैठ गए। सूर्यास्त होने के समय वह गर्जते हुए अपने निवास-स्थान से बाहर निकला, अपनी गर्जनों से हमारा स्वागत किया। हमारे लिए वे गर्जनें बहुत आनन्ददायक थीं–सन्ध्याकाल में किसी प्रेमी के गान के समान रोमांचकारी।

वह शेर खुलकर गरज रहा था, वह तीन-चार मिनट के बाद बार-बार गरज रहा था। उन गरजनों की गहरी और प्रचंड आवाजें धरती को छूते हुए लगभग दो मील से आ रही थीं, और रात्रि की शान्ति को भंग करते हुए चारों ओर गूँज रही थीं। उनमें न कोई जल्दी का लक्षण था और न अधीरता का। उनकी ध्वनि हजारों कंठों के संयुक्त गान 'अ अ-ओ-अंग' जैसी थी। उन गरजनों को सुनकर ऐसा लगता था कि वे किसी बड़े और पुराने गिरजाघर के तहखाने से शुरू होती थीं और उसकी गलियों से होती हुई पहाड़ियों के शिखर पर पहुँचकर कुछ क्षण के लिए थम जाती थीं और फिर उसी तरह 'अअ-ओ-अंग' करती हुई रात्रि पर टूट पड़ती थीं। उन गरजनों में वह दुराशय नहीं था जो भूख से प्रेरित गरजनों में होता है और न उनमें वह अधीरता थी जो साथी को पुकारते समय या अपने बिछुड़े हुए बच्चे को बुलाते समय शेरनी की आवाज में होती है। इससे

स्पष्ट था, शेर प्रसन्नमन से गरज रहा था, वह अपने आपसे तथा अपने परिवेश से सन्तुष्ट था।

कटरों को जंगल में छोड़कर हम नौ बजे के बाद डेरे पर लौट आए। शेर उस रात कटरों के पास से निकला भी परन्तु उसने उन पर आघात नहीं किया। हम हर रोज अलग-अलग स्थानों पर कटरे बाँधते थे लेकिन उसने उन्हें कभी स्वीकार नहीं किया जबकि वह कभी-कभी उनके बहुत निकट भी गया था। वह शेर बहुत सावधान था। वन में उसे जब भी कोई पशु स्वच्छन्द विचरता हुआ मिलता था तो वह उस पर निःसंकोच आक्रमण करता था, उसे मार डालता था, कभी-कभी वह पशु-वार्डों में भी चला जाता था और पशु को मारकर ले जाता था, किन्तु जंगल में बँधे जानवर पर वह वार नहीं करता था। सम्भवतः उसने अपने किसी अप्रिय अनुभव से सीख रखा था कि जंगल में अकेले बँधे हुए पशु के अर्थ क्या होते हैं। हमने उसे ललचाकर हासिल करने की आशा छोड़ दी और उसके स्वाभाविक रूप से किसी जीव-जन्तु को मारने की प्रतीक्षा करने लगे। इससे पहले कि हम उसके किए हुए शिकार को घेर पाते, उसने हमें एक दिन उस समय चकित किया जब हम भोजन के लिए जंगल में शिकार कर रहे थे। मैं अपने एक मित्र के साथ वनमार्ग पर जीप चला रहा था और बन्दूक चलाने का काम उस मित्र को सौंप रखा था। हमें उस दिन हिरणों के अनेक झुंड दिखाई दिए, परन्तु उनमें किसी के सींग इतने बड़े नहीं थे कि उस पर गोली चलाई जा सके। अन्त में हमें एक बड़े सींगोंवाला बारहसिंघा दिखाई पड़ा; हम जब तक जीप से नीचे उतरे वह हमारी आँखों से ओझल हो गया। उसके पदचिह्नों के आधार पर हम उसका पीछा करते रहे किन्तु कुछ देर के बाद वे भी खो गए। उसका पीछा करने में बहुत देर हो गई थी, इसलिए हमें उसका विचार छोड़ देना पड़ा। हम खिन्न मन से जीप पर वापस लौट आए। उस समय बहुत देर हो चुकी थी, सूर्य क्षितिज के पास पहुँच गया था, उसका स्वर्णिम रूप धुंध से घिर गया था। धरती पर पड़ी लम्बी-लम्बी परछाइयाँ भी जल्दी-जल्दी से सिमट रही थीं और पहाड़ों की निचली सतह पर सन्ध्या छा गई थी।

मैंने अपनी जीप को अपने पड़ाव की ओर मोड़ा। वह रास्ता ऊँची घनी घास के बीच में से जाता था और वह रास्ता एक घंटे से कम का नहीं था। मैंने अपनी जीप को जैसे ही एक मोड़ की ओर घुमाया कि मेरे मित्र ने मेरा कन्धा दबाया। मैंने तुरन्त जीप रोकी और जिस ओर वह देख रहा था, उधर देखा। वहाँ हमसे लगभग बीस गज दूर बंजर धरती पर एक बहुत बड़ा शेर खड़ा था, उसकी चमकती हुई धारीदार त्वचा बहुत सुन्दर थी। मेरा हृदय उछला, मैंने बिना सोचे-समझे गाड़ी का इंजन बन्द कर दिया। ऐसा करना मेरी भूल थी क्योंकि उससे जंगल के ध्वनि-परिवेश में जो सहसा परिवर्तन हुआ, उसने उसे सावधान कर दिया। वह वहाँ से चुपचाप चला गया। मेरा मित्र जल्दी से गाड़ी से उतरा और उस रास्ते के समानान्तर भागने लगा जिससे शेर गया था। जिस स्थान पर हमने शेर देखा था वहाँ से लगभग चालीस गज दूर मेरे मित्र ने उसे फिर एक नजर देखा, वह ऊँचे एवं उलझे हुए घास के दो कुंजों के बीच में से भागता

हुआ जा रहा था। उसने उस पर जल्दी से गोली भी चलाई थी, .470 कॉरडाइट राइफल के चलने की आवाज ने सारे जंगल को विचलित कर दिया था। मोर चीखे, गीदड़ चिल्लाए, बुलबुलों ने बोल-बोलकर अपनी आपत्ति व्यक्त की, किन्तु उस शेर की ओर से कोई प्रतिक्रिया नहीं हुई; वह बिना गुर्राए चुपचाप, छाया की भाँति गोधूलि में छिप गया। हम समझ गए कि निशाना खाली गया है।

पशुघातक शेर से उस आकस्मिक भेंट होने में हमारे दो दिन पश्चात्ताप में बीत गए। हमें वे दो दिन बहुत लम्बे लगे। अपने पड़ाव के बाहर की जलती आग से कुछ दूर, जंगल के गहन अँधेरे को चीरती हुई उसकी ऊँची-ऊँची गरजनों को सुनने के अतिरिक्त हमारे मन को सान्त्वना देने के लिए और कुछ नहीं था। उसकी गरजनों में क्रोध की विलक्षणता प्रति घंटा बढ़ती जा रही थी। भूकम्प से पहले की गड़गड़ाहट की तरह उन गरजनों का प्रभाव भी मन को चैतन्यशून्य कर रहा था। उनका प्रकोप और विस्तार इतना था कि रात्रि के लिए उन्हें अपने में समेटकर रखना कठिन था, उसके कुंठित क्रोध की मतवाली गरजनें चारों ओर फैल रही थीं।

वह भूखा था, हम यह जानते थे। उसके खाली आमाशय के संकोय उसे बेचैन किए हुए थे। इसी कारण से उसकी गरजनों में उग्रता और आक्रोश बढ़ रहा था। हमें विश्वास था कि वह शीघ्र ही किसी जीव-जन्तु पर आक्रमण करेगा और तब सम्भवतः हमें उससे निपटने का अवसर मिलेगा।

और फिर दूसरे ही दिन, मानो हमारी प्रार्थनाओं के उत्तर में हमें जिस अवसर की बहुत दिनों से प्रतीक्षा थी वह मिल गया। वह अवसर सब प्रकार से हमारे अनुकूल था। प्रभात के समय जब पशुओं को चराने के लिए चरागाह में ले जाया जा रहा था, उस शेर ने एक बैल को मार गिराया, और थोड़ा-सा खाने के बाद उसे जल्दी में वहीं छोड़कर चला गया। जैसे ही हमें यह सूचना मिली, हम तुरन्त वहाँ जा पहुँचे। बैल का शव खुली घास में पड़ा था।

वह छोटी-छोटी घास का अच्छा खुला मैदान था, उसमें कहीं-कहीं झाड़ियाँ भी थीं, कोई भी झाड़ी चार फुट से अधिक ऊँची नहीं थी। उस मैदान के परली ओर नाले जितनी चौड़ी एक सिकुड़न थी जो साल-वृक्षों के जंगल तक फैली हुई थी। यह वही जंगल था जिसमें शेर घुसा था। वह सिकुड़न घनी मुश्कबेंत-घास से भरी हुई थी। उसमें चश्मों के जल के अनेक गहरे कुंड भी थे। उस घासवाले क्षेत्र की हवा का जिधर बहाव था, उसी दिशा में, कुछ आगे जाकर, तीन-चार रुणी-वृक्षों का एक झुंड था, उसी वृक्ष-समूह के सामने उस बैल का शव पड़ा था।

शेर भूखा था, सम्भवतः उसका निवास-स्थान वहाँ से दूर नहीं था। भोजन तक पहुँचने के लिए उसका रास्ता अच्छा ढका हुआ था। प्यास बुझाने के लिए पानी भी पास था, उसका शिकार भी अच्छे सुरक्षित स्थान पर पड़ा था अर्थात् सारी स्थिति अनुकूल थी। शेर को अपनी भूख मिटाने के लिए इससे अधिक और कुछ नहीं चाहिए था। हमने अपने बैठने के लिए एक रुणी वृक्ष पर, पत्तों से ढकी हुई एक अच्छी सुरक्षित

एवं आरामदेय मचान बना ली, और शव को गिद्धों से बचाने के लिए उसे पत्तों से ढककर हम अपने डेरे पर लौट आए। दोपहर के लगभग तीन बजे हमारा वही मित्र जिसका पिछली रात निशाना चूक गया था, अपनी असफलता का बदला लेने के लिए आ गया।

हमें शेर के वहाँ आने की बहुत प्रतीक्षा नहीं करनी पड़ी। भूख ने उस पशुघातक को असावधान कर रखा था। वह सूर्यास्त होने से बहुत पहले धृष्टतापूर्वक वहाँ आ गया, और अपना छोड़ा हुआ भोजन करने लगा। मेरे मित्र को दिन के पूरे प्रकाश में उस शेर को देखने का बहुत अच्छा अवसर मिला और वह भी लगभग पन्द्रह गज की दूरी से। ऐसे अवसर प्रायः नहीं मिला करते, जीवन-भर प्रयास करने पर भी नहीं। मेरे मित्र ने पूरी सावधानी से अपनी राइफल को कन्धे से लगाया, शेर के हृदय पर निशाना साधा और हल्के से राइफल की लिबलिबी दबाई। राइफल चलने की आवाज हुई, जंगल का मौन भंग हुआ। बन्दूक चलने की प्रतिध्वनि अभी खत्म भी नहीं हुई थी कि वह शेर बिना किसी चोट के हमारा प्रतिहास करता हुआ वहाँ से साफ निकल गया।

4

लगता था कि दुर्भाग्य ने हमें बहुत दिनों के लिए घेर लिया था, उससे छुटकारा मिलने का कोई चिह्न दिखाई नहीं दे रहा था। दुर्भाग्य हठपूर्वक हमारी सफलता की राह में खड़ा था। उस दुष्ट बूढ़े भालू ने हमें परेशान कर रखा था; बड़े सींगोंवाले बारहसिंघा को पाने में भी हम असफल रहे थे, और सबसे बड़ा दुर्भाग्य तो यह कि थोड़े से समय के भीतर शेर से हमें लगातार दो बार पराजय का मुँह देखना पड़ा था।

प्रत्येक व्यक्ति जानता है कि शिकार के खेल में, और अन्य खेलों में भी, सदा सफलता ही नहीं मिलती; हार-जीत बराबर होती रहती है, तथापि जब भी खिलाड़ी को हार का सामना करना पड़ता है, वह उसे सहज भाव से अंगीकार नहीं करता। शेर का शिकार करने में जब असफलता मिलती है तो शिकारी को विशेष कुंठा होती है, क्योंकि जंगल के राजा के साथ उसकी बार-बार भेंट नहीं होती। उसके दर्शन तो कभी-कदापि ही होते हैं। ऐसे अवसर के हाथ से निकल जाने देना जीवन का एक अमूल्य अवसर खो देना है।

हमें अपने डेरे पर बहुत समय तक उदास और उद्विग्न नहीं रहना पड़ा। उस भूखे शेर ने दूसरे ही दिन, सूर्यास्त होने से बहुत पहले एक गर्भधारी भैंस पर आक्रमण किया और उसे मार गिराया। उसके शव को खींचकर घास के मैदान के उस किनारे पर ले गया जहाँ पर वह ऊँचा उठकर छोटी पहाड़ी सदृश बन गया था। वह जिस स्थान पर उस शव को ले गया था, वह उस मैदान की सीमा थी जो उसे ऊपरवाले वृक्षों के वन से पृथक करती थी। मैदान के किनारे पर बैठकर उसने भरपेट भोजन किया था। उसके शरीर का बहुत-सा पिछला भाग खा रखा था और शेष को उसने घास के एक कुंज

में छिपा दिया था, वह उसके दो दिनों के भोजन के लिए पर्याप्त था।

उस स्थान पर मचान बनाने योग्य कोई वृक्ष नहीं था, वहाँ पर जो झाड़ियाँ और जंगली कपास के पौधे थे, वे चार फुट से अधिक ऊँचे नहीं थे, और झाड़ियाँ भी कम पत्तोंवाली थीं। भैंस का शव उस छोटी पहाड़ी के आधे रास्ते में ढलान पर पड़ा था। उसके आस-पास घनी वनस्पति थी। शेर की प्रतीक्षा करने के लिए या तो उससे छोटी पहाड़ी की धार पर बैठा जा सकता था या ढलान के नीचे उस स्थान पर जहाँ वह पहाड़ी मैदान से लगता था। धार पर बैठने से शिकारी का मुँह विपरीत दिशा में हो जाता था—वह शेर के आनेवाले रास्ते में आ जाता था। नीचे मैदान में बैठने से शिकारी शेर के भोजन अर्थात् भैंस के शव से बहुत नीचे हो जाता था। ये दोनों स्थितियाँ शेर के हित में थीं, शिकारी के लिए बिल्कुल नहीं। उस दिन वहाँ बैठने की बारी मेरी थी। मैंने धार पर बैठने की अपेक्षा नीचे धरती पर बैठने का निर्णय लिया। शेर के शिकार के लिए यद्यपि नीचे धरती पर बैठना खतरे से खाली नहीं था, किन्तु उन दोनों स्थितियों में से वह कम संकटमय थी। नीचे बैठने में एक लाभ भी था, वहाँ से मैं अपनी दृष्टि को सीधा सामने की ओर टिका सकता था और शेर को भोजन की ओर आते देख सकता था। उस स्थान से यदि भाग्य ने साथ दिया तो इससे पहले कि वह चतुर शेर मेरे प्रयास में कोई बाधा डालता, मैं उस पर निशाना ले सकता था।

शेर ऊपर से लुढ़ककर कहीं मेरे ऊपर न आ गिरे, इस सम्भावना से बचने के लिए मैंने एक झाड़ी तलाश की जिसकी ओट में बैठकर मैं उस पर सीधा निशाना ले सकता था। वह झाड़ी छोटी थी, पतली थी और कम पत्तोंवाली थी। शेर का शिकार करने के लिए किसी प्रकार भी उपयुक्त नहीं थी। लेकिन किसी अन्य विकल्प के न होने के कारण मुझे उसी से सन्तोष करना पड़ा। पत्तों की कमी को पूरा करने के लिए मैंने उस झाड़ी के बीचोंबीच एक पतला किन्तु कन्धों तक गहरा गड्ढा खोदा और उसमें कन्धों तक घुसकर बैठ गया।

शाम के चार बजे थे जब मैं .375 मैग्नम राइफल में 300 ग्रेन सोफ्ट नोज की गोलियाँ डालकर उस गड्ढे में जा बैठा था। शेर का किया हुआ शिकार, यानी भैंस का शव मुझसे लगभग तीस गज दूर, मेरे सिर से काफी ऊँचे, ढलान पर पड़ा था। उससे बहुत दुर्गन्ध आ रही थी, वह गन्ध ऐसी भयंकर थी कि हवा में साँस लेना भी कठिन हो रहा था। मेरे मुँह का स्वाद कड़वा हो गया था। वह दुर्गन्ध दम घोंटनेवाली थी, समुद्र के पानी की तरह जी मिचलानेवाली, बल्कि उससे भी सौ गुना अधिक अप्रिय। वह शव नीली और हरी मक्खियों की अनेक परतों से ढका हुआ था। वे मक्खियाँ बीच-बीच में उड़कर मेरे मुँह और होंठों पर आ बैठती थीं। मेरा जी मिचला रहा था किन्तु मुझे बिना किसी गति किए, चेहरे की पेशियों को भी हिलाए बिना उन्हें सहन करना पड़ रहा था, हाथ हिलाकर उन्हें अपने ऊपर से हटाने का तो कोई प्रश्न ही नहीं था। मुझे आशा थी कि शेर चूँकि भूखा था, वह किसी भी समय वहाँ आ सकता था।

सेकेंड रुक-रुककर दुर्गन्धमय मिनटों में बदलते गए, और मिनट घंटों में परिणित

होते गए; किन्तु शेर के आने का कोई संकेत नहीं मिला। दुर्गन्धमय घंटे खाली ही जा रहे थे और उस खालीपन को भर रही थीं नीली मक्खियों की भद्दी मिनमिनाहट। वहाँ पर फैली हुई दुर्गन्ध इतनी ठोस थी कि उसे चाकू से काटा जा सकता था। बीच-बीच में वे नीली मक्खियाँ मेरे मुँह पर भी धावा बोल रही थीं। मैं अपने श्वासों के साथ जिस दुर्गन्ध को निगल रहा था उसने सन्ध्या होने तक मुझे अपने आमाशय के संकोचों के साथ लड़ने में व्यस्त कर रखा था।

सहसा मेरी संवेदनशून्य ज्ञानेन्द्रियाँ सचेत हुईं। मैंने शव के पीछे की हरी पट्टी से किसी के सूँघने की ऊँची-ऊँची आवाजें सुनीं। हरी पट्टी की वनस्पति बहुत घनी थी। मैं सूँघनेवाले को न देख सका और न पहचान सका। डूबते हुए सूर्य के मन्द प्रकाश ने तथा पहाड़ी की गहरी प्रतिछाया ने स्थिति को और भी दुर्बोध बना रखा था। मुझे विश्वास था कि वह शेर है क्योंकि वह वही समय था जब शेर सामान्य रूप से भोजन करने के लिए अपने किए हुए शिकार पर लौटकर आते हैं। परन्तु, वह उस हरी पट्टी में कहाँ था, और क्यों सूँघ रहा था, गड्ढे के किनारे की काई से भरी चट्टान के रंग में अपनी जंगल की टोपी के रंग को मिला देने के भाव से मैं अपना सिर उस चट्टान पर टेककर, उसी चट्टान की भाँति स्थिर बैठा रहा। वह प्राणी बिना कोई गति किए सूँघते और फूँकें मारते हुए वहीं बैठा रहा। 'वह क्या कर रहा है ?...क्या उसे किसी प्रकार मेरी उपस्थिति की आशंका तो नहीं हो गई ? किन्तु कैसे ?...और वह सूँघ क्या रहा है ?—शेरों में घ्राण-संवेदनशीलता तो विशेष होती नहीं ? क्या कोई मांस का टुकड़ा या भ्रूण तो वहाँ नहीं पड़ा था जिस पर से वह फूँक-फूँककर मक्खियाँ उड़ा रहा है। परन्तु वह उसे खा क्यों नहीं रहा ?—मैं उस चिपचिपाती ध्वनि को अच्छी तरह से जानता हूँ जो शेर खाते समय करते हैं। निश्चय ही वह उस समय तक मक्खियाँ नहीं उड़ाएगा जब तक भोजन को मुँह में डालना नहीं चाहेगा।' मैं मन-ही-मन यह सब सोच रहा था।

मुझे उलझन हो रही थी; मैं अधीर होता जा रहा था। दिन का प्रकाश जल्दी-जल्दी मन्द पड़ता जा रहा था, और परछाइयाँ गहरी होती जा रही थीं। थोड़े ही क्षणों में मेरे सामने का सारा दृश्य अन्धकार में डूब जानेवाला था तब मैं अपनी बन्दूक की साइट भी नहीं देख सकूँगा। इस आशा में कि अपनी दृष्टि के कोण को कुछ इधर-इधर करने से मैं शायद उसे देख पाऊँ, मैंने अपने सिर को थोड़ा-सा हिलाया; मेरा सिर ही तो गड्ढे से बाहर लगभग धरती की सतह के बराबर था। सिर की उस सूक्ष्म गति ने मेरे लिए मेरे जीवन का सबसे बड़ा हंगामा खड़ा कर दिया; वृक्षों के नीचे की हरी पट्टी में से तन-मन को झिंझोड़ देनेवाली गरजनों के साथ लगभग छः फुट की एक काली आकृति मेरे सामने अपने पैरों पर उठ खड़ी हुई।

वह वन-प्राणी जब सूँघ रहा था तो उसने उस समय मेरी गन्ध भी पकड़ ली थी। मेरे सिर की गति से उसे मेरी स्थिति का परिचय मिल गया था, और मुझे अच्छी तरह से देख सकने के लिए वह अपनी पिछली टाँगों पर उठ खड़ा हुआ था तथा मुझ पर आक्रमण करने के लिए आगे को झुका था। स्थिति मेरी समझ में आ गई। वह शेर

नहीं था, बल्कि वह वह प्राणी था जिसकी मुझे बहुत दिनों से तलाश थी। वह भालू था, वही झगड़ालू बूढ़ा भालू जो मेरे पहले सब प्रयासों को विफल कर चुका था। वह गलती से अपने लक्ष्यविहीन परिभ्रमणों में वहाँ आ गया था, अथवा शव की सड़ाँध उसे वहाँ खींच लाई थी। वहाँ पहुँचते ही उसने मेरी गन्ध पकड़ी, मुझे पहचाना और बदला लेने पर उतारू हो गया। मैं बिना सोचे-विचारे अपने स्थान पर खड़ा हो गया मानो किसी कमानी ने मुझे ऊपर को उछाल दिया हो। मैंने तुरन्त अपनी 4300 फुट पाउंड गति की गोली उसकी छाती के सफेद धब्बे पर चला दी। उसे गोली लगी और वह लुढ़का, और फिर उठ खड़ा हुआ। उसने अपने आपको स्थिर किया, और आलसी से कदम उठाते हुए उसी दिशा में चल पड़ा जिधर उसका मुँह था। इससे पूर्व कि मैं उस पर दूसरी गोली चलाता, और इस बार हृदय पर क्योंकि वह अपने शरीर का चौड़ा भाग मेरी ओर किए चल रहा था, वह चलते-चलते वहीं रास्ते में रुका, लड़खड़ाया और एक ओर लुढ़क गया। गोली की चोट की पीड़ा से वह चिल्लाया नहीं था जैसा भालू प्रायः करते हैं। वह बिना कोई आवाज किए, अपने क्रोध को अपने मन में ही समाए चुपचाप मर गया। उसकी मृत्यु में निर्दयी जग का उपहास निहित था। वह सच ही दृढ़ निश्चयी और शूरवीर शत्रु था।

●●●